영보필법·입약경

옮긴이 박기용

문학박사
진주교육대학교 교육대학원장

논문

「남명문학의 도교사상 표출 양상」(『어문학』 91), 「한국 도깨비 형상 연구」(『어문학』 113), 「귀양 간 지리산 설화의 전승배경과 변이양상」(『우리말글』 36), 「불교설화로 본 도깨비 어원 연구」(『우리말글』 67), 「고견사 보금종명과 사명의 변개 과정에 대하여」(『民族文化』 53), 「제4차 산업혁명시대의 초등 국어과 교육과정 구성 방향에 대한 시고」(『국제언어문학』 41) 외 다수

저서

『두류산 양당수를 예 듣고 이제 보니』(태학사), 『진주의 누정문화』(월인), 『선비, 초월적 세계를 상상하다』(월인) 외 다수

역서

『종려문답집·용호경』(경진출판) 외 다수

영보필법·입약경

ⓒ 박기용, 2020

1판 1쇄 인쇄_2020년 02월 20일
1판 1쇄 발행_2020년 02월 28일

지은이_종리권·최희범
옮긴이_박기용
펴낸이_양정섭

펴낸곳_경진출판
　　　등록_제2010-000004호
　　　이메일_mykyungjin@daum.net
　　　사업장주소_서울특별시 금천구 시흥대로 57길(시흥동) 영광빌딩 203호
　　　전화_070-7550-7776 팩스_02-806-7282

값 15,000원
ISBN 978-89-5996-732-2 93240

영보필법
·
입약경

종리권·최희범 지음
박기용 옮김

우리나라 삼국시대에는 많은 승려, 학생들이 중국으로 유학의 길에 올랐다. 신라시대 김가기(金可紀), 의상(義湘)대사, 신라 삼최라 불리었던 최승우(崔承祐)·최치원(崔致遠)·최언위(崔彦撝) 등은 당나라에 유학하여 빈공과(賓貢科)에 급제하여 진사가 되었던 인물들이다. 그중 김가기는 벼슬이 화주참군(華洲參軍)과 장안위(長安尉)에 이르렀다고 한다. 그러나 성품이 고요하여 마침내 관직을 그만 두고 종남산(終南山) 자오곡(子午谷)으로 들어가 기화요초를 심어놓고 도교를 수련했다는 사실이 『해동전도록』에 전한다.

김가기는 잠시 신라를 다녀와서 다시 자오곡으로 들어가서 수련을 했다. 이 무렵 광법사(廣法寺)에서 천사(天師) 신원지(申元之)를 만났고, 의상(義湘)도 마침 이 절에 머물고 있어서 의상과 신원지는 친해졌으며, 최승우와 함께 서로 친분을 맺었다.

이때 종리장군(鍾離將軍)이 찾아와서 신원지의 소개로 김가기와 가까이 지냈다. 그 종리권에게 전수받은 책이 『영보필법(靈寶畢法)』을 위시한 여러 권의 도교 수련서였다.

최치원은 이미 회남절도사 고변의 막하에 있으면서 도교식 제사인 재초(齋醮) 의식을 주관할 정도로 도교에 대한 지식이 밝았고,

자연히 도교 경전도 섭렵했을 것으로 생각된다. 김가기에게 전해진 도교는 최승우·최치원·김시습·서경덕·정렴 등으로 이어졌다. 이들의 도는 조선 중기 정작·홍유손·곽치허·정희량 등 많은 유학자들에게 전해져 이들이 도교 서적을 탐독하였고, 그 결과 광해군 대에 와서 『동의보감』이라는 도교 의학 서적이 출간되기에 이르렀다. 특히 정렴은 〈단학지남(丹學指南)〉을 남겨 단학의 요결을 전하였다. 그 뒤 조선 후기까지 이 맥은 이어져서 아직도 도교 풍습이 남아 있다. 칠성신앙과 같은 민간신앙, 『옥추경』 독경, 매일 선행과 악행을 기록하는 공과격(功過格) 등은 구한말, 일제강점기까지 전승되었다. 근세에 물물자(勿勿子) 봉우(鳳宇) 권태훈(權泰勳) 선생이 단학을 알기 쉽게 전수하여 전승되고 있다.

이처럼 민간신앙·의학·수양에 이르기까지 도교는 우리 민족에게 음으로 양으로 천 년이 넘는 세월 동안 영향을 주었던 것이다. 이는 역사적·종교적·문화적으로도 결코 그 가치를 과소평가할 수 없는 사실이다. 그 경전의 일부인 『영보필법』과 『입약경』 번역본 출간은 이런 맥락에서 의미가 있다. 두 도장서(道藏書)의 말미에 정렴(鄭磏, 1506~1549)의 〈단학지남(丹學指南)〉을 추가하여 서로 비교할 수 있도록 하였다.

끝으로 이 책이 나오기까지 수고를 마다하지 않으신 양정섭 사장님께 감사드리며, 독자 제위의 질정을 기다린다.

2020년 2월
밀성후인 박기용

목차

제2부 입약경

제3부 영보필법 원문

제4부 입약경 원문

제1부 영보필법

『영보필법』 원서

靈寶畢法 原序

정양진인(正陽眞人) 종리권(鍾離權)[1] 운방(雲房) 서(序)

　도는 말로 전할 수 없고 이름으로 기록할 수도 없으나, 옛날부터 신선이 되거나 도를 통한 사람이 적지 않았다. 내가 이전 현인들을 사모하는 데 뜻을 두고 마음속으로 큰 도를 품었으나, 뜻하지 않게 군사들이 일어나 때가 위태롭고 세상이 어지러워져서, 비로소 도피하여 강호(江湖)의 암곡(岩谷)에 은거했다. 물러나 식성(識性)[2]에 마음을 두고 오직 청정하고 심오한 도에 있으면서 단경(丹經)을 다 보고, 여러 번 도우(道友)들에게 참여해도 겨우 양명(養命)[3]의 작은 단서만 말하고 진선(眞仙)의 큰 도는 말하지 못했다.

---

1) 종리권(鍾離權): 당나라 함양인. 자는 운방(雲房). 호는 정양자(正陽子).
2) 식성(識性): 시비, 선악, 정사 등을 잘 분간하는 성품.
3) 양명(養命): 양생(養生).

인연으로 종남산 석벽 사이에서 영보경(靈寶經) 30권을 얻었으니, 상부 금고서(金誥書)는 원시(元始)가 지은 것이고, 중부 옥서록(玉書錄)은 원황(元皇)이 저술한 것이며, 하부 진원의(眞源義)는 태상(太上)이 전한 것으로, 다 그 분량이 천언(千言)이었다. 내가 날이 새기 전에 옷을 입고, 저녁에 밥을 먹을 정도로 부지런히 하여 멀리 생각하고 깊이 살펴보았다.

이에 음(陰) 가운데 양(陽)이 있고, 양 속에 음이 있으니, 천지가 오르내리는 이치에 근본 했고, 기(氣) 가운데서 수(水)가 생기고, 수 가운데서 기가 생기니, 또한 심신(心腎)이 교합하는 이치를 사물의 모습에 비유한 것임을 알았으니, 도는 사람에게서 먼 것이 아니었다. 갑경(甲庚)[4]을 배합하니, 바야흐로 금단(金丹)에 법칙이 있음을 체험하고, 묘·유(卯酉)를 빼고 보태니, 자연의 화후(火候)는 어긋남이 없었다.

홍연(紅鉛)과 흑연(黑煙)은 철저히 큰 약을 이루지는 못하지만, 금액(金液)과 옥액(玉液)은 마침내 환단(還丹)이 되니, 무(無)에서 유(有)로 들어가는 것이었다. 일찍이 이를 정복할 마음을 품고, 비천한 곳에서 고원(高遠)한 곳으로 올라와 오묘한 도의 경지에 들어가니, 연(鉛)을 빼고 홍(汞)을 더하여 2·8의 음이 소멸하게 되면 모습이 바뀌고 형체가 단련되어, 9·3의 양이 자라도록 한다.

수원(水原)의 맑고 흐림은 기제(旣濟) 때 분별할 수 있고, 내경(內景)의 진허(眞虛)는 무아(無我)의 경지에 들어가는 날에 알게 되니, 현묘한 이치와 오묘한 뜻은 그 형체를 다 나타내기 어렵다.

그래서 이제 신령한 보배의 묘한 이치를 책으로 엮어 초범입성(超

---

4) 갑경(甲庚): 목과 금. 또는 봄과 가을이 만났으니 음과 양이 조화됨을 말한다.

凡入聖)하도록 할 수 있으니, 합쳐서 3승(三乘)5)의 법으로 삼아 이름을 영보필법(靈寶畢法)이라 했다.

큰 도와 성인 말씀은 감히 혼자 사사로이 할 수 없어서 동빈(洞賓)6) 족하께 전하여, "도가 이루어지면 숨기지 말고 후세 사람들에게 전함이 마땅하겠습니다."고 했다.

---

5) 3승(三乘): 도장경은 3동(三洞)으로 나눈다. 1동은 진(眞)으로 원시천존(元始天尊)의 대승(大乘), 2동은 현(玄)으로 태상도군(太上道君)의 중승(中乘), 3동은 신(神)으로 태상노군(太上老君)의 소승(小乘)이다. 이 셋을 통 틀어 3승이라 한다.

6) 동빈(洞賓): 동빈은 당나라 하중부(下中府) 사람 여암(呂嵒)의 자(字). 여동빈의 도호는 순양자(純陽子).

『영보필법』상권

靈寶畢法 上卷

정양진인(正陽眞人) 종리권(鍾離權) 운방(雲房) 지음
순양진인(純陽眞人) 여암(呂嵒) 동빈(洞賓)이 전함

소승의 안락한 수명 연장법 4관문

음과 양이 짝지음 제1

『왕서(王書)』에 말했다. 큰 도는 형체가 없어서 보고 들어도 보이거나 들리지 않고, 큰 도는 이름이 없어서 헤아리고 세어도 계산하거나 측량할 수 없다. 도를 바탕으로 형체가 생기고, 형체 때문에 이름이 생기니, 이름 중에 큰 것은 천지다. 하늘은 건(乾)의 도를 얻고 기를 쌓아서 아래를 덮으며, 땅은 곤(坤)의 도를 얻고 형질을 의탁하여 위를 싣고 있으니, 덮고 싣는 사이에 위와 아래의 거리가 8만 4천리나 되어서, 기와 형질이 서로 교섭할 수 없으나, 하늘은 건(乾)으로서 곤(坤)을 찾아 땅 속으로 돌아와 그 양기가 음기를 지고 위로 올라가고, 땅은 곤으로서 건을 찾아 하늘 속으로 돌아가서 그 음기가 양기를 감싸 안고 아래로 내려온다. 한 번 올라가고 한 번 내려오는 사이에 도가 운용되어 천지가 장구하게 된다.

『진원(眞源)』에서 말했다. 천지 사이에 위쪽으로 친한 것이 양인데, 위에서 아래까지 4만 2천리로서 곧 양위(陽位)라 하고, 아래쪽으로 친한 것은 음인데, 아래에서 위까지가 4만 2천리로서 곧 음위(陰位)라 하니, 이미 형체와 이름이 있으면 정해진 법도에서 벗어나기 어렵다. 또 1년은 4시(時), 8절(節)7), 24기(氣)8), 72후(候), 360일, 4320진(辰)이고, 12진이 1일, 5일이 1후, 3후가 1기, 3기가 1절, 2절이 1시, 4시가 1년인데, 1년은 동지절에서 시작된다.

이때 땅 속에서 양기(陽氣)가 올라오는데, 무릇 1기 15일에 7천리를 상승한다. 3기가 1절이고 1절이 45일이니 양기는 다 2만 1천리를 상승한다. 2절이 1시고 1시가 90일이니 양기는 다 4만 2천리를 상승하여 바로 하늘과 땅의 중간에 도달하여 양기가 음위와 합쳐지는데, 이때 음기(陰氣) 가운데 양기가 반이며 그 기가 따뜻하게 되어 이때가 춘분절에 해당한다.

이때가 지나면 양기가 올라 양위로 들어가는데, 그때서야 기를 얻어서 상승한다고 할 수 있다. 또한 앞과 같이 45일이면 입하(立夏)가 되고 입하 후 45일이면 하지가 된다. 하지절에는 양기가 오르고 앞의 계산을 통 털어 8만 4천리를 올라가 하늘에 도달하니, 곧 양기 가운데 양기가 있다. 그 기는 더워서 양기를 쌓아 음기를 낳으니 8음(八陰)이 두 양기 가운데서 생기는데, 하지절에서 부터 시작한다.

---

7) 8절(節): 입춘, 춘분, 입하, 하지, 입추, 추분, 입동, 동지.
8) 24기(氣): 입춘, 우수, 경칩… 등의 24절기.

이때 하늘에서 음기가 내려오니 무릇 1기 15일에 7천리를 하강하며, 3기가 1절이면 1절이 45일이니 음기는 다 2만 1천리를 내려오고, 2절이 1시가 되고 1시는 90일이 되므로 음기는 다 4만 2천리를 내려와서 하늘과 땅의 중간에 도달하고 음기는 양위와 교차하는데 이때 양기 가운데 음기가 반이며, 그 기는 서늘하게 되고 이때가 추분절에 해당한다.

이때가 지나면 음기가 내려와 음위로 들어가는데 그때서야 기(氣)를 얻어서 내려간다고 할 수 있다. 또한 전과 같이 45일이면 입동이 되고, 입동 후에 45일이면 동지가 된다. 동지절에는 음기가 내려오니, 앞의 계산은 통 털어 8만 4천리를 내려와 땅에 도달하니, 곧 음기 가운데 음기가 있다. 그 기는 차가워서 음기를 쌓아 양기를 낳으니, 한 양기가 두 음기 가운데서 생긴다.

동지 이후부터 한 양기가 다시 상승하여 전과 같이 운행되고 그치지 않으니, 일주(一周)하여 처음으로 돌아가 도를 잃지 않는다.

동지(冬至)에는 양기가 생겨서 상승하여 하늘로 돌아가고, 하지(夏至)에는 음기가 생겨서 하강하여 땅으로 돌아간다. 하지에 양기가 올라가 하늘에 도달하면 한 음기가 오고, 동지에 음기가 내려와 땅에 도달하면 한 양기가 온다. 그러므로 하지와 동지라고 한다.

양기가 위로 올라가서, 춘분을 지나면서 양위로 들어가 음위를 이별한다. 음기가 아래로 내려와서 추분을 지나고서 음위로 들어가 양위를 이별한다. 그래서 춘분(春分)과 추분(秋分)이라 한다.

무릇 동지에 양기가 상승한 뒤에 위에서부터 아래까지 음기가 내리지 않음이 없다. 내린 음기는 곧 양기 가운데 남은 음기니, 양위에 머물렀다 소멸될 뿐이다. 비록 하강하여 자리를 얻었더라도 양기와 함께 상승하여 서로 만나면 그 기는 끊어진다.

무릇 하지에 음기가 하강한 뒤에는 아래에서부터 위쪽까지 양기가 내리지 않음이 없다. 상승한 양기는 곧 음기 가운데 남은 양기니 음위에 머물렀다가 소멸될 뿐이다. 비록 상승하여 자리를 얻었더라도 음기와 함께 하강하여 서로 만나면 그 기는 끊어진다.

음양이 오르내릴 때는 상하가 8만 4천리를 벗어나지 않으며, 왕래할 때는 360일을 넘기 어려우니, 곧 따뜻하고 서늘하며, 춥고 더운 네 가지 기로서 음양을 인식하고 곧 양기가 상승하고 음기가 하강하는 8절로서 천지를 알게 된다. 천기로서 그것을 헤아리면 거의 천도의 남은 일에 도달하겠지만, 만약 입과 귀의 학문으로 천지의 도를 비교하여 헤아리려고 한다면, 어찌 계산으로 그것을 알 수가 있겠는가? 이것을 비유하여 "도는 만물을 낳는다."고 했다.

천지는 곧 만물 중의 큰 것이고, 사람은 만물 중의 영장이니, 특별히 도를 구하면, 사람은 천지와 같아서 심장은 하늘, 신장은 땅, 간은 양위(陽位), 폐는 음위에 비길 수 있다. 심장과 신장은 여덟 치 네 푼 거리에 있으니, 하늘과 땅이 서로 덮고 싣고 있는 사이와 견줄 수 있다.

기는 양에 비기고, 액(液)은 음에 비길 수 있으며, 자오(子午)의 시는 하지와 동지절에 비기고, 묘유(卯酉)의 시는 춘분절과 추분절에 비겨서, 하루를 1년에 비길 수 있고, 하루를 8괘를 이용하여 시(時)를 8절(八節)에 비길 수도 있다.

자시에는 신장에서 기가 생기고, 묘시에 기가 간에 도달하면 간은 양이 되어 그 기가 왕성해지고 양기가 올라가 양위로 들어가니 춘분에 비유할 수 있다.

오시가 되면 기가 심장에 도착하여 기가 쌓여 액이 생기니, 하지에 양기가 상승하여 하늘에 도달하여 음이 생기는데 비길 수 있다. 오시에 심장 가운데서 액이 생기고 유시에는 액이 폐에 도달하여 폐는 음이 되니 그 액이 풍성해지고, 음기가 내려가 음위로 들어가므로 추분에 비유할 수 있다.

자시에 액이 신장에 도달하여 액이 쌓여 기가 생기니, 동지에 음기가 땅에 도달하여 양이 생김에 비유할 수 있다.

일주 후 다시 시작하니, 해와 달이 순환하고 덜어냄도 찌그러짐도 없으니, 스스로 수명을 연장할 수 있다.

『진결(眞訣)』에서 말했다. 천지의 도는 1에서 얻고, 오직 사람은 부모에게서 형체를 받는데, 형체 속에서 형체가 생길 때, 도를 떠남이 더욱 멀고, 태에서부터 원기가 넉넉한 뒤에는 6욕 7정(六慾七情)이 원양(元陽)을 소모하여 흩어버리고, 진기(眞氣)를 잃게 되어서 비록 자연의 기와 액이 있어서 서로 생기더라도 또한 천지가 오르내리는 것과 같은 것을 얻을 수가 없다.

또한 한 번 내쉬면 원기가 나가고 한 번 들이쉬면 원기(元氣)가 들어오니, 천지의 기를 접하더라도 이미 들어온 것을 머무르게 할 수는 없으므로 내쉼을 따라 다시 나가게 된다. 본궁(本宮)의 기는 도리어 천지에게 빼앗기게 되어, 이 때문에 기가 흩어져서 액(液)을 생산하기 어렵고, 액이 적어지면 기가 생기기 어려우니, 마땅히 그 기가 왕성할 때에 날마다 묘괘(卯卦)9)를 사용하여 기가 남아 있도록 한다.

많이 들어오고 적게 내보내서 굳게 뱃속에 머무르도록 하고 그때 아래에서부터 올라오는 것을 내보내지 않고, 밖에서부터 들어오는

---

9) 묘괘(卯卦): 봄, 동쪽, 이괘(離卦), 춘분.

것을 잠시 머무르게 하면 두 기가 서로 합쳐지고, 그것이 쌓여서 5장(五臟)의 액을 생산하는데, 환원되는 게 더욱 많도록 여러 날 공을 쌓으면 효험을 보게 된다.

　도(道)의 요지를 말하자면,
　"양공 장자(陽公 長子)를 보려고 하면 모름지기 많이 들이쉬고 적게 내쉬어 다른 사내아이와 계집아이(음양)가 서로 다투게 하는 사이에 때가 지나면 참된 목적(단)을 얻을 수 있다."는 것이다.
　이는 곧 기(氣)를 쌓아서 액(液)을 만들고, 액을 모아서 기를 생산하는 것으로 기와 액이 짝을 이루어 서로를 만들어 내는 방법이다.
　이 수행을 1년을 계속하지 않으면 공(功)을 잃게 된다. 1년을 3백일로 잡는다면 열흘 만에 효험을 볼 것이니, 음식을 먹어도 질병이 없어지고, 머리와 눈이 맑고 깨끗해지며, 마음과 배가 텅 비어 상쾌해지며, 힘은 늘고 권태감은 줄어서 뱃속에서 때로 바람과 우레 소리를 들을 수 있을 것이니, 그 밖의 효험은 이루 다 기록할 수도 없을 정도로 많다.
　풀이하면, 양공 장자(陽公 長子)란 건(乾)이 곤(坤)을 찾는 것이니, 기가 상승하여 올라가는 것과 같다. 사내아이는 기로서 신장 가운데서 올라가고, 계집아이는 액으로서 심장 가운데서 내려오니, 서로 다투는 사내아이와 계집아이가 오르내리는 까닭이다.
　기를 닫으면 액이 생기고, 액이 모이면 기가 생기는데, 두 가지를 짝하여 멈추고 통과하는 때에 저절로 진수(眞水)를 얻을 수 있다.
　참뜻은, 이것이 곧 시작된 처음에는 묘괘(卯卦)에서 양이 상승하여 왕성해진 때에 천지의 정기(正氣)를 많이 흡입하고, 자신의 원기(元氣)를 조금 배출하여 두 기가 서로 합치도록 하면, 기가 모여서 액이 생기고 액이 많아지면 기가 생기니, 곧 음과 양이 짝을 이루어 기와 액이 서로 생기게 하는 법이다.

수(水)와 화(火)의 모이고 흩어짐 제2

『금고(金誥)』에서 말했다. 이른바 큰 도란, 높아서 그 위가 없으며 몸을 펴서 우러러 보아도 그 위는 위가 없어 그 머리를 볼 수 없다. 이른바 큰 도란 낮아서 아래가 없으며 몸을 구부려 아래를 살펴도 그 아래는 아래가 없어 그 바탕을 볼 수 없다. 시작해도 앞섬이 없으니 그 앞을 볼 수 없고, 끝나도 다함이 없으니 그 뒤를 볼 수 없다. 큰 도 가운데서 천지가 생기며 천지는 높고 낮음의 법칙이 있고, 천지 가운데는 음양이 있으며 음양은 시작하고 끝나는 수(數)가 있다. 한 번 위로 하고 한 번 아래로 하여 우러러 보고 굽어 살펴서 그 기미를 헤아릴 수 있고, 한 번 시작하고 한 번 끝나는 때에 수를 헤아려 추산하여 그 이치를 얻을 수 있으니, 이것을 미루어 큰 도를 알 수 있다.

『진원(眞源)』에서 말했다. 천지의 위와 아래 위치에 나아가면 천지의 높고 낮음을 알 수 있고, 음양의 마치고 시작하는 시기에 나아가면 천도의 앞뒤를 알 수가 있다.

천지는 수와 떨어지지 않는데 수는 1년에서 끝나며, 음양은 그 의(宜)를 잃지 않고 의(宜)는 8절(八節)에서 나뉜다. 동지에 하나의 양이 생기고 춘분에는 음 가운데 양이 반이다. 이것을 지나면 순양이고 음은 다한다. 하지에는 양이 아주 극에 이르고 하나의 음이 생기며 추분에는 양 가운데 음이 반이다.

이것을 지나면 순음이고 양은 다한다. 동지에는 음이 아주 극에 이르고 하나의 양이 생긴다. 오르고 내림을 전과 같이 하여 오르고 내리며, 마치고 시작하는 사이에 비록 큰 도를 다 완전히 할 수는 없더라도 큰 도의 체제는 잃지 않을 것이니, 큰 도를 알려고 하는 사람은 마땅히 천지에서 법칙을 취하여 음양의 의(宜)를 살필 일이다.

비유하여 말하자면, 심장과 신장을 하늘과 땅에 비유하고, 기와 액을 음과 양에 비유하며, 하루를 1년에 비유한다. 하루를 간괘(艮卦)로서 1년에 비유하면 입춘절이고, 건괘(乾卦)로서 1년에 비유하면 입동절이 된다.

천지 가운데 아래에 친한 것이 음이니, 아래에서부터 위쪽까지가 4만 2천리로 곧 음위(陰位)가 된다. 동지에 양이 생겨서 상승하면 입춘에 해당하고 양이 음위의 가운데서 올라오니 2만 1천리로서 이때는 양이 음을 이기기는 어렵다.

천지 가운데 위쪽에 친한 것이 양이니 위에서부터 아래쪽까지가 4만 2천리로 곧 양위(陽位)가 된다. 하지에 음이 생겨서 하강하면 때가 입추에 해당하고, 음이 양위의 가운데서 내려오니 2만 1천리로서 이때는 음이 양을 이기기는 어렵다. 때가 입하가 되면 양이 상승하여 땅에서 6만 3천리, 하늘에서 2만 1천리 거리로 이때부터 양위가 되고 음은 끊어진다. 때가 입동이 되면 음이 하강하여 하늘에서 6만 3천리 땅에서 2만 1천리 거리로 이때부터 음위가 되고 양은 끊어진다.

1년 중에 입춘을 하루의 때에 비긴다면 간괘(艮卦: 곧 丑시와 寅시, 새벽 1시~5시)이다. 신장의 기가 내려와 방광에 전해지지만, 액 중의 미약함에 있어서 곧 양기가 올라오기 어려운 때이다.

1년 중에 입동을 하루의 때에 비유한다면 건괘(乾卦: 곧 戌시와 亥시,

오후 7~11시)이다. 심장의 액이 아래로 들어가 장차 환원하려고 하지만, 다시 신장 속으로 들어가니 곧 음은 왕성하고 양은 끊어지는 때다. 사람이 병이 생기는 사람은 오직 음과 양이 조화롭지 못하고 양은 미약하고 음이 많아서 병이 많은 것이다.

『진결』에서 말했다. 양이 입춘에 오르면 아래에서부터 위쪽까지 때가 아니어서 음 가운데 양이 반이다(艮卦는 丑과 寅시로서 기가 미약하다). 음이 입동에 내리면 아래에서부터 위쪽까지는 때가 아니어서 양 가운데 음이 반이다(乾卦는 戌시와 亥시로서 기가 흩어진다). 천지의 도가 이와 같은데, 오직 사람은 간괘의 기가 미약해져도 기를 기르는 단서를 알지 못하고, 건괘의 기가 흩어져도 기를 모으는 이치를 모르고 밤낮으로 6욕 7정으로 원양(元陽)을 소모하여 진기가 왕성치 못하게 되며 진기를 잃어서 진액이 생기지 못하게 되어 천지와 같이 장구함을 얻지 못한다.

그러므로 옛사람이 "아침에는 둔괘(屯卦)10)로, 저녁에는 몽괘(蒙卦)11)로서, 날마다 두 괘를 이용하면, 곧 장생하여 세상에 있게 된다."고 했으니, 아침에 둔괘를 이용한다는 것은, 대개 하나의 양을 취하여 아래에 있으면서 구부리고 신장되지 않는 뜻인데, 그것이 나에게 있는 것을 길러서 그것을 신장시키고 소모하여 흩어지도록 하지 말라는 것이다.

저녁에 몽괘를 이용한다는 것은 대개 어린아이를 취하여 나를 구하고 밝음으로 나아가 어둠을 버리니, 곧 음 사이에서 양을 구한다는 뜻으로, 그것이 나에게 있는 것이 비록 어둡지만 그것을 밝혀서 잃어

---

10) 둔괘(屯卦): 진하(震下) 감상(坎上)의 괘. 험난하여 고생하는 괘.
11) 몽괘(蒙卦): 감하(坎下) 간상(艮上)의 괘. 사물의 최초로서 환하지 못한 괘.

버리도록 하지 말라는 것이다.

이로써 마땅히 간괘의 때를 이용하여 원기를 기르며, 명리 때문에 그 마음을 동요하도록 하지 말며 좋아하거나 싫어하는 것을 마음에 두지 말고, 마땅히 옷을 헤치고 고요히 앉아서 그 기를 기르며 잡념을 끊고 정욕을 잊어버리고, 은근히 도인(導引)하며, 손발을 번갈아 구부렸다 펴기를 15번을 실시하여 4체(四體)의 기가 고루 생기도록 하고, 안으로 보존한 원기가 상승하여 심장에 이르도록 한다.

어떤 때는 침을 한두 번 삼키거나 머리와 얼굴을 60차례 문지르고, 밤새 막혀 모였던 나쁘고 탁한 기를 내뱉으면, 오래도록 낯빛이 윤기 나고 아름답게 되며 피부가 빛이 나며 윤택해진다(艮卦는 원기를 기른다).

또 날마다 마땅히 건괘를 이용하게 될 때에는 원기를 모아서 마땅히 방에서 정좌하고 기를 삼켜 외신(外腎)에 모은다. 기를 삼킨다는 것은 아래에서 화(火)를 심장에 들어가게 한다는 것이고, 외신(外腎)에 모은다는 것은 안에서 방광의 기를 모은다는 것이다(乾卦는 원기를 모은다). 상하(上下)로 하여금 신기(腎氣)의 화(火)와 서로 합하도록 하고, 3화(三火)가 모여서 하나가 되어 하전(下田)12)을 따뜻하게 보양하는데, 액이 없으면 기를 모아 액을 생산하고, 액이 있으면 액을 단련하여 기를 낳으니 이름 하여 취화(聚火)라 한다.

또 이르기를, 태을(太乙)13)은 진기(眞氣)를 머금고 있다. 이른 아침 침을 삼키며 얼굴을 비비고, 손발을 서로 폈다 구부렸다 하는 것을 산화(散火)라고 하며, 일명 소연형(小煉形)이라고도 한다고 했다.

---

12) 하전(下田): 척박한 토지. 하단전.
13) 태을(太乙): 별이름. 천신(天神).

도(道)의 요지를 말하자면,

"꽃 지고 잎 떨어지는 깊은 가을에, 옥인(玉人)[14]은 높은 누각 오르기를 게을리 하고, 임금과 신하가 화해하고자 하나 때가 되니 잔치는 끝나 급히 거두도다."

고 함이니 효험이 바야흐로 중지되는 것은 수행을 계속한 지 1년을 지나지 않으면 보람이 없게 되는데, 1년 3백일을 기한으로 삼아 열흘이면 효험이 나타나니, 얼굴이 광택이 나고 피부가 탄력이 있으며 하단전이 따뜻해지면서 소변이 줄어들면서 4체(四體)가 가뿐해지고 정신이 상쾌하여 고질과 오랜 병이 다 소멸된다. 만약 세월을 아깝게 여기며, 수행을 계속하기를 게을리 하지 않고 다만 음양을 짝하면 공(功)이 들어와 효험이 조금 나타나는 것 같고, 차례로 이 공로에 들어간다.

날마다 간괘(艮卦)에 들어가 간략히 이 법을 행하고, 건괘(乾卦) 3원(三元)으로 부려서 효험이 나타나면 바야흐로 중지한다(3원은 건·간·진 乾艮震이다).

풀이하자면, '꽃 지고 잎 떨어지는 깊은 가을'이란 사람의 기가 약해서 저녁때의 빛처럼 양기가 흩어져 오르지 못하는 것과 같다. 그래서 높은 누각에 오르기를 게을리 한다고 했고 누각이란 12층 누각이다.

심장은 군화(君火)가 되고 방광은 민화(民火)가 되니, 기를 삼켜서 외신(外腎)으로 끌어당겨 심장이 외신과 함께 기가 모여 하나가 되도록 하는 것이다. 그래서 '화해한다'고 했고, 잔치는 곧 삼키는 것이고, 거두는 것은 끌어당기는 것이다.

---

14) 옥인(玉人): 양기를 말함.

‘이른 아침의 공로가 흩어지지 않는다.’는 것은 이 비법에서 주종이 되는 것이다.

참뜻은, 간괘의 양기가 미약하므로 도인(導引)과 신축(伸縮)이 미약하게 이루어지니 침을 삼키고 얼굴을 문질러서 4체(四體)에 화(火)를 퍼지게 하여 원기를 북돋아야 한다. 건괘의 양기가 흩어지므로 심장의 기를 삼키고 외신(外腎)으로 끌어당겨 신장의 기와 합하도록 하여 이 세 가지 화(火)가 모여 하나가 되게 하면 원기를 모을 수 있다. 그래서 수화(水火)를 모으고 흩어서 뿌리가 두텁고 몸이 튼튼하도록 해야 한다고 한다.

용호가 서로 교합함 제3

『금고(金誥)』에 이르기를 태원(太元)이 처음 나누어짐에 태시(太始)가 있고, 태시 가운데 태무(太無)가 있으며, 태무 가운데는 태허(太虛)가 있고, 태허 속에는 태공(太空)이 있으며, 태공 가운데 태질(太質)이 있으니, 태질이란 천지의 맑고 탁한 바탕이다. 그 바탕은 알과 같고 검고 노란 색깔이니, 곧 태공 가운데 한 물질일 뿐이다. 양이 올라가 하늘에 닿으면 태극이 음을 낳고, 오묘한 이치로서 양을 안고 하강한다.

음이 내려와 땅에 도달하면 태극이 양을 낳고 황홀로서 음을 지고 상승을 한다. 한 번 상승하고 한 번 하강할 때, 음은 하강하고 양은 상승하여 천지가 도를 행하고 만물이 생성된다.

『진원(眞源)』에서 이르기를, 하늘은 함지박을 엎어놓은 것 같아서 양이 도달해도 더 오르지 못하고, 땅은 평평한 반석과 같아서 음이 도달해도 들어가지 못한다.

동지에는 땅속에서 양이 올라와서 하지에 하늘에 도달하는데, 그 양의 태극이 음을 낳는다. 음이 생기는 까닭은 양이 원래 음 가운데서부터 와서 땅에서 일어났기 때문이니 미묘하고 황홀하다.

기(氣) 속에는 수(水)가 있고, 그 수(水)는 형체가 없이 하지에 하늘에 도달하여 기가 쌓여 수(水)가 된다. 이것을 '양의 태극에서 음이 생긴다.'고 한다.

하지에는 하늘 가운데서 음이 내려와 동지에 땅에 도달하여 그 음의 태극에서 양이 생긴다. 양이 생기는 까닭은 음이 원래 양에서부터 와서 하늘에서 나왔기 때문이니, 깊고도 은미하다. 수(水) 속에는 기가 있는데, 그 기는 형체가 없어 동지 때 땅에 도달하여 수(水)가 쌓여 기가 생기니, 이것을 '음의 태극에서 양이 생긴다.'고 한다.

비유하자면, 몸의 외부를 태공(太公)에다 비유하고, 심장과 신장을 천지에, 기와 액체를 음양에, 자오(子午)를 동지와 하지에 비유할 수 있다. 자시(子時)는 곧 감괘(坎卦)라 하며 신장에서 기가 생기고, 오시(午時)는 곧 이괘(離卦)라고 하며 심장 가운데서 액체가 생긴다. 신장의 기가 심장에 도달하면 신장의 기와 심장의 기가 서로 합하여 태극이 액(液)을 낳는다. 액을 낳는 까닭은 기가 신장 속에서 왔기 때문이니, 기 가운데 진수(眞水)가 있으며, 그 수(水)는 형체가 없다. 이괘가 심장에 도달해서 심장의 기와 접촉하여, 태극이 액을 낳는 법칙이 이와 같다.

심장의 액이 신장에 도달하면 심장의 액과 신장의 수(水)가 서로 합하여, 태극이 다시 기를 낳는다. 기를 낳게 되는 까닭은 액체가 심장 가운데서 왔기 때문이니, 액체 속에는 진기(眞氣)가 있고 그 기는 형체가 없다. 감괘(坎卦)가 신장에 도달해서 신장의 수(水)와 접축하여 곧 태극이 기를 낳는 법칙이 이와 같다.

　이는 양이 상승하고 음이 하강하여 태극에 이르러서 서로를 낳으니 생긴 것이 음과 양이고 양 가운데는 수(水)를 가지고 있고, 음 속에는 기를 감추고 있는 것에 비유할 수 있다.

　『진결(眞訣)』에서 말했다. 신장 속에서 기가 생기고 기 속에서 진수(眞水)가 있으며 심장 가운데 액체가 생기고 액체 가운데는 진기(眞氣)가 있으니 진수와 진기는 곧 진룡(眞龍)과 진호(眞虎)이다.

　양이 하늘에 도달하면 더 올라가기 어려워 태극이 음을 낳고, 음이 땅에 닿으면 더 들어가기 어려워 태극이 양을 낳으니, 천지의 이치가 이와 같다. 사람을 천지와 비유할 수 없는 것은 6욕 7정(六慾七情) 때문에 물질에 느끼어 뜻을 상실해서 원양(元陽)을 소모하여 흩어버리고 지기를 잃어버리게 된다.

　항상 이괘(離卦) 신장의 기가 심장에 도달하면 정신이 안으로 안정됨을 인식하게 되는데, 코로 조금 들이쉬고 천천히 내쉬어서 가늘게 이어지도록 하고 침을 입에 채웠다가 삼키면, 자연히 신장의 기와 심장의 기가 서로 합하면 태극이 액을 생산한다.

　감괘(坎卦) 신장의 액이 심장에 도달하게 되면 신장의 수(水)와 접촉하여 자연히 심장의 액과 신장의 기가 서로 합하여 태극이 기를 생산하는데, 진기(眞氣)는 액을 그리워하고, 진수(眞水)는 기를 그리워하기 때문에 본래 저절로 서로 합하게 된다. 그러므로 액 가운데 진기가 있고 기 가운데 진수(眞水)가 있어 서로 교합(交合)하며 서로 연모하여 내려오므로 이름을 용·호가 서로 교합한다(交媾龍虎)라고 한다. 만약 화후(火候)와 차이가 없이 빼고 보탬을 마땅하게 하여 3백일 동안 진태(眞胎)를 기르면 대약(大藥)을 이룰 것이니, 곧 바탕을 연성하고 몸을 태워서 원기를 만나는 것이 초탈의 근본이다.

도(道)의 요지를 말하자면,

"한 기가 처음 원운(元運)15)으로 돌아오니 진양(眞陽)이 이궁(離宮)에 도달하려 하고 진룡(眞龍)과 진호(眞虎)를 잡아가지니 옥지(玉池)에 봄물이 가득하네."

라고 할 수 있으니, 이것은 원기가 새고 진수(眞水)가 몸 밖으로 달아날까 두려워하는 것이다. 기가 흩어지면 액이 생기기 어렵고, 액체가 줄어들면 진기가 없어진다. 기(氣)와 수(水)가 교섭하지 않으면 어찌 대약을 이루겠는가? 마땅히 이것을 1년 중에 달로 치면 동지를 시작으로 하고, 하루 중에 시(時)로 치면 이괘(離卦)로서 기간을 삼는다. 혹시 만년(晩年)에 도를 만나게 되더라도 근본이 굳지 못하여 스스로 공허하고 손상되었음을 알 수 있다. 그리고 기가 부족한 뒤에는 10년이 손해니 1년을 노력하여 보충해야 하는데, 이름 하여 채보환단(採補還丹)이라 하고, 보충 날수가 지나서 이 비법을 중지하면 이름 하여 수화기제(水火旣濟)라 하고, 해를 연장하고 수명을 더할 수 있으니, 곧 인선(人仙)이라 하고 공로와 효험을 갖추어 기록할 수 없다.

만약 보충한 날수가 알맞으면 입에서 군침이 생기고, 마음에 경계가 스스로 사라지며 정욕이 움직이지 않고, 모든 뼈에 병이 없어진다. 그리고 신광(神光)이 어둠 속에서 스스로 나타나는데, 두 눈에서 때때로 번개가 치는 것 같다.

동짓날을 시작으로 하여 삼가 조절하여 비법을 사용한 지 3백일이 되면 그 진태(眞胎)를 벗어버리니 이름 하여 태선(胎仙)이라 한다.

풀이해서 말하자면, 바깥에 있어서는 오시(午時)가 이괘(離卦)가 되

---

15) 원운(元運): 갑자 60년이 1원(一元). 상·중·하 3원이 1주(一周). 3주를 지나면 1운(一運). 또한 1원 60년을 대운(大運)이라 하고 1원 중의 20년씩을 소운(小運)이라 한다.

고 태양은 진양(眞陽)이 되며, 사람에 있어서는 심장이 이궁(離宮)이 되고 원양(元陽)이 진룡(眞龍)이 된다. 진호(眞虎)는 신장의 기 속에 수(水)요, 진룡은 심장 액체 속의 기이다. 입은 옥지(玉池)라 하고, 침을 봄물(春水)이라고 했다.

참뜻은, 한 기가 처음 원운(元運)으로 돌아와서 동지에 시작하니, 곧 자월(子月)이다. 진양이 이궁에 도달하려고 하여 이괘(離卦)를 기간으로 삼으니, 곧 오시다. 진룡이란 심장 액체 가운데 기이고, 진호란 신장 기 가운데 수(水)다. 기와 수(水)가 서로 합하므로 곧 '용호가 서로 교합한다.'고 했다.

태워서 단약을 연성함 제4

『금고』에서 말했다. 천지란 큰 도의 형체요, 음양이란 큰 도의 기이니, 춥고 덥고 따뜻하고 서늘함은 형체 속에 기가 있음이고, 구름, 안개, 비, 이슬은 기(氣) 속에 형상이 있는 것이다. 땅의 기가 상승하여 올라가 서로 구름이 되고 흩어지면 비가 된다. 하늘의 기가 하강하여 흩어지면 안개가 되고, 맺히면 이슬이 된다. 축적된 음이 지나면 이슬이 비가 되고, 서리가 되고, 눈이 된다. 축적된 양이 지나면 안개가 연기가 되고 구름이 되고 노을이 된다.

음 가운데 양이 엎드려 있다가 양기가 오르지 못하면 두드려 쳐서 천둥소리가 생기고, 양 가운데 음이 엎드려 있다가 음기가 내려가지 못하면, 응고하여 싸락눈이 생긴다.

음양이 서로 화합하지 못하면 서로 맞서서 번개가 생기고, 음양이 짝을 짓지 않고 어지러이 교합하면 무지개가 생긴다. 진양(眞陽)을 축적하여 신을 이루면 하늘에 빛나는 것이 성진(星辰)이요, 진음(眞陰)을 축적하여 형체를 이루면 땅에 씩씩한 것이 토석(土石)이다. 성진(星辰)의 큰 것은 해와 달이고, 토석(土石)의 귀한 것은 금과 옥이다. 음양이 형체 있는 것으로 나타나니, 위에는 해와 달이요, 아래는 금과 옥이다.

『진원(眞源)』에서 말했다. 음을 얻지 못하면 양이 생기지 않고, 양을 얻지 못하면 음이 이루어지지 않는다. 양을 축적하면 신(神)이 하늘에 빛이 나니, 큰 것이 해와 달이다. 해와 달은 곧 진양이 진음을 얻어서 서로 이루어진다. 음을 축적하면 형체가 땅에서 씩씩하고 귀한 것이 금과 옥이다. 금과 옥은 곧 진음이 진양을 얻어서 서로를 낳는다[*술해 戌亥)에 행지(行持)하고 이괘(離卦)에 채약을 하며, 건괘(乾卦)에 화(火)로 나아간다].

비유하자면, 진양은 심장 액체 가운데 진기(眞氣)에 비유할 수 있고, 진음은 신장의 기 가운데 진수(眞水)에 비유할 수 있다. 진수를 얻지 못하면 진기가 생기지 않고 진기를 얻지 못하면 진수가 이루어지지 않는다. 진수와 진기는 이괘(離卦)에 비유되고 심장의 위와 폐의 아래에서 화합하여 자식과 어미가 서로 연모하고 부부가 서로 사랑하는 것 같다. 이(離)에서부터 태(兌)에 이르기까지 태괘(兌卦)는 음이 왕성하고 양이 약한 때니 해와 달이 하현(下弦) 때에 비유되고, 금과 옥이 그믐에 있어 사용할 수가 없다.

해와 달은 음으로서 양을 이루니 수(數)가 밝음을 낳기에 충분하고, 금과 옥은 양으로서 음을 이루니, 기가 보배를 낳기에 충분하다. '금과 옥이 보배를 낳는다.'는 것은 대개 기가 충분하기 때문에 양으로 나가는 것이고, '해와 달이 밝음을 낳는다.'는 것은 대개 수가 충분하기 때문에 혼을 받는 것이니, 건괘(乾卦)의 화(火)에 나아가는

데 비유할 수 있다. 양을 연성(鍊成)하면 쇠함이 없고 화에 수를 더하면 양이 오래 산다.

『진결』에 말했다. 이괘(離卦)에 용호가 교합하는 것을 채약(採藥)이라 하는데, 시(時)가 건괘(乾卦)에 도달하면 기와 액이 원래대로 돌아가려고 하여 방광의 위쪽, 비장과 위장의 아래쪽, 신장의 앞, 배꼽의 뒤, 간의 왼쪽, 폐의 오른쪽, 소장의 오른쪽, 대장의 왼쪽에 생긴다. 때가 되면 비장의 기가 왕성하고 폐의 기도 성하나, 심장의 기는 끊어지고 간장의 기는 약해진다.

진기는 양기를 근본으로 하여 서로 합해지므로 양기가 이미 약해지면 진기가 연모할 곳이 없어 헛되이 애만 쓰게 되니, 반드시 이때에 채합(採合)하면 신이 안으로 지킬 것을 알게 된다. 코로 숨을 가늘게 쉬면서 위장과 배를 약간 긴장 시키면 배꼽과 신장에 열이 아주 심함을 느끼게 되고, 약간 풀어서 굴레를 가볍게 하여 배와 배꼽에 열이 나지 않을 때 굴레(묶음)를 조이면 점차 열이 나서 곧 정상을 지키게 되고 마음대로 뜻을 실천하여 건곤에 가득 차게 되니, 곧 양의 관문을 다스려 단약을 연성한다고 한다.

기가 위로 올라가서 진수(眞水)를 굳어지지(막히지) 않도록 하여 비장을 지나고 그 호흡을 따라서 명부(命府)인 황정 속으로 운반되어 기와 액이 조화될 때에 변하여 정기가 되고, 정기가 변해서 구슬이 되고, 구슬이 변해서 수은이 되며, 수은이 변하여 단사가 되고, 단사가 변하여 금이 되니, 곧 금단이라 하며 그 공로가 적지 않다.

도(道)의 요지를 말하자면,

"채약(採藥)을 하는 데는 모름지기 옥토(玉兔)를 의지하고(채약은 심장의 기, 옥토는 신장의 수(水)), 친밀함을 이루는 데는 반드시 황파(黃

婆)16)를 의지하면, 무리가 옹주(擁州. 옹주는 건괘)에 이르러 서로 만나서 한 곡의 양가(陽歌)를 연주하여 전하리라."
고 할 수 있다.

이는 곧 채약과 더불어 날마다 같이 행할 것이니, 무릇 만년에 보완하는 방법으로 10을 잃으면 1을 보충하는 노력이다. 이 법의 이름은 연홍보단전(鍊汞補丹田)이라고 한다.

보충하는 수가 넉넉하면 다만 날마다 이괘(離卦)에서 채약을 하고, 건괘에서 태우고 연성하여 양의 관문을 다스리는데, 봄과 겨울에는 채약을 많이 하고 단련을 적게 하며, 건(乾)은 1이 되고, 이(離)는 2가 되어 더욱 부지런히 노력해야 한다. 가을과 여름에는 채약을 적게 하고 단련을 많이 하는데, 이가 1이 되고, 건이 2가 되어 더욱 부지런히 노력해야 한다.

세월을 따라 기가 왕성하면 채약과 단련의 효과가 앞에 있을 것이니, 수명을 연장하여 세상에 살고 있으면서 인선(人仙)이 된다.

만약 보충하는 수가 이미 충분하다면 효험을 보고 보람이 나타나게 되니, 또한 절차를 삼가여 노력을 하되, 채약을 1백일 동안 하면 약효가 온전하고, 2백일 동안 하면 성태(聖胎)가 견고하며, 3백일이면 진기가 생겨서 태선(胎仙)이 완전해 진다.

대개 약효가 온전해진 뒤에 화(火)로 나아가 수(數)를 더하는 것을 화후(火候)라 하고, 무릇 성태(聖胎)가 견고해진 뒤에 화후가 보태져 소주천(小周天)의 수에 이르는 것을 소주천이라 한다.

무릇 태원(胎圓)에 진기가 생기고 화후가 보태져 대주천(大周天)의 수에 이르게 되는 것을 주천화후(周天火候)라고 한다.

---

16) 황파(黃婆): 내단(內丹)에서 비장 안의 액체를 황파라 함.

채약을 하여 용호가 교합하여 약을 연성하고 화(火)로 나아가면 바야흐로 도에 들어가게 되니, 마땅히 자취를 끊고 깊은 곳에 있으면서 마음을 보존하여 내관(內觀)하면 안으로 나오지 않는데 경계하고, 밖으로 들어가지 않는데 경계하여 부인이 뱃속에 아기를 키우는 것 같이 용이 구슬을 키우니, 비록 음식을 먹거나 자고 깨어 있는 사이라도 영아처럼 말이 없고, 처녀같이 행동하면서 더욱 실수가 있을까, 손실이 있을까 두려워하여 마음이 잠시라도 도에서 떨어지면 안 된다.

풀이하면, 약은 심장 속의 진기이고, 토(兎)는 신장 속의 진수(眞水)이며, 황파(黃婆)는 비장 가운데 진액(眞液)인데, 기와 수가 화합하여 황정에 들어가고, 옹주 건괘(雍州乾卦)에서 양의 관문을 다스려 배를 긴장시키는 것을 말한다(이상은 안락하게 수명을 연장시키는 비결이다).

이상은 소승법(小乘法) 4관문으로 인선(人仙)에 관계된 것이다.

『영보필법』 상권 끝.

『영보필법』 중권

靈寶畢法 中卷

중승[17]의 오래 살고 죽지 않는 법 3관문

주후(肘後) 비금정(飛金晶) 제5

『금고』에서 말했다. 음양의 오르내림은 천지의 범위 안을 벗어나지 않으나, 해와 달은 운행하여 천지의 바깥에 있다. 동쪽과 서쪽에서 뜨고 지면서 밤낮을 구분하고, 남북으로 왕래하면서 추위와 더위를 결정하며, 밤낮으로 쉬지 않고 추위와 더위가 서로 밀어낸다. 하루가 쌓여 한 달이 되고 한 달이 쌓여 1년이 된다. 한 달이 하루가 쌓여 되었다는 것은 그 백(魄: 음기) 가운데 혼(魂: 양기)을 감추고

---

17) 중승: 도가에서 세동현(三洞玄) 중에서 제2 동현.

있었기 때문에 혼 가운데 백이 들어 있다는 것이다. 1년은 한 달이 쌓여 되었다는 것은 그 율(律: 여섯 양기) 가운데서 여(呂: 여섯 음기)가 일어났기 때문에 여(呂) 가운데서 율(律)이 일어난다는 것이다.

해와 달이 운행하여 천지의 기미와 합하여 건곤의 수와 분리되지 않는다.

만물의 생성이 비록 음양에 있으나, 조화는 또한 해와 달에 바탕을 둔다.

진원에 말했다. 천지의 모습은 그 형상이 달걀 같고, 6합(六合)[18] 안의 모습은 그 둥글기가 공과 같다.

해와 달이 뜨고 짐에 한 번은 하늘 위에서 한 번은 땅 아래서 운행하는데, 상하와 동서로 나르는 바퀴같이 주행(周行)한다. 동에서 떠서 서로 지니 해는 양의 길을 다니고, 서에서 동으로 지니 달은 음의 길을 다녀서 하루 사이가 밤낮으로 구분된다.

동지 후에는 해가 남쪽에서 떠서 북으로 가고, 하지 뒤에는 해가 북에서 떠서 남으로 가니, 동지의 밤이 곧 하지의 낮이고 하지의 밤이 곧 동지의 밤과 같아서 1년 사이가 추울 때와 더울 때로 구분된다. 해와 달의 모습은 둘레가 840리인데, 넉 자가 1보(步)이고, 360보가 1리(里)이며 무릇 8각(刻) 20분(分)이 1시(時)가 되고, 12시가 1일(日)이니, 1월(月) 30일이면 다 360시고, 3천각(刻) 18만 분(分)으로 계산된다.

또 양은 건을 행하기 때문에 그 수는 9를 사용하고, 음은 곤을 행하기 때문에 그 수는 6을 사용한다. 백(魄) 가운데서 혼(魂)이 생기는 것은 본래 다음날에서 부터인데, 대개 9는 6과 맞서지 않으므로

---

18) 6합(六合): 천지와 사방.

3일 뒤에 백(魄) 가운데서 혼이 생긴다.

대개 하루 낮밤은 1백각 6분이니, 혼이 백 가운데서 한 번에 7십리를 나가면 엿새 밤낮에 420리를 나아가고 백 가운데 혼이 절반이 되니, 곧 상현이라고 한다. 또 엿새 밤낮에 420리를 나아가서 앞의 것과 합쳐서 840리를 나가는데 백(魄) 가운데서 혼(魂)이 온전해지고 양이 음위에 가득 차니 곧 보름이라 한다.

16일에서부터 시작하여 혼 가운데 백이 생긴다. 무릇 하루 밤낮은 1백 각 60분이니 백이 혼 가운데서 한 번에 7십리를 나가면 엿새 밤낮에 다 420리를 나가고, 혼 가운데 백이 절반이 되니 곧 하현이라 한다. 또 엿새 밤낮에 420리를 나아가서 모두 840리를 나아가는데 혼 가운데서 백이 온전해지고 음이 양위에 가득 찬다. 달 가운데 아직 남은 빛이 있는 것은 대개 6이 9에 다하지 못했기 때문이다. 그래서 3일 뒤에 달의 백이 궁(宮)에 가득하면 곧 그믐이라고 한다.

초하루 뒤에 6 가운데서 9가 일어나고, 그믐 앞에 9 가운데서 6이 일어나며, 수 가운데 다하지 못한 것이 있고, 수가 생겨난 뒤에 기(期)가 있으니, 날이 쌓여서 달이 되고 달이 쌓여서 해가 된다. 달로서 말하자면 6률 6려(六律六呂)가 6으로 수를 일으켜 수가 6위(六位)에서 다하면 6·6은 36이니 음의 일정한 수(成數)이다.

일(日)로 말하자면, 5일이 1후(候)이고 72후는 8·9의 수이다. 중구(重九)[19]에 이르러 9로서 수를 일으켜, 수가 6위에서 다하면 6·9는 54이니 양의 일정한 수이다.

1·6(一六) 1·9(一九)는 합하여 15가 되고, 15는 1기(一氣)의 수이다. 24기는 8절의 현상(用)에 해당하고 음양이 오르내리는 법칙에서 나

---

19) 중구(重九): 9·9.

타난다.

1·6과 1·9는 4로 변화를 이루니, 4시(時)에 맞추어 곱하면, 1시(一時)가 90이니, 4·9는 360이다. 변하여 양의 수가 되는 것이 216이고 음의 수가 144니 합계가 360수가 완전히 일주하는 수이다.

비유하자면, 음과 양의 오르고 내림이 천지 안에 있는 것은 심장과 신장의 기와 액이 교합하는 법에 비유할 수 있고, 해와 달의 운행이 천지 바깥에 있는 것은 주후(肘後)와 비금정(飛金晶)의 일에 비유할 수 있다. 해와 달이 교합하는 것은 화(火)에 나아가 가감(加減)하는 법에 비유된다. 양이 오르고 음이 내리는 것은 해와 달의 혼백과 다름이 없고, 해가 지고 달이 뜨는 것은 심장과 신장의 기와 액에 다름이 없다.

동지 뒤에는 해가 을위(乙位)에서 뜨고 경위(庚位)로 지는데, 낮이 40각이고 남에서 북으로 이동한다. 대개 9일을 동쪽에서 나와 서쪽으로 지고 모두 60분씩 나아간다. 춘분이 되면 밤낮이 같고 하지 때가 되면 낮이 60각이다. 하지 뒤에는 해가 갑위(甲位: 동쪽)에서 떠서 신위(辛位: 서쪽)로 지는데, 낮이 60각이고 북에서 남으로 이동한다. 대개 9일을 동쪽에서 나와 서쪽으로 지고, 모두 60분씩 물러난다. 추분이 되면 밤낮이 같고, 동지 때가 되면 낮이 40각이 되니, 밤낮의 분각(分刻)이 전후를 본받아 나아가고 물러나며 남에서, 혹은 북에서 이동한다. 그 달 초하루 뒤 3일에 혼이 백에서 생기며, 6일에 둘이 멈추고, 또 6일에 혼이 완전해지니, 그 수는 9를 살다가 보름 뒤에는 백이 혼에서 생기고, 6일에 둘이 멈추며, 또 6일에 백이 완전해지니 그 수는 6을 쓴다.

1년의 하지는 한 달에서 16일이니, 곧 하루에는 이괘(離卦)의 법을 쓰고 사람에게는 오시(午時)가 된다. 1년의 동지는 한 달의 첫날이니,

곧 하루에는 감괘(坎卦)의 법을 쓰고 사람에게는 자시(子時)가 된다.

천지음양이 오르내리는 법칙과 일월혼백이 왕래하는 이치는 오히려 수로써 추구되니, 교합에 순서가 있고 운행에는 어긋남이 없다.

사람의 심장과 신장의 기와 액, 간과 폐의 혼과 백은 날마다 작용함에 비록 절차가 있으나, 연월은 어찌 더하거나 뺄 수가 있겠는가?

『진결』에서 말했다. 감괘(坎卦)에서 양이 생기는데, 정확히 자시(子時)가 되며 시작도 아니고 끝도 아니다. 간괘(艮卦)에서 신장의 기가 간장의 기와 교합한다. 교합하기 전에 고요한 방에서 굳게 지키고 책상다리로 정좌하여 배와 소화기관을 편안히 낮추고 잠시 동안 몸을 올리며 앞으로 가슴을 내밀고 머리를 뒤로 약간 기울인 뒤에 협척(夾脊: 허리뼈 쪽의 혈자리)의 두 관문을 닫고, 주후(肘後: 팔꿈치 뒤)를 가늘게 흔들며 한두 번 허리를 펴면 미려혈(尾閭穴: 엉치 쪽의 혈자리)에서 부터 불과 같이 서로 비슷한 것이 허리에서 일어나니 간직하여 협척에 두고 조심하여 관(關)20)을 열지 말아야 한다.

때가 되어 기가 아주 세어지면, 점차 협척의 관을 열어서 방출된 기가 관문을 통과 하도록 하거나 이어서 얼굴과 머리를 뒤로 쳐들고 팽팽하게 기울여 상관(上關: 광대뼈 옆의 혈자리)을 막아서 함부로 열지 말아야 하며, 뜨거움이 최고가 되어 기가 세어짐을 느끼면 점차 관을 열어 이마로 들어가 이환(泥丸)의 뇌수(髓海)를 보충하게 되니, 모름지기 몸은 추위와 더위를 견디고 바야흐로 오래 사는 바탕이 된다.

다음으로 환단(還丹)의 법을 사용한다. 전과 같이 가슴을 내밀고

---

20) 관(關): 이문(耳門) 앞 발각(發脚) 뒤 조금 들어간 곳. 수태양(手太陽), 수소양(手少陽), 족소양(足少陽) 등의 경혈이 지나감.

허리를 펴서 협척을 닫고 단정하게 그것을 편다. 허리 사이에서 화(火)가 일어나지 않으면 마땅히 고요히 앉아서 내관(內觀)하며 법식대로 다시 시작하여 화(火)가 일어나는 것으로 척도를 삼는데, 축시에서 행하기 시작하여 인시가 되어 끝마치면 멈추어도 되며, 이것을 곧 주후비금정(肘後飛金晶)이라 하고, 또 추연(抽鉛)이라 하며, 신장속의 기가 간장의 기를 생기도록 하는 것이다.

또 사람 몸의 등뼈는 24마디인데, 아래에서 위로 3마디는 안으로 신장과 서로 마주보고 있으며, 위에서 아래로 3마디는 이름을 천주(天柱: 혈자리 명칭)라 하고, 천주 위는 옥경(玉京)이라 하고, 천주 아래는 안으로 신장과 서로 마주 보고 있다.

미려혈의 위는 모두 18마디인데, 그 가운데를 쌍관(雙關)이라 하고, 위로 9마디 아래로 9마디이다. 마땅히 100일을 안정하여 18마디를 두루 통하면 이환(泥丸)으로 들어가는데, 반드시 정1양(正一陽)의 시(時)에 감괘(坎卦)에서 행하면, 곧 주후비금정이라고 한다.

이괘(離卦)에서 채약(採藥)하고 건괘(乾卦)에서 화(火)로 나아가 약을 태우고, 양관(陽關)을 다스리면 시작한 지 백일 만에 비금정이 뇌로 들어가고, 3관을 한 번 치면 곧 바로 상궁 이환(上宮泥丸)으로 들어가는데, 감괘에서 시작하여 간괘에서 그치며, 이괘에서 채약하여 심장과 신장의 기가 서로 합하도록 하면 간기(肝氣)가 심기(心氣)에서 생긴다. 두 기는 순양(純陽)이니 2·8에 음이 소멸되고 폐에서 훈증되면 폐의 액이 하강하게 되는데, 진기를 포함하고 있어 날로 기장과 쌀같이 커져서 황정으로 들어가니, 바야흐로 내단의 재료라고 한다. 곧 백일을 어긋남이 없으면 양의 효력이 온전할 것이다.

무릇 이괘(離卦)에서 채약하는 용법은 때를 따라 내관(內關)하여 더욱 정밀하고 자세하게 하여 만약 건괘가 화(火)로 나아가 약을 태우고 양관(陽關)을 다스리면, 태괘에서 시작하여 건괘에서 마친다. 이같이 또 100일 하면 주후비금정이 감괘(坎卦)에서 부터 진괘(震卦)에 이르러서 바야흐로 그친다. 이괘(離卦)에서 채약할 때에 전과 같은 방법으로 배열하여 곤에서 건괘에 이르기까지 행하되, 곧 2백일을 어긋남이 없으면 성태(聖胎)가 견실해진다.

양관을 다스리는 법은 곤괘에서 부터 건괘에 이르러 바야흐로 그친다. 이같이 또 백일을 하면 이환이 충실해지고 늙음을 돌이켜 아이로 돌아오기에 충분하며, 보통 사람과 같지 않다. 채약이 성취되고 태선이 완성되며, 진기가 생기는데 형체는 탄알같이 둥글고 색깔은 붉은 귤과 같으니, 길이 단전을 진정시키면 육지의 신선이 된다. 3백일 뒤에 행함을 지속하여 이괘에 이르러 채약을 마치고 곤괘에 이르러 양관을 다스림을 마치는 것이 곧 옥액 환단의 도를 행하는 것이다. 그러므로 동지 뒤에서부터 하니, 바야흐로 행공(行功)이라 한다. 3백일에 태가 완성되고 기가 넉넉하여 대단이 성취되며 진기가 생긴다. 무릇 이 법을 행하면 바야흐로 5행이 전도되고 3단전이 행공하지 않은 이전으로 다시 되돌아가니, 먼저 음양을 짝으로 하여 기와 액이 서로 액이 생기도록 하는 것이 중요하다. 효험이 있으면 바야흐로 그친다.

다음으로 수화(水火)를 모으고 흩어서 근원이 굳게 하여 기가 다니고 액이 머무르도록 하는 것이 중요하니, 효험이 있으면 바야흐로 그친다.

다음으로 용호(龍虎)가 교합하여 단약을 태워 연성하고 채보환단(採補還丹)하여 연홍(鉛汞)을 단련하는 것이 중요하니 효험이 있으면 그만 둔다.

10이 부족하나 한번 보충한 수가 충분하면, 기와 액이 서로 생기니 효험이 있으면 그만둔다.

위의 항목과 같이 지속하여 행하는 것이 곧 소승법(小乘法)이니, 스스로 햇수를 늘이고 수명을 더 할 수 있다. 만약 보완하여 견고하게 하는 것으로 효험을 보면 그만 둔다.

바야흐로 1년 중에서 달을 택하면(擇月) 동지절이고, 한 달 중에서 하루를 택하면 갑자일이며, 하루 중에서 시(時)를 택하면 감괘·이괘·건괘니 이 세시에서 시작하는데, 100일은 감에서 간까지, 태에서 건까지, 200일 후는 감에서 진(震)까지, 곤에서 건까지 이른다.

무릇 이 공부를 할 때는, 반드시 깊은 밤, 조용한 집에서 해야 하며, 부인과 여자를 멀리하고 닭이나 개 짖는 소리가 들리지 않도록 하며, 더러운 냄새가 나지 않도록 하며 5미(五味: 맵고 쓰고 달고 시고 짠맛)를 먹지 않으며, 7정 6욕을 끊고, 음식을 조절하며, 차고 더움이 알맞아야 한다. 비록 언제라도 뜻을 잃을까, 행공(行功)이 부지런하지 못하여 도를 이루기 어려울까 두려워하며, 이같이 3백일하면 효험이 어떤 지를 볼 수 있다.

참뜻은, 이는 3원을 쓰는 법인데, 감괘에서 비금정하여 하단전에서 상단전으로 돌아오는 것이며, 이괘에서 채약하여 하단전에서 중단전으로 돌아오는 것이고, 건괘에서 양관을 다스려 중단전에서 하단전으로 돌아가는 것이니, 또한 3단전으로 다시 돌아온다고 했다.

도(道)의 요지를 말하자면,

"해와 달은 복괘(復卦)에서 병행하니(자시), 편안히 몸을 올려서 수일동안 관을 열고, 양주를 향하여 모이고자 하면(이괘에서 교합한다) 6궁의 화(火)가 금전(金田)에 가득 찬다."

해석하면, 해와 달이 복괘에 병행한다는 것은 하나의 양이 생겨날 때는 하루에서 자시가 되고, 1년에서는 동지가 되니, 이른바 한 달 속에서 한 날을 택하고 한 날 속에서 한 시(時)를 택하는 것이다. 준승(蹲升)은 이미 앞에서 말했고, 수일(數日)은 100일로 정하였으며, 개관(開關)은 먼저 중관(中關)을 여는 것이다.

'양주를 향하여 모이기를 탐한다.'는 구절에서 양주란 사람에게 있어서는 심장이 되고, 하루에 있어서는 오시(午時)가 되며, 괘에 있어서는 이괘(離卦)가 된다. 취회(聚會)란 진음과 진양이 교합함이다. 그러므로 채약이라 한다. 건은 6궁(六宮)이 되고 화(火)는 기다. 양관(陽關)을 다스려서 기를 모으고, 폐의 기로 금을 만들어서 신장의 단전에 내려 보낸다. 그러므로 화(火)가 금전(金田)에 가득하다고 했으니, 곧 건괘를 행하여 양관을 다스리고 불을 하단전에 모은다.

바로 풀이하면, '일월이 복괘에서 병행한다.'는 것은 동지 갑자시(甲子時)를 말하고, '편안히 하여 몸을 올려 수일 동안 관을 연다.'는 것은 배를 편안히 하고 몸을 올려(곧추 세워)서 화(火)를 일으키고 백일 동안 관을 여는 것이다. 이는 곧 감(坎)에서부터 간(艮)에 이르기까지, 비금정의 법이다.

'양주에 모인다.'는 것은 이괘의 채약이 음양과 교합하는 것이고, 6궁의 화(火)가 단전에 가득하면, 건괘가 양관에 다스려 하단전에 폐의 기가 모이니, 태에서 건에 이르는 동안이다.

'종남의 노상(路上)에서 산을 만나니, 몸을 올려 자주 삼관을 지나고 양주를 향하여 모이기를 탐하여 소녀가 소천(燒天)하는 것 같이 다툰다.'

해석하면, 종남(終南)이란 성인의 은밀한 뜻이 중남(中南)에 있으니, 중남은 곧 감괘이다. 간(艮)은 산의 형상이니 산이 간괘이다. 비금정이 손괘에 이르면 바야흐로 그칠지니, 다만 200일을 공부할 때이다.

‘몸을 올려 자주 삼관을 지나고, 양주를 향하여 모이기를 탐한다.’
는 것은 이미 앞에서 말했다.

‘소녀가 소천(燒天)하는 것 같이 다툰다.’는 것에서 소녀는 태괘이
니, 양관을 다스려 건괘에 이르면 바야흐로 그친다.

‘곤주(袞州)로 가서 서주(徐州)에 도착하여 일어나오니, 거우(車牛)
를 상실하고 구주(九州)를 연모하여 기뻐 모이니 서남(西南)의 화(火)
가 옹주(雍州)로 들어간다.’

해석하자면, 곤주는 간괘이고, 서주는 손괘다. 간괘에서 부터 비금
정이 손괘에 이르러서야 그친다. ‘일어나오니 거우(車牛)를 상실한
다.’는 말에서 거(車)는 양이고, 우(牛)는 음이니, 협척의 한 기가 이환
(泥丸)으로 날아 들어가는 것이다. 구주(九州)는 사람에게 있어서는
심장이고, 하루에 있어서는 오시(午時)이며, 앞의 채약과 동일하다.
서남(西南)은 곤괘이며, 옹주는 건괘로서 양관을 다스림이 곤에서부
터 건에 이르러야 그치니, 3백일을 공부하는 때이다.

바로 해석하자면, 이것은 3백일 간의 공부요 비금정의 법인데, 간
에서 일어나 손에서 그친다. 구주가 기뻐 모이는 것은 채약인데 전과
같고, 양관을 다스림은 곧 곤에서 시작하여 건에서 그친다.

이것은 매일 해야 할 일로서, ‘3원용법(三元用法)’이라 한다. 비금정
이 뇌로 들어가 하단전에서 상단전으로 돌아오고, 채약은 하단전에
서 중단전으로 돌아온다. 약을 태우고 화(火)로 나아가면 중단전에서
하단전으로 돌아오니, 곧 ‘3원용사(三元用事)’라 하며, 중승(中乘)의 법
은 이미 지선(地仙)이니, 효험이 있으면 그친다.

잠잘 때 자주 놀라 가슴이 두근거리기 시작하면, 사지육부(四肢六
腑)에 질환이 있으니 치료해도 저절로 낮지 않으면, 암실에서 눈을
감고 있으면 둥근 빛이 우산같이 전신을 감싸니, 금관옥쇄(金關玉鎖)

를 닫아 굳게 잠그고, 몽설(夢泄)하거나 새어나가지 않도록 하면, 뇌성이 한 번 울리면서 관절에 기가 통하고 몽매에도 영아(嬰兒)를 안고 돌아가는 것과 같다. 혹시 날아오름이 마음대로 되면 여덟 가지 사악한 기운이 들어올 수 없다.

마음속에 스스로 제거하여 정욕을 끊고, 내관(內觀)하면 밝아서 어둡지 않으니, 낮이면 신채(神采)가 맑고 **빼**어나고, 밤이면 단전이 저절로 따뜻해진다.

위의 사실들은 다 약의 효험을 얻은 것이니, 그 효험이 이미 올바르다면, 삼가 절제하여 노력하되 앞의 방법대로 3백일을 더하면 태선이 원만해지고 태가 원만해진 뒤에야 바야흐로 다음 단계를 운용한다.

옥액환단 제6
(옥액 연형을 덧붙임)

『옥서(玉書)』에서 말했다. 진음과 진양은 서로 낳고 서로 이루니, 위에서 보이는 것은 양을 쌓아서 신(神)을 이루고, 신 가운데 형체를 갖고 있으면서 하늘에서 빛나는 것이 해와 달이다. 아래에서 보이는 것은 음을 쌓아 형체를 이루고 형체 가운데 형체를 갖고 있으면서 땅에서 빛나는 것이 금과 옥이다.

금과 옥이란 물질은 산천에 숨어 있으면서, 빼어나고 아름다운 기를 위로 부상시키니, 일월과 빛을 교합하여 초목이 그것을 받아서, 상스러운 징조(禎祥)가 되고, 조수(鳥獸)가 그것을 얻어서 다른 무리(異類)가 된다.

『진원』에서 말했다. 양이 올라가 하늘에 닿으면 태극이 음을 낳으니, 음은 부족하나 양은 남음이 있어서 쌓인 양이 신을 낳게 되는 것이고, 음이 내려와 땅에 닿으면 태극이 양을 낳으니, 양은 부족하나 음은 남음이 있어서 쌓인 음이 형체를 낳게 된다. 위에는 해와 달이 있고, 아래에는 금과 옥이 있으며, 진양에는 신이 있고 진음에는 형체가 있으니, 그 기가 서로 교합하여 상하가 서로 쏘아서 빛이 천지에 가득하면, 금과 옥은 귀해지고, 이로써 좋아진다. 이것은 금과 옥의 기가 공중에서 응결하여 상서로운 기(氣)와 연(煙)이 되고, 땅에 들어가서 예천(醴泉)과 지초(芝草)로 변하며, 사람이 그것을 받으면 영걸(英傑)이 되며, 조수(鳥獸)가 그것을 받으면 기이한 것이 태어남을 알 수 있다.

대개 금과 옥의 형질이 비록 음의 형체가 쌓인 데서 생산되었지만, 가운데 진양(眞陽)의 기를 포함하고 있고, 또 양기가 쌓여 신을 이룬 해와 달에 느끼어 진양이 아래로 쏘면 보배가 응결된다.

비유하여 말하자면, 음이 쌓여 형체를 이루었지만 안으로는 진양을 포함하고 있어 금액이 되니, 약을 쌓고 진기를 포함하여 태선이 되는데 비유한 것이다. 금과 옥의 기가 땅으로 들어가서 예천과 지초가 되는 것은 옥액이 단전으로 돌아가는 것을 비유한 것이고, 금과 옥의 기가 공중에서 응결하여 상서로운 기와 연이 된다는 것은 기가 형질을 단련하는 것을 비유한 것이다. 무릇 금과 옥의 기가 하늘에 충만하면 양을 따라 상승하면서 일어나고, 무릇 금옥의 기가 땅으로 들어가면 음을 따라 하강하면서 돌아온다. 이미 음양을 따라 오르니, 스스로 사시(四時)에 있으면서 액이 단전으로 돌아오도록 할 수 있다. 기가 형질을 단련함은 사시가 하루를 더하거나 줄여서 차이가 생기는데 비유한 것이다.

『진결』에 말했다. 채보(採補)하여 효험을 보려면 1년 중에 한 달을 택하고, 한 달 가운데 하루를 택하며, 하루 중에 시(時)를 택하여 삼시(三時)를 잘 운용하기를 1백일이면 약효가 온전하고, 2백일이면 성태(聖胎)가 견고해지며, 3백일이면 진기가 생기고, 태선이 원만해진다.

삼가 절제하여 노력하되, 때를 따라 더 보태며, 3백일의 날수가 넉넉한 뒤에야, 환단연형(還丹鍊形)의 법을 행한다. 무릇 간괘를 이용하여 비금정이 뇌로 들어가면 손괘에서 그칠 뿐이다.

이것은 비금정을 말하는데, 3백일 뒤면 이괘에서 채약을 마치고, 곤괘에서 양관 다스리기를 마친다. 다만 이것은 태괘(兌卦)에서 양관 다스리기를 시작하여 건괘에 이르러 바야흐로 그친다. 이미 이괘에서 마쳤으면, 연법(嚥法: 침 삼키는 법)을 더하여 몸을 단련하는데, 연법이란 혀로 윗잇몸과 양턱 사이에서 굴려 먼저 나쁘고 탁한 침을 삼키고, 그 다음 혀끝을 뒤로 말아서 입안에 침이 고이면 양수하지 말고 삼킨다. 무릇 봄 3개월은 간의 기가 왕성하고 비장의 기는 약하니 연법을 날마다 이괘에서 실시하고, 여름 3개월은 심장의 기는 왕성하나 폐의 기는 약하니 연법을 날마다 손괘에서 실시하며, 가을 석 달은 폐의 기는 왕성하나 간의 기가 약하므로 연법을 날마다 간괘에서 실시하고, 겨울 석 달은 신장의 기는 왕성하나 심장의 기가 약하므로 날마다 연법을 진괘(震卦)에서 실시한다(비금정법은 연법에 역시 방해되지 않는다).

대체로 사철의 끝 달 18일에는 비장의 기가 왕성하고 신장의 기가 약하다. 사람은 신장의 기로서 근원을 삼고 사철에는 다 쇠약함이 있으니, 사철의 끝 달 후 18일에 연법을 태괘(兌卦)에서 행하되, 앞의 연법과 병용하고, 유독 가을에는 다만 태괘에서 연법을 행하여 간괘에 가서 연공(鍊功)을 마친다.

이상의 연법은 먼저 앞의 법식대로 하여 삼키는데, 만약 어금니와 입안 사이에서 진액이 생기지 않으면, 다만 혀를 상하에 가득 채워서 입을 닫고, 양턱을 거두어서(당겨서) 허연(虛咽)을 실시하여 기가 막히는데서(咽氣)에서 그치면 기 가운데 저절로 진액이 생긴다.

연기는 만약 1년(36차에서 49차에 이름)을 단위로 하여 또 1년(81차), 다음 1년(181차)을 한다면 효험을 볼 것이니, 곧 '옥액환단법'이다. 계속 행한 지 3년이 지나지 않아서 단전에 물을 대고 태선을 목욕시켜서 진기가 더욱 왕성해진다. 만약 이 '옥액환단법'을 행하면 3백일에 내단을 양성하여 진기가 조금 생긴다. 간괘 비금정이 삼관을 한 번 쳐서 위로 이환에 이르면, 마땅히 '금액환단법'을 행하여 머리 끝 가운데서부터 앞으로 금수(金水) 한줄기가 내려오고, 내려와서 황정으로 돌아가면 금이 변하여 단이 되는데, 이름을 금단(金丹)이라 한다.

'금액환단'을 행할 때는 마땅히 깊고 은밀한 방에 바람, 햇빛, 사람도 닿지 않는 곳에서 한다. 향을 피우고 손바닥을 펴서 무릎 위에 올려놓고 몸을 쪼그렸다 일으켜 화(火)가 조금 일어나는 것을 느낄 때, 바르게 앉아 잡념을 끊고, 정을 잊고 내관하며 확실히 간괘 비금정이 머리 꼭대기로 들어가도록 한다. 다만 간략히 머리를 들고 목덜미를 구부렸다가 놓아서 불같이 내려가도록 한다. 그때 앞을 향해 머리를 끄덕거리며 머리를 낮추고 목덜미를 구부려, 혀끝을 뒤로 했다가 내민 뒤에 윗잇몸에 닿도록 하면, 위에서 맑고 따뜻한 물이 생기는데 맛이 감향(甘香) 같으니, 올라가서 정문(頂門: 백회열)을 뚫고, 내려와서 백맥(百脈)으로 통하면, 콧속에서는 저절로 일종의 진향(眞香)을 맡을 수 있고, 혀에서는 또한 진기한 맛이 생기니, 양수하지 말고 삼켜 황정으로 내려가도록 하는데, 이것을 '금액환단'이라고 한다. 봄·여름·가을·겨울 시후(時候: 계절)에 얽매이지 않고 다만 비금정이 뇌로 들어간 뒤에 차례대로 이 법을 행하되, 간괘에서 손괘에 이르러 마친다. 저녁 사이에는 양관을 다스리는 법(勒陽關法)을 태에서 건에 이르러 그친다. 무릇 이법을 행하되 조심하고 절제하여 앞의 것을 감당하면 그때 성공할 수 있으니, 마침내 연성하여 세상에 사는 것에 머무르면서 장생불사에 그치고 초탈할 수는 없다.

도(道)의 요지를 말하자면,

"오행의 근본을 취하여 알아야 춘하추동을 알 수 있고, 때로 경장(瓊漿)21) 여러 잔을 마시고 취하여 돌아가 월전(月殿)에서 노닌다."

해석하면, 오행의 근본을 취하여 알아야 한다는 것은 5행의 상생상극이 도치되어서 괘를 운용하는 때가 같지 않아서 연법을 행하는 것이고, 춘하추동을 안다는 것은 바뀌어 옮겨가는 것이 시후가 있다는 것이다. 경장(瓊漿: 침)은 옥액이고 월전(月殿)은 단전이며 취하여 돌아간다는 것은 많이 삼킨다는 뜻이다.

동쪽이 아직 밝기 전에 부상(扶桑)22)을 바라보고 뒤를 올리고(後升) 앞으로 삼키기(前咽)를 쉬지 않으며 말을 몰아 우주에서 노닐게 하여 장남이 다만 양주에 도착도록 한다.

이 말을 풀이하면, 동으로 아직 밝기 전에 부상을 바라본다는 것은 해가 나오기 전으로 간괘의 때의 말한다. 뒤로 올린다(後升)는 것은 비금정이고 앞으로 삼킨다는 것은 옥액환단이다. 말을 모는 것은 화(火)를 일으킴이니 옥액연형이요, 우주에 노닐게 한다는 것은 사지

---

21) 경장(瓊漿): 아주 맛이 뛰어난 음식. 침.
22) 부상(扶桑): 동쪽 해 돋는 곳에 있다는 신목.

에 두루 가득 차게 한다는 것이다. 장남은 진괘고, 다만 양주에 도착
토록 한다는 것은 옥액연형은 진괘에서 시작하여 이괘에 이르러 그
친다는 것이다.

바로 풀이하면, 옥액은 신장의 액으로서 심장에 도달해서 두 기가
서로 합해져 여러 층의 누각을 지나면 진액이 옥지(玉池)에 가득 차는
데 그것을 옥액(玉液)이라 한다.

만약 그것을 삼켜서 중단전에서 하단전으로 들어가면 환단이라
하고, 만약 그것을 끌어올려서 중단전에서 사지로 들어가면 연형이
라 하니, 그것이 실제로 한 가지일 뿐이다.

이 채약을 3백일하면 태가 완전해지는데, 비금정은 한 괘를 줄이
고, 양관 다스림(勒陽關)을 옛날과 같이 한다. 채약을 마치면 연법을
더하는데, 연법은 사시를 따라서 그친다.

이는 연형법에 관계된 것으로 괘를 운용한 뒤에 연형법을 더하되,
진괘에서 시작하여 이괘에서 마치는데 연·월·일에는 한정이 없으며
효험을 보면 그만 둔다. 몸빛이 광택이 나고 신기(神氣)가 뛰어나게
아름다워지며, 점차 버리고 더러운 것으로 입과 배를 채우는 것을
두려워하게 된다. 모든 정과 모든 사랑을 마음에서 스스로 제거하고,
진기가 장차 넉넉해지면 항상 배가 부른 것 같아 먹는 것이 많지
않고 술은 양도 없이 마실 수 있으며, 진골(塵骨)은 이미 바뀌고 신의
지식으로 변하며, 걸음은 달리는 말을 쫓으니, 그 행보가 나르는 것
같다. 눈동자는 옻칠한 것 같고 몸은 엉긴 지방처럼 희고 윤택이
나며, 감색 머리칼이 새로 나며, 주름진 뺨이 거듭 펴지고, 늙음은
가고 영원히 동안을 유지하며, 고개를 들어 백 보 밖을 보아도 터럭
을 볼 수 있으며, 신체 중에 옛 상처자국이나 남은 흉터는 자연히
소멸되고 눈물이 흐르거나 침이 흐르거나 땀을 흘리는 것 역시 볼

수 없다. 성단(聖丹)은 맛을 생기게 하고 영액(靈液)은 향이 사무치니, 입과 코 사이에 일찍이 진향(眞香)과 기이한 맛(奇味)이 있어, 진액으로 양수하여 연유를 만들면 사람의 질병을 치료할 수 있고 온몸에다 백고(白膏)[23]가 이루어진다.

이상이 다 옥액환단과 연형의 효험인데, 효험을 보면 곧 그만 둔다. 마땅히 삼가여 절제하여 노력하되, 법식에 의하여 때를 따라 다음 일을 행한다.

금액 환단 제7
(금액 연형을 덧붙임)

『금고』에서 말했다. 양이 쌓여 신(神)을 이루는데, 신 가운데는 형(形)이 있으며, 형은 일(日)에서 생기고, 일은 월(月)에서 생긴다. 음이 쌓여 형을 이루는데, 형 가운데는 신이 있으며, 신은 금에서 생기고, 금은 옥에서 생기니, 음양을 따라서 나고 멸하는 것이 해와 달의 빛인 것이다. 그 때문에 수(數)가 빛을 낳고, 수는 건곤에 바탕을 두고 있다. 음양을 따라서 오르내리는 것이 금과 옥의 기운이다. 그로 인하여 시(時)가 기(氣)를 일으키고 시는 천지에 근본하고 있다.

『진원』에서 말했다. 해와 달의 빛은 아침 뒤에는 9를 쓰고, 어둡기 전에는 6을 쓰니, 6과 9는 건곤의 수이다. 금과 옥의 기는 봄·여름에는 상승하고, 가을 겨울에는 하강하여 천지를 오르내리는 때이다. 금은 옥에서 나고, 옥은 석(石)에서 나며 석은 토(土)에서 생기니, 형

---

23) 백고(白膏): 하얀 지방 빛.

에서 나타나 아래에 있는 것이 이와 같다. 해 속에 금오(金烏)가 있고, 달 속에 옥토가 있으며, 달이 일혼(日魂)을 기다렸다가 빛이 나니, 신(神)에서 나타나 위에 있는 것이 이와 같다.

비유하여 말하자면, 해와 달은 기에 비유했는데, 신장의 기를 달에 비유했고, 신장의 기는 해에 비유했다. 금과 옥은 액에 비유했고, 신장의 액은 금에 비유했으며, 심장의 액은 옥에 비유했으니, 이른바 옥액이란 본래 스스로 심장의 기가 상승하여 심장에 도달하여 심장의 기와 합하고, 두 기가 서로 교섭하여 여러 누각을 지나는데, 입을 닫고 내지 않다가 진액이 옥지에 가득 찰 때, 그것을 삼키면 옥액환단이라 하고, 그것이 상승하면 옥액연형(玉液煉形)이라 한다. 이 액은 본래 신장 속에서 와서 심장에서 생기니, 또한 토(土) 가운데서 석(石)이 생기고, 석 속에서 옥(玉)이 생긴다는 말에 비유할 수 있다.

이른바 금액이란 신장의 기가 심장의 기에 합하여 상승하지 않고 폐에서 훈증되는 것이다. 폐는 화개인데, 아래로 두 기를 감싸고 있으니, 그날로 폐액을 취하면 하단전에 있다가 미려혈(尾閭穴)로 부터 상승하는데, 곧 비금정이 뇌 속으로 들어가서 이환의 궁을 보충한다고 한다. 위에서 다시 하강하여 하단전으로 들어가면 곧 금액환단이라 한다. 이미 하단전에 돌아온 것이 다시 상승하여 사체(四體)에 두루 차서 앞의 상승을 반복하면, 곧 금액연형(金液煉形)이라 하니, 이 또한 금이 도에서 생긴다는 말이다.

무릇 연형(煉形)이나 비금정(飛金晶)을 하려는 사람은 마땅히 고요한 방안에 있으면서 일체 바람과 햇빛을 금하고, 은근히 향을 피우며, 은밀히 삼청(三淸)의 상성(上聖: 상제)께 아뢰기를, "신의 소원은 세상에 오래 사는 것이오니, 큰 도를 정하여 행하며, 변화를 설명하여 사람에게 알려서 마땅히 먼저 스스로 연형의 법을 행하게 하시고,

추위나 더위를 두려워하지 않도록 하시며, 곡식을 먹지 않고 음양의 바깥으로 도망하게 하소서." 하고 주문을 외기를 마치면 곧 침을 삼킨다.

『진결』에서 말했다. 등 뒤의 미려혈은 하관(下關)이라 하고, 협척은 중관(中關)이라 하며, 뇌 뒤를 상관(上關)이라 하니, 비금정에서 시작하여 3관을 통하는 것이다. 신장은 땅에, 심장은 하늘에 올라가 정수리에 이르는 것을 9천(九天)에 비유했다.

옥액연형은 심장에서 부터 정수리에 이르러 9천을 통하고, 3백일에 대약(大藥)이 이루어지면 태선이 원만해지고 진기가 생기는데, 앞에서 일어나면 옥액연형의 옛 방법을 행하고 뒤에서 일어나면 비금정의 옛 방법을 행한다. 금정과 옥액을 행하면(行功) 효험을 보는데, 감괘에서 시작하되 뒤에서 일어나 한 번에 상승하여 정수리로 들어가면, 두 손으로 양쪽 귀를 엄밀히 막고 법식대로 내관을 하며 은미하게 진액을 삼키고, 곧 혀를 어금니에 대어 고정시키며, 아래로 옥지를 닫고 윗잇몸의 진액이 내리기를 기다렸다가 삼킨다. 삼키기를 마치면 다시 시작하는데, 간괘에 이르는 것을 한 주기로 삼는다.

봄·겨울에는 두 번 시작하여 한 번 삼키고, 가을·여름은 다섯 번 시작하여 한 번 삼키는데, 무릇 한번 삼키는 수는 가을·여름에는 50번을 넘지 않도록 하고, 봄·겨울에는 백 번을 넘지 않도록 한다.

연법을 마친 뒤부터 몸에 상승시키되, 법대로 앞에서 일으켜 머리·얼굴·4지·다섯 손가락에 가득차서 기가 왕성해지면 그만 둔다. 다시 일어나서 다시 상승하여 이괘에 이르는 것을 한 주기로 삼는다. 무릇 이 뒤에서 일어나는 진액을 삼키는 방법을 곧 금액환단이라 하고, 환단 한 뒤에 다시 앞에서 일어나면 금액연형이라 하니, 간괘의 뒤에서부터 연형하여 이괘에 이르면 그치고, 태괘에서 양관을 다스려 건괘에 이르면 그친다. 뒤에서 일어나 정수리에 도달하면 위에서부터 내려오는데 이름을 금액환단이라 한다.

금단의 기가 앞에서 일어나 아래에서 올라가면 금액연형이라 하고, 몸에는 기수(琪樹)[24]의 금화(金花)가 나타난다. 만약 금액환단으로 하원(下元)에 도달치 못하면 앞뒤에서 함께 일어나니, 곧 화(火)가 일어나서 몸을 태우게 되는데, 이것을 금액환단과 연형이라 한다. 이미 앞뒤에서 함께 일어나면 아울러 분신(焚身)을 이룬다.

무릇 이런 것을 행함에 모름지기 간절히 조심하여 절제하고 뜻을 절실히 하며, 게으름이 없는 것이 효험을 보는 척도가 된다.

도(道)의 요지를 말하자면,
"일어난 뒤에 밤새도록 귀를 막고 때를 따라 마주하여 금물결을 마시며, 청주에 이르러서 잔치를 하고 바야흐로 머무르니, 해는 서산에 있는데 또한 양가(陽歌)를 듣는다."
고 할 수 있다.

해석하자면, '일어난 뒤에 밤새도록 귀를 막는다.'는 것은 금액환단을 행하기 위해 모름지기 이 '주후비금정(肘後飛金晶)'이 한번 3관(三關)을 치고, 그 기가 조금 일어나면 모름지기 급히 두 손으로 귀를 막는데, 귀는 신장 물결(腎波)의 문이니, 신장의 기가 밖으로 새서 뇌 속으로 들어가지 못할 것을 두려워하는 것이다.

'때를 따라 마주하여 금물결을 마신다.'는 것은 이미 기가 뇌 속으로 들어간 것을 느끼면, 곧 익숙하게 앞의 방법대로 머리를 끄덕거리고, 목을 구부리며, 혀끝을 뒤로 물리어 윗잇몸 가까이 대면, 맑고

---

24) 기수(琪樹): 옥같이 아름다운 나무.

단물로 기이한 체험이 있을 것이니, 달기는 꿀맛같이 달다. 마땅히 간괘에서 비금정하여 한번 삼키고, 진괘(震卦)에서 그친다.

청주는 진괘다. 해가 서쪽에 있다는 것은 태괘다. 또한 '양가(陽歌)를 듣는다.'는 말은 태괘에서부터 양관을 다스려 바로 건괘에 도착하되, 반드시 채약하는 것은 아니다.

삼키기를 마치면 밤새도록 화(火)가 일어나는데, 앞에서 상승하고 뒤에서 일어나면 분신이니, 비록 연월(年月)에는 얽매이지 않으나, 하루 중에는 저절로 건곤을 가진다.

해석하자면, 이 한 구절은 금액연형의 법인데, 삼키기를 마치면 밤새도록 화(火)가 일어난다는 것은 앞의 방법대로 금액환단을 하면 간괘에서 연형하여 화(火)를 일으킨다는 것이다.

'앞에서 상승하고 뒤에서 일어난다.'는 것은 비금정이 화(火)를 일으킨다는 것이다. 무릇 옥액연형의 법은 선후로 금정(金晶)을 일으켜 정수리로 들어가고, 다음 환단 하여 다시 앞에서 연형(煉形)으로 상승시키는데, 이는 금액연형법(金液煉形法)과 비교하여 다르다. 마땅히 그 비금정이 화를 일으켜 정수리로 들어가는데, 곧 앞에서 일어나면 연형이고, 앞뒤에서 함께 일어나면 이름을 분신(焚身)이라 한다.

화(火)가 일어나면 환단을 행하는데 모름지기 4시(四時: 사철)를 따라 수(數)를 가감하여 행할 것이다. 이 법은 연·월·일·시에 얽매이지는 않으나, 다만 삼가고 절제함으로서 전념하고 깊은 곳에 있으면서 인적을 끊는 것이 좋다.

하루 중에 스스로 건곤을 가진다는 것은 대개 오전에 건을 태우고, 오후에 곤을 태우는 것으로 사람 몸의 앞뒤를 말하는 것이다. 밥통과 배는 곤이 되고, 등 뒤는 건이 된다. '오전에 건을 태운다.'는 것은 주후비금정이 되니, 앞에서 연형 하는 것이고, '오후에 곤을 태운다.'

는 것은 '태괘에 양관을 다스려 건괘에 이르면 그친다.'는 것이다.

바로 풀이하면, 금액(金液)은 폐액(肺液)이다. 용호를 머금어서 하단전에 들어가게 하면 대약(大藥)이 장차 이루어지는데, 그것을 금액이라 한다.

주후에서 그것을 뽑아서 뇌에 들어가고, 위에서 하단전으로 내려오면, 곧 환단이라 하고, 다시 앞으로 상승하여 사체(四體)에 두루 가득 차고, 아래에서 올라가면 곧 연형이라 하고 또 연형성기(煉形成氣)라고도 한다.

이것은 모름지기 옥액연단에서 연형하면 효험을 볼 것이니, 바로 마땅히 삼가하고 절제하여 깊은 곳에 있으면서 분향하고 이 방법을 행해야 한다. 금액환단은 서로 차례대로 연형과 늑양관(勒陽關)을 한 지 만약 1년이 넘으면 바야흐로 분신(焚身)을 얻을 수 있으니, 분신은 곧 감괘(坎卦)에서 앞으로 연형을 하는 것이고, 사람 몸의 앞뒤를 말하는 것이다. 배 쪽은 곤이 되고 등 뒤는 건이 된다. 분신은 오전에 건을 태우면 금정(金晶)이 되고, 오후에 곤을 태우면 늑양관이 된다. 무릇 건을 태워 아래에서 상승하여 앞뒤에서 함께 일어나면, 겨울과 여름에는 3일 혹은 5일 동안 기제(旣濟)의 법을 행하여 큰 과실을 방지하고 금단이 윤택하도록 하여 곧 분신(焚身)이 화(火) 속에서 일어나면 삼키는데, 효험을 보면 그만 둔다.

안으로 청고(淸高)에 뜻을 두고 태허(太虛)에 합하면, 혼신(魂神)이 잠자리에 꿈이 없도록 나가지 않으며, 양의 정기는 몸을 완성시키고, 신부(腎府)는 견고해지며, 사철 더위나 추위를 두려워하지 않고, 신색(神色)이 변하여 모습과 거동이 바뀌고, 속인을 만나면 비록 그가 부귀한 자라 할지라도 비리고 더러운 냄새가 나니, 대개 그가 보통 골격에 속된 몸이기 때문이다.

노력하여 행함이 만족스러우면 은밀히 삼청진록(三淸眞錄)을 가르쳐줄 것이니, 음양의 변화와 사람 일의 재앙과 복을 다 미리 알 수 있으며, 눈은 속세를 보고 있어도 마음이 모든 상태를 끊어버리면, 진기가 충만해지고, 입으로 음식을 끊으면 나쁜 기운이 빠져 나와서 금빛 신선의 피부가 되니, 옥예(玉蕊)에 비유할 수 있다. 가고 머무르는 곳에 (수련하고 멈추는 곳에) 그곳의 신지(神祇)가 스스로 와서 서로 보고 불러서 몰아가니 한결같이 자기 뜻과 같아지고 진기가 순양(純陽)해지니 건(乾) 바깥의 홍(汞)이 된다.

위의 일은 금액환단이니, 환단 한 후에 금액연형(金液煉形)을 체험한다(이상이 곧 장생불사의 비결이다).

이상이 중승3문(中乘三門)이고, 지선(地仙)과 관계되는 것이다.

『영보필법』 중권 끝.

『영보필법』 하권

靈寶畢法 下卷

대승 초범 입성법 삼문(大乘超凡入聖法三門)

조원에 기를 연성함 제8

『금고』에서 말했다. 한 기가 처음 나뉨에, 큰 도가 형체가 생겨 2의(二儀: 음양)로 늘어서고, 2의(二儀)가 자리를 정함에 큰 도가 이름이 생기니, 5제(五帝: 5행)로 나뉜다. 5제는 땅이 달라 큰 도가 각자 한 방위를 지키고, 그 다섯 방위는 기가 달라 각자 한 자식을 지킨다. 청제(靑帝: 동방)의 자식은 갑을(甲乙)에서 그것을 받아 천진 목덕(天眞木德)의 9기가 되고, 적제(赤帝: 서방)의 자식은 병정(丙丁)에는 그것을 받아 천진화덕(天眞火德)의 3기(三氣)가 되며, 백제(白帝: 남방)의 자식은 경신(庚辛)에서 그것을 받아 천진금덕(天眞金德)의 7기(七氣)가 되고, 흑제(黑帝: 북방)의 자식은 임계(壬癸)에서 그것을 받아 천진수덕(天眞水德)의 5기(五氣)가 되며, 황제(黃帝: 중앙)의 자식은 무기(戊己)에서 그것을 받아 천진토덕(天眞土德)의 1기(一氣)를 받으니, 1기(一氣)에서 진일(眞一)이 생기고, 진일은 토에서 나온다. 그러므로 만물의 생성은 토에 있고, 오행의 생성은 1에 있으니, 진원의 도가 다 한 기에서 생긴다.

『옥서(玉書)』에 말했다. 1·3·5·7·9는 도가 나뉘어서 수(數)가 생겼고 금·목·수·화·토는 도가 변해서 상(象)이 생긴 것이며, 동·서·남·북·중앙은 도가 늘어서서 위(位)가 생겼고, 청·백·적·황·흑은 흩어져서 질(質)이 생긴다. 수(數)는 무수(無數)로 돌아가고, 상(象)은 무상(無象)으로 돌아가며, 위(位)는 무위(無位)에 이르고, 질(質)이 무질로 환원함에 도가 무수가 되게 하려면, 그것을 나누지 않으면 곧 무수가 되고, 도가 무상이 되게 하려면 그것을 변화시키지 않으면 무상이 되며, 도가 무위가 되게 하려면 그것을 늘어놓지 않으면 무위가 되고, 도가 무질이 되게 하려면 그것을 흩어 놓지 않으면 무질이 된다. 무수는 도의 원천이요, 무상은 도의 근본이요, 무위는 도의 진(眞), 무질은 도의 묘(妙)이다.

『진원』에서 말했다. 도의 원천이 이미 판정되면 근본에서 내려와 끝으로 흐르는데, 그 진(眞)을 깨달은 사람은 진으로 인하여 진을 닦으니, 내진(內眞)과 외진(外眞)이 스스로 응하고, 그 묘(妙)를 아는 사람은 묘(妙)로 인하여 묘(妙)를 지으니, 내묘(內妙)와 외묘(外妙)가 스스로 응한다.

천지득도(天地得道)의 진(眞)은 그 진에 응하지 못하므로 위(位)가 생김을 면치 못하고, 천지득도의 묘(妙)는 그 묘에 응하지 못하므로 질(質)이 생김을 벗어나지 못한다. 질(質)이 생김은 상(象)이 생김도 초래할 수 있고, 위가 있으면 수가 생김도 추이(推移)될 수 있다.

천지의 만물 중에 사람이 제일 귀하니, 곧 천지에 상이 생김을 초래하므로 그 질은 기(氣)나 수(水)임을 알 수 있고, 곧 천지에 수가 생김도 추이되므로 그 위가 멀고 가까운 곳임을 알 수 있다. 이 같은 것에서 살펴보면 도는 또한 사람에게서 멀지 않다.

비유하여 말하자면, 천지에는 오제(五帝)가 있는데, 사람의 오장(五臟)에 비유된다. 청제는 갑을(甲乙)의 목이니, 갑은 양이고 을은 음이며 간의 기(氣)와 액(液)에 비유된다. 흑제는 임계(壬癸)의 수(水)이니, 임은 양이고 계는 음이며 신장의 기와 액에 비유된다. 황제는 무기(戊己)의 토이니, 무는 양이고 기는 음이며 비장의 기와 액에 비유된다. 적제는 병정(丙丁)의 화(火)이니, 병은 양이고, 정은 음이며, 심장의 기와 액(液)에 비유된다. 백제는 경신(庚辛)의 금(金)이니, 경은 양이고, 신은 음이며, 폐의 기와 액에 비유된다. 무릇 춘하추동의 시는 같지 않아서 심장·폐·간·신장이 왕성한 달이 있다.

『진결』에서 말했다. 대체로 봄 석 달에는 간의 기가 왕성한데, 간이 왕성한 것은 부모의 진기(眞氣)가 천도(天度)를 따라 운행됨이 간에 있기 때문이다. 만약 목일(木日)을 만나면 갑을이 토를 이기므로 진(辰), 술(戌)과 축(丑), 미(未)의 시에서 시를 따라 화(火)를 일으켜 비장의 기를 연성한다. 다른 날에는 태괘(兌卦)의 시(申·酉·戌)에서 금을 손상시켜 폐의 기를 없애므로 이때는 운공하면 안 된다.

감괘(坎卦)의 시(亥·子·丑)에서 법식을 따라 신장의 기를 연성하고 진괘(震卦)의 시(寅·卯·辰)에 방으로 들어가 많이 들이고 적게 내보내되 숨이 머무름을 으뜸으로 삼고 오래 막음을 그 다음으로 여긴다. 호흡 횟수가 1천식(一千息)에 이름을 척도로 삼는데, 마땅히 때가 되면 법식대로 내관(內觀)하여 한결같이 마음을 고요히 하여서 눈을 감고 있으면 청색이 저절로 나타나 점점 몸으로 상승하여 이환에 들어가니, 인(寅)에서 진(辰)이르기까지 진괘(震卦)에서 가득 채운다. (1천식 이상이면 더욱 좋다. 호흡은 호흡이 점점 가늘어지는 것으로 척도를 삼고 만약 호흡이 정지하면 모름지기 횟수로 연결시키지 않는다.)

무릇 여름 석 달은 심장의 기가 왕성한데, 심장이 왕성한 것은 부모의 진기가 천도를 따라 운행됨이 심장에 있기 때문이다. 만약 화일(火日)을 만나면 병정(丙丁)이 금을 이기므로 태괘(兌卦)의 시에서 법식을 따라 화를 일으켜 폐의 기를 연성한다. 다른 날은 감괘의 시에 수(水)를 손상시켜 신장의 기를 없애므로 이때는 운공하면 안 된다. 진괘의 시에서 법식을 따라 화를 일으켜 간의 기를 연성하고, 이괘의 시에 방으로 들어가 앞의 방법대로 실행하면 적색이 저절로 나타나 점점 몸으로 상승하여 이환에 들어가니, 사에서 미에 이르기까지 이괘에서 가득 채운다. (1천식 이상이면 더욱 좋다. 그 말은 전과 같다.)

무릇 가을 석 달은 폐의 기가 왕성한데, 폐가 왕성한 것은 부모의 진기가 천도를 따라 운행됨이 폐에 있기 때문이다. 만약 금일(金日)을 만나면, 경신(庚辛)이 목(木)을 이기므로 진괘(震卦)의 시에서 법식을 따라 화(火)를 일으켜 간의 기를 연성한다. 다른 날은 이괘의 시(時)에 화(火)를 손상시켜 심장의 기를 없애므로 이때는 운공하면 안 된다. 손괘(巽卦)의 시에서 법식을 따라 화를 일으켜 비장의 기를 연성하고 태괘(兌卦)의 시에 방으로 들어가 앞의 방법대로 실행하면, 백색이 저절로 나타나 점점 몸에 상승하여 이환으로 들어가니, 신(申)에서 술(戌)에 이르기까지 태괘에서 가득 채운다.

무릇 겨울 석 달은 신장의 기가 왕성한데, 신장이 왕성한 것은 부모의 진기가 천도를 따라 운행됨이 신장에 있기 때문이다. 만약 수일(水日)을 만나면 임계(壬癸)가 화를 이기므로 이괘의 시에서 법식을 따라 화를 일으켜 심장의 기를 연성한다. 다른 날은 진(辰), 술(戌)과 축(丑), 미(未)의 시에서 토를 손상시켜 비장의 기를 없애므로 이때는 운공하면 안 된다. 태괘의 시(申·酉·戌)에서 법식을 따라 화를 일으켜 폐의 기를 연성하고, 감괘(坎卦)의 시(亥·子·丑)에 방으로 들어가 앞의 방법대로 실행하면 흑색이 저절로 나타나 점점 몸으로 상승하여 이환에 들어가니, 해(亥)에서 축(丑)에 이르기까지 감괘에서 가득 채운다.

풀이하면, 봄에는 간을 연성하는데 천식(千息)이면 푸른 기가 나온다. 봄의 끝 18일은 모름지기 앞의 방법대로 실행하지 않고, 일정한 호흡으로 법식을 삼으니 종일 고요히 앉아 비장을 양성(養成)하고 몸의 진기를 연성하는데, 이는 곧 감괘에서 화를 일으켜 신장을 연성(단련)하여 그 진기가 없어질 것을 두려워한다.

여름에는 심장을 연성하는데 천식(千息)이면 붉은 기가 나온다. 여름의 끝 18일은 모름지기 앞의 방법대로 실행하지 않고 일정한 호흡으로 법식을 삼으니, 종일 고요히 앉아 앞과 같이 양성하고 연성하는데, 이는 곧 진괘의 시에서 화를 일으키고 전과 같이 한다.

가을에는 폐를 연성하는데 천식이면 흰 기가 나온다. 가을의 끝 18일은 모름지기 앞의 방법대로 실행하지 않고, 일정한 호흡으로 법식을 삼으니 종일 고요히 앉아 앞과 같이 양성하고 연성한다. 이는 곧 손괘의 시에서 화를 일으키니 전과 같이 한다.

겨울에는 신장을 연성하는데 천식이면 검은 기가 나온다. 겨울의 끝 18일은 모름지기 앞의 방법대로 실행하지 않고, 일정한 호흡으로 법식을 삼으니 종일 고요히 앉아 전과 같이 양성하고 연성하는데, 이는 곧 태괘의 시에서 화를 일으키니 전과 같이 한다.

노란 기가 빛을 내기에 이르면 조용히 만도(萬道)가 전신을 감싸는 것을 생각한다.

무릇 '일정한 법'이란 억지로 숨을 머무르게 하여 꽉 막는 것이 아니라 다만 면면히 호흡하여 있는 것 같이 하되 운용이 힘들지 않도록 하고, 유(有)에서 무(無)로 들어가되 그로 하여금 스스로 머물게 하는 것이다.

'채약법'은 진액을 먹고 굳게 지켜서 마음을 진정 시키고 진기가 흩어지지 않게 한다. 무릇 방에 들어가서 반드시 문을 닫되, 혼자 고요한 집에 있으면서 짐승이나 여자를 멀리하여 일절 사물의 접촉을 막는다. 작은 구멍을 조금 열어 밝기가 사물을 구별할 정도로 하되, 바람과 햇빛이 기를 침투하지 않도록 하고, 좌우에 소리가 있으면, 마땅히 마음을 고요히 하고 잡념을 없애고 사고와 걱정이 함께 생기면 안과 밖이 고요함을 유지하도록 하여 하나도 그 뜻에 개입하지 못하도록 한다.

대개 양신(陽神)이 처음 모임으로써 진기가 엉기기 시작하는데, 어린아이 같이 보살피면 오히려 늙지 않으니, 날마다 저녁에 분향하여 꿇어앉아 절하고 머리를 조아리며 첫 번째로 하늘에 빌고, 두 번째는 천선(天仙)께 빌며, 세 번째는 지선(地仙)께 비는데, 세 예법을 마치고는 고요히 앉아 만사를 잊어버리고 이 법을 행하되 앞의 법식대로 한다면 시절마다 효험을 볼 것이다.

만약 이것으로 도를 삼되 다만 헛수고할까 두려워한다면 끝내 이루지 못하고 음백(陰魄)이 껍질을 나와 귀선(鬼仙)이 되는데 그친다.

도(道)의 요지를 말하자면,

"무릇 이 법식을 행함에 연·월·일·시에 한정이 없으나, 한결같이 앞의 법식을 따르고 효험을 보게 되면 그만 둔다. 그 기가 스스로 나타나면 모름지기 삼가하고 절제하여 게을리 하지 않고 바깥일을 끊어서 다만 방안에서 뜻을 행한다. 그 시후(時候)를 헤아려 두 개의 순양25) 소자(小子: 아들)를 행하되, 혹 문하생으로 교분을 맺기도 하고, 서로 날아서(바뀌어서) 왕복하며 같이 천 날(千日)을 지나서 한 기를 마칠 수 있다면, 1로서 10을 뺏는다. 백일이면 공이 나타나고 오백일이면 기가 온전하여 내관(內觀)을 행할 수 있다".

그런 뒤에 양신(陽神)을 모아서 천신(天神)으로 들어가면, 신을 연성하여 도에 합하고 범인을 초월하여 성인에 들어간다. 기를 연성한 체험은 다만 신체가 극히 창쾌(暢快)하여 항상 날아오르기를 우러러 보며 단의 빛이 뼈를 통과하고 신이한 향기가 방안에 가득하다. 다음으로 고요한 가운데 외관을 보면 자줏빛 안개가 눈에 가득하고 정수리에서 아래를 보면 금빛이 몸을 감싸니, 기괴한 증험은 다 갖추어 적을 수 없을 정도다.

내관하여 교환함 제9

『금고』에서 말했다. 큰 도는 본래 체(體)가 없으나, 기(氣)에 붙여짐에 그 크기가 끝이 없어 담을 물건이 없고, 큰 도는 본래 용(用)이 없으나, 사물(事物)에 운용됨에, 그 깊이를 잴 수 없어 궁구할 이치가 없었다. 체를 도라고 말함에 도가 비로소 내외의 구별이 생기고 용을 도라고 말함에 도가 비로소 살피고 보는 기초가 생겼다. 안을 살펴보

---

25) 순양(純陽): ① 양기가 순일함. ② 화(火)를 말함. ③ 5월 기사(己巳)일.

면 바깥을 살피지 못하나 바깥을 궁구하면 안을 분명히 알 수 있고, 신(神)을 살펴보면 형(形)을 살펴보지 못하지만, 형이 갖추어지면 신을 볼 수 있게 된다.

『진원』에서 말했다. 한 마음으로서 만물을 살펴보더라도 만물이 남는다고 말하지 않고 만물로서 한 기를 움직이더라도 한 기가 부족하다고 말하지 않는다. 한 기가 한 마음으로 돌아가면 마음은 물(物)에 뺏기지 않고, 한 마음이 한 기를 운용하면 기는 법식에 부림을 당하지 않는다. 마음의 근원이 맑고 투명하나 한 번 빛이 비치면 모두 깨어지니, 또한 물(物)이 있음을 알지 못하겠고, 기가 요동하며 굳세고 강하여 모든 감각이 한 번에 그치니 법식이 있음을 알지 못하겠다.

사물마다 물(物)이 있으니 본래의 상(象)으로 돌아오고, 법식마다 법(法)이 없으니 곧 온전히 스스로 진인이 된다.

비유하여 말하자면, 상(象)으로 형체(形體)를 낳고, 형체로 인하여 이름을 짓는다. 이름이 있으면 그 수(數)를 추측할 수 있고, 수가 있으면 그 이치를 얻을 수 있다.

대개 고상허무(高上虛無)는 물(物)에다 비유할 수 없으나, 비유할 수 있는 것은 사람의 수련 같은 것이니, 절차와 순서에는 차이가 없으나, 성취에는 차례가 있다. 충화(沖和)의 기가 엉기어 흩어지지 아니하고, 지극히 허무한 진성(眞性)은 편안하여 무위(無爲)하며, 신(神)이 도에 합하고, 자연으로 돌아간다. 이럴 즈음에 무심(無心)으로 마음을 삼으면, 그것을 응물(應物)이라고 부름이 어떠하며, 무물(無物)로서 물(物)을 삼으면 그것을 용법(用法)이라고 부름이 어떠한가? 참된 즐거움이 화락하여 자기의 몸이 있는 줄도 모르며, 점차 무위의 도로 들어가서 심오한 도의 영역으로 들어가니, 이것이 성인으로 들어가 보통 사람을 벗어나는 사람이 된다.

『진결』에 말했다. 이 법이 도에 합하면 상설(常設) 존상(存想)의 이치 같은 것이 있고, 또 선승(禪僧)이 입정(入定)[26]하는 때와 같으니, 마땅히 좋은 땅을 택하여 방을 설치하고 끓어 앉아 예를 드리고 분향하며, 바르게 책상다리를 하고 앉아 산발(散髮)하고 옷을 열어 놓고, 굳게 신을 존상(存想)하며 마음을 고요히 하여 눈을 감는다.

오시(午時) 전에는 조금씩 몸을 상승시키며(펴면서) 불을 일으켜 기를 연성하고, 오시 이후에는 조금씩 몸을 오무리면서 불을 모아 단을 연성하는데, 밤낮에 구애받지 않고 신(神)이 맑고 기가 합하면 자연히 희열한다.

좌중(坐中)에서 혹시 소리가 들려도 듣지 말며, 어떤 장면이 보여도 인식하지 않으면 그것이 저절로 없어진다. 만약 그것을 인식하게 되면 마장(魔障)에 빠진다. 마장이 생기면 물러나지 말고 급급히 앞으로 향하여 몸을 조금 오므리되, 허리는 펴며, 뒤를 향하여는 가슴을 조금 구부리는데, 구부리되 허리를 펴지 않는다. 조금 앞뒤로 화(火)가 일어나 높이 오르기를 기다리고 그 몸은 움직이지 않으니, 이름하여 분신(焚身)이라 한다.

화(火)가 일어나면 마장이 저절로 몸 밖으로 흩어지고, 음사(陰邪)가 껍질(몸) 속으로 들어오지 않는다. 이것을 시작한 지 2, 3차례하고 그치고, 마땅히 천지간에 활활 타는 불이 가득한 것을 상상한다. 화(火)가 끝나면 맑고 서늘하여 마침내 하나의 사물도 없어지고, 다만 수레와 말, 그리고 노래하고 춤추는 것만이 보인다.

수레에 우산을 씌우고 비단으로 치장하여 부귀스럽고 번화하며,

---

26) 입정(入定): 선정(禪定)에 들어감.

인물이 기뻐 즐거워하고 대열을 지어 행렬을 이루었으며, 5색 구름이 피어올라 천상(天上)에 오른 것 같다. 그 중간에 도달하게 되면, 또 누대(樓臺)가 우뚝 솟아 푸르스름하고, 원우(院宇)를 배회하니 진주와 금옥(金玉)이 땅에 가득해도 줍지를 않으며, 꽃과 열매, 못과 정자가 그 수를 알 수 없고, 잠시 신이한 향기가 사방에서 일어나면서 기녀의 음악소리가 아름답게 울려 퍼진다.

손님과 벗들은 좌중에 가득하여 물과 땅에 함께 자리하고, 한편으로 웃고 한편으로 이야기를 하며, 모두 태평을 기뻐하면서 진귀한 노리개를 서로 주고받는다. 마땅히 이럴 즈음에 비록 그러한 음귀(陰鬼)와 마군(魔軍)도 아니고, 또한 좋은 일이 되는 것을 인식하지 못하더라도, 대개 진인을 수련하는 사람은 바깥일을 끊어버리고 적막함을 달게 받으니, 더러는 강호(속세)의 땅에서 잠적하고, 더러는 은밀한 곳으로 몸을 숨겨 잡념을 끊고 정을 잊으며, 거동에는 조심을 한다. 오랫동안 수고를 하여 소쇄함을 거치면, 하루아침에 공이 이루어지고 법이 서서 이 같은 변화함이 두루 나타나니, 또 이것을 음마(陰魔)라고 말하지 않고, 장차 실제로 천궁(天宮)에 도달했다고 말하는 것이다.

달리 범태(凡胎)를 벗어나 정수리(이마) 가운데 있는 자기가 천궁의 안임을 모른다. 그 때문에 실제의 지경으로만 인식해서 연모하기에 힘쓰고 초탈하는 방법을 사용하지 아니하면, 다만 몸속에 머무르면서 양신(陽神)은 나오지 않고, 태선(太仙)은 변화하지 않으니, 곧 해뜨는 희미한 거리 위에서 육지의 신선이 되어 겨우 장생불사(長生不死)할 뿐이다.

체질을 벗고 신선으로 오르지 못하면 3도(三道)[27]로 돌아가서 선자(仙子)가 되니 여기까지 이른 것이 아깝다. 배우는 사람은 스스로 마땅히 초탈이 비록 어렵다고 염려하나, 행하지 않으면 안 된다.

도(道)의 요지를 말하자면,
"법이 이미 다 줄어들고 생략되지 않음이 없는 까닭이다".

초탈하여 형체를 나눔 제10

『금고』에서 말했다. 도는 본래 무(無)다. 유(有)로 말하는 것은 도가 아니다. 도는 본래 허(虛)다. 실(實)로 말하는 것은 도가 아니다. 이미 체(體)가 없었다면 묻고 응답하는 것이 모두 불가능하고, 이미 형상이 없었다면 보고 듣는 것이 모두 불가능하다. 오묘한 이치(玄微)를 도로 삼으면 오묘한 이치 또한 묻고 답하는 관계를 떠나지 못하고, 도의 본체(希夷)를 도로 삼으면 도의 본체 또한 보고 듣는 관계를 벗어나지 못하니, 도의 본체와 오묘한 이치가 오히려 도가 되지 못하면 도 또한 그것이 그렇게 된 까닭을 알지 못한다.

『옥서(玉書)』에서 말했다. 그것이 왔으면 시작이 있을 것인데, 큰 도(大道)의 시작을 알 수 없는 것은 어째서 그러하며, 그것이 갔다면 다함이 있을 것인데, 큰 도의 끝을 알 수 없는 것은 어째서 그러한가? 높고 높은 위에 비록 그 위가 또 있으나, 큰 도의 위는 무엇인지 알 수 없으니 다함이 없고, 깊고 깊은 아래에 비록 아래가 또 있으나 큰 도의 아래는 알 수 없으니 끝이 없다. 아득하여 측량할 수 없는 것을 도라고 이름하고, 물(物)을 따라서 그 얻은 것이 같거나 다르게

---

27) 3도(三道): 신선이 사는 영주(瀛州), 봉래(蓬萊), 방장(方丈)산. 전설상의 세 섬.

나타나니, 무위(無爲)의 도는 궁구할 수 없다.

『진결』에서 말했다. 초(超)란 범인의 몸에서 뛰어나와 성인의 품수로 들어가는 것이고, 태(胎)로 들어가서 기가 진인의 성품을 온전히 하니, 모름지기 앞의 공(功)으로 절절이 효험을 보는 것이 바로 마땅하다. 그때 맑고 고요한 방에 있으면서 도의 본체인 경지에 들어가서 내관하고 양신(陽神)을 알며, 다음으로 화(火)를 일으켜 마(魔)를 항복시키고, 분신(焚身)하고 기를 모아서 진기가 상승하여 천궁(天宮: 하늘 궁전)에 있으면, 각중(殼中: 심신)이 청정(淸淨)하여 마침내 하나의 물질도 없게 된다.

마땅히 깊숙한 곳을 택하여 거하면서 한결같이 내관(內觀)에 의지하고, 3례(三禮)를 이미 마쳤으면 몸을 바르게 하되 모름지기 높이 올리지 않으며, 바르게 앉되 모름지기 움츠리거나 펴지 않는다. 눈을 감고 마음을 고요히 하여 정(靜)의 극(極)인 아침(朝元) 뒤에는 몸에 공중에 있는 것 같고, 신기(神氣)가 나부끼는 듯이 제어하기가 어려우나, 묵묵히 내관(內觀)하면 명랑하여 어둡지 않고 산천(山川)이 수려하여 누각이 어렴풋이 보이는데, 자색 기운 붉은 빛이 어지러이 진을 쳤고, 상서로운 난(鸞)새[봉황새]와 아름다운 봉황의 울음소리가 음악 같으며 신이한 경치가 변화하니 호중(壺中: 신선세계)의 진기한 정취요, 동천(洞天)의 다른 경관이라 할 수 있다. 유유자적하며 그윽이 속세의 더러움을 알지 못하니 이것이 진공(眞空)28)의 끝이다. 그 기는 자전하면서 모름지기 법식을 사용하지 않아도 때를 따라 움직이니, 만약 푸른 기운이 동쪽에서 나오는 것이 보이면, 생황소리가 맑게 울려 퍼지니, 정절(旌節)29)과 거마(車馬)가 전후좌우에서 그 많고

---

28) 진공(眞空): ① 일체의 실상이 공허함. ② 사념(邪念)이 없음.

적음을 모를 정도요, 잠시 동안 남쪽에서 붉은 기운이 나오고, 서방에서는 흰 기운이 나오며, 북쪽에서는 검은 기운이고, 중앙에서는 황색 기운이 나오며, 다섯 기운이 모여서 채운(綵雲)이 된다.

음악소리가 울려 퍼져 기쁜 기운이 여기저기서 일어나고, 금동(金童), 옥녀(玉女)가 자신을 부축하되, 어떤 이는 화룡(火龍)에 걸터앉아서, 어떤 이는 현학(玄鶴)을 타고서, 어떤 이는 채난(綵鸞)을 타고, 어떤 이는 맹호(猛虎)를 타고 부축하여 날아오르는데, 아래에서부터 올라가 만나는 곳이 누대요 관우(觀宇)라, 말로 다 할 수 없으니 신을 받드는 관리라도 다 갖추어 말할 수 없을 정도다. 또 한 곳에 도착하니 여자 악사가 만(萬) 줄이고, 관료가 차례로 늘어서서 마치 인간세상의 제왕의 의식 같으며, 성현이 이르기를 마치자 이때를 당하여 곁에 사람이 없는 것처럼 기탄(忌憚)없어 보인다.

수레를 타고 위로 올라가서 한 문에 이르니, 병사의 호위가 엄숙하여 감히 범할 수 없고, 전후좌우에 관료와 여자 악사가 연모하기를 그치지 않았으나, 끝내 이 문을 통과하지 못하고 수레의 우산으로 얼굴을 덮고 위에서 내려와 다시 옛 살던 땅으로 들어왔다. 이같이 오르내림에 그 운수를 싫어하지 않았으니, 이것이 신(神)을 조절하면 단전을 성실히 하는 법이다. 날이 지나 아주 익숙해지면 한 번 상승하여 천궁(天宮)에 이르고, 한 번 내려오면 옛 거처로 돌아오니 오르고 내림에 막힘이 없다. 이리하여 아래에서 오름에 어떤 때는 7급 보탑(七級寶塔)까지 오른 것 같고, 어떤 때는 3층 경루(三層瓊樓)까지 오른 것 같은데, 그 처음에는 1급에서 시작하여 다시 1급을 올라 7급에 다 올라 꼭대기에 이르면, 문득 아래를 내려다 볼 수 없고

---

29) 정절(旌節): 사신(使臣)이 갖고 다니는 부절(符節).

신(神)이 놀랄 것을 두려워하고, 몸을 걱정하여 나오지 않는다.

이미 7급의 위에 이르러서 곧 눈을 감으면 도약하여(날아서) 자는 듯 깨어 있는 듯 하고 몸 밖에 몸이 있으니, 형체가 영아(嬰兒) 같고, 피부는 맑고 깨끗하며, 신(神)의 풍채가 환하게 빛이 난다. 옛 몸뚱이를 돌아보아도 또한 있는 것이 보이지 않고, 보이는 것은 곧 똥과 흙무더기 같은 것이고 고목 같은 것이다. 만 가지 미움과 부끄러움이 생기나 파손해 버리지(죽지) 못하고 공부를 위해 멀리 나간다.

대개 신(神)과 단전(丹田)이 익숙하지 못해도 성스러운 기운이 엉기면 이루어지고, 모름지기 다시 본래의 몸으로 들어가서 왕래 출입을 전적으로 맡기고 노닌다. 한 걸음 두 걸음부터 시작하여 다음 1리 2리를 가고, 날이 지나 익숙해지면 곧 장사(壯士)같이 팔을 펼치고, 천리나 만 리도 갈 수 있다. 몸과 신이 장대(壯大)해지고, 용기가 견고해 진 뒤에야 무릇 명산대천(名山大川) 속에 뼈를 붙일 수 있다.

왕래함을 따라 세상의 바깥일에 대응하되, 속된 무리들과 함께 하지 아니하고, 혹시 행실이 만족하면 천서(天書)를 받고서 난새를 타고 봉황에 오르며, 호랑이에 걸터앉고 용을 올라타고 동에서 서로 자부(紫府)로 들어가 먼저 태미진군(太微眞君: 북두의 상선)을 뵙는다.

다음으로 섬으로 내려와 있으면서 동천(洞天)에 오르고자 하면, 마땅히 인간 세상에 행실을 쌓아 도를 전하여 천서(天書)는 받고 동천(洞天)에 올라가서 천선(天仙)이 된다. 모든 행실을 법식대로 행하여 예나 지금에 조금 성취한 사람이 있으니, 대개 공(功)은 갖추지 않았으면서 빨리 그것을 행하고 싶어서 곧 이 도를 실행하지만 더러는 공(功)의 효험도 보지 못하고 일이 고요히 앉아 있는데 그치게 되고, 초탈하기를 바라지만 더러는 음의 신령이 흩어지지 않고 나와서 귀선(鬼仙)이 되니, 사람이 형체를 보지 못한다. 오고가며 가고 머무름에 마침내 돌아갈 곳이 없으면, 태(胎)를 버리고 집을 이루어서 사람의 체구를 빼앗아 다시 사람이 되기에 이르니, 어떤 것은 출입이 익숙하지 못하거나 왕래함에 법식이 없고, 한 번 갔다가 한 번 오는데, 다시 본래의 몸으로 들어가지 못하면 신혼(神魂)이 있을 곳을 알지 못하여 곧 스님이 앉은 채로 왕생함이요 도사가 시해(尸解)함이다. 그러므로 이 도를 행하는 요점은 앞의 공(功)에 있으니, 효험을 보는 것이 바로 마땅하다. 이에 땅을 택하여 방을 짓고 일절의 비린내 나는 물질이나 악취나 왕래하는 소리, 여색 등을 멀리하여 그 진기에 접촉되지 않도록 하고, 신(神) 또한 그것을 싫어하여 이미 나왔다가 다시 들어가고 들어가면 나오지 못하니, 곧 형(形)과 신(神)이 함께 묘하고 천지(天地)와 수명을 같이 하며 영원히 죽지 않는다. 이미 들어갔다가 다시 나오고 나오면 다시 들어가지 못하니, 매미같이 허물을 벗고 신(神)이 옮기어 성인(聖人)에 들어간다. 이것이 곧 초범탈속(超凡脫俗)하여 진인(眞人) 선자(仙子: 신선)가 되고 세상 풍진의 바깥에 있으면서 삼신산(三神山)에 붙어사는 사람이다.

도(道)의 요지를 말하자면,
"법이 이미 다 없어지지 않음이 없는 것이다".
(이것이 초범입성(超凡入聖)하는 비결이다.)

이것이 대승 3문(大乘三門)이니, 천선(天仙)에 관계된 것이다.

『영보필법』하권 끝.

제2부 입약경

입약경

入藥鏡

지일진인(至一眞人)	최희범(崔希範) 저
혼연자(混然子)	왕도연(王道淵) 주해
창명(滄溟)	이반룡(李攀龍) 주석
일학거사(一壑居士)	팽호고(彭好古) 주해

〈최희범 입약경 소개〉

도가 양생 공부는 도가 기공으로『최희범 입약경』공부 비결의 최희범을 소개하면, 호는 지일진인(至一眞人)이고, 당나라 말 오대(五代) 때의 기공학자로『입약경(入藥鏡)』총서를 저술하였다.

『도장(道藏)』에 수록된 4종을 보면,『천원입약경(天元入藥鏡)』,『입약경 상편(入藥鏡上篇)』,『입약경 중편(入藥鏡中篇)』,『해주최공입약경(解注崔公入藥鏡)』이 있다. 민간에 흘러가 가장 넓고 영향이 가장 큰 경전은 노래로 되어 비결 형식으로 나타난『최공입약경(崔公入藥鏡)』이다.

이른 바 '약(藥)'이란 일정한 과정과 차례대로 수련한 결과 기와 신[氣神]을 따라서 수련하는 과정을 밟아가는 것을 '약으로 들어가다.'는 뜻으로 '입약(入藥)'이라고 부른다. '경(鏡)'이란 사람의 마음이 거울처럼 맑음을 가리킨다. 마음과 정신이 한 점 오염되지 않고 맑디맑게 안으로 밝아야 한다. 이 때문에 『입약경』을 내단 기공이라 말한다.

이제 『최공입약경』을 여기에 수록하여 원대 내단 대사인 왕도연(王道淵)의 주해를 같이 참고하여 검토하고 그 내포된 의미를 해석하여 애호가들이 파악하기 쉽도록 하였다.

최희범은 여덟 신선의 한 사람인 여순양(여동빈)의 스승으로, 대략 당나라 희종(僖宗) 광명(廣明) 원년(880)에 있었고, 여순양은 우연히 최희범을 만나 직접 『입약경』을 전수받았고, 여동빈의 시에서도 입증되는데, '최공의 『입약경』을 보고 나서 사람의 마음이 분명히 바뀌도록 했다.'고 했다. 『입약경』은 내단학을 수련하는 사람의 마음 가운데 한편의 수련 지침서가 되었다.

〈최공입약경 주해 서〉 혼연자

신선의 학문을 어찌 평범하고 속된 사람들이 들을 수 있을까? 반드시 큰 인재와 재능을 가진 결연하고 열렬한 장부면서 혜안이 있는 고결한 선비만 할 수 있다. 또한 학자가 하는 것은 무슨 일인가? 밖으로는 천지와 조화를 일으키는 이치를 궁구하고, 안으로는 심신을 운용하는 기미를 밝힌다.

비록 이와 같더라도 공자께서 노자를 만나 직접 가르침을 받지 않았다면 용(龍: 노자)을 만난 탄식은 없었을 것이다.

석가모니는 옛 성인이 다시 온 것이 아닌데, 어찌 출세한 식견이 있었던가? 학자가 소의 털처럼 많으나 통달한 사람은 기린의 뿔처럼 적은 까닭은 다른 게 아니라 전수받은 것과 전수받지 않은 데 달렸을 뿐이다.

신선의 배움은 성명(性命)을 수련하고 근본으로 되돌려 근원으로 돌아가는 데 지나지 않는다. 선천(先天)의 한 기를 채취하여 단모(丹母)로 삼고, 후천(後天)의 기를 운행하여 화후(火候: 화기의 조절)를 행하여 화(火)로 성(性)을 연성하면 금신(金神)은 무너지지 않고, 화(火)로 그 명(命)을 연성하면 도기(道氣)가 오래 간다. 음(陰)의 탁한 몸을 다 바꾸어 순양(純陽)의 몸으로 변화시키면 신(神: 정신)이 자유롭게 되어 시기에 순응함이 무궁할 것이니 어찌 기이하지 않은가! 오늘날의 신선을 배우는 사람들은 난립하여 많고 아울러 그 진결(眞訣)을 두고 논쟁하기에 이르러서는 사람마다 어느 한쪽의 견해만 따르니 선사(先師)께서 바르게 전한 도에 합치되지 않는 것을 내가 보았다.

그 『최공입약경』 82구를 보니 말은 간결하고 뜻은 곡진하여 여러 단경(丹經)의 진수를 꿰뚫었다. 내가 좁은 소견을 부끄러워하지 않고 마침내 우리 스승께서 전수하신 구결을 가지고 4구마다 하나의 각주를 첨부하여 오묘한 기미를 밝혀내어 가장 지혜로운 사람이 되도록 하였다. 뒤에 오는 사람과 나와 뜻을 같이 하는 사람들이 시험 삼아 마음에 두고 외운다면 결코 신이 일러준 내 마음이 깨달은 효과를 의심하지 않을 것이다.

어떤 사람은 내 주석을 믿기에 충분치 못하다고 하나 최공(崔公)의 말씀은 마땅히 사실이므로 의지하고 수행하고, 믿고 따라서 온 몸에 수련을 한다면 신선을 배우는 일을 잘 마칠 수 있을 것이다.

수강 혼연자 왕도연 서하다.

〈창명시(滄溟詩)〉

〈창명시(滄溟詩)〉에

선천(先天)의 한 기(氣)는 금단(金丹)의 조상이요.
허무가 오래되면 이것이 선천모(先天母)라.
한 기(炁)가 생겨날 때 음양이 생기고
홍(汞)은 용(龍)이고 연(鉛)은 호(虎)로다.
한 기(炁)가 모이면 원정(元精)이 되고
흩어지면 금·목·수·화·토가 되니
만약 만물이 허(虛)를 의지하여 생기는 걸 안다면
비로소 음양은 정해진 곳이 없음을 믿게 되리라.

라고 했다.

1. 선천기(先天氣)와 후천기(後天氣)를 얻은 사람은 항상 취(醉)한 것 같다

혼연자가 말했다. 선천기란 곧 원시(元始)의 조기(祖氣)다. 이 조기는 사람 몸과 천지의 가운데 있고, 생문과 밀호(生門密戶)[1]가 높은 곳 가운데 달렸으니, 천심(天心)이 이것이다. 신선 수련은 오직 선천일기(先天一氣)를 채취하여 단모(丹母)로 삼는 것이다. 후천기란 곧 한번 내쉬고 한번 들이쉬며, 한번 가고 한번 올 때, 안에서 운행되는 기이다. 내쉬면 하는 끝에 닿고, 들이쉬면 지축(地軸)에 닿으며, 내쉴 때는 용이 소리를 내고 구름이 일어나며, 들이 쉴 때는 호랑이가 울고 비바람이 차니 미미하게 호흡하여 없는 듯 존재하는 듯 하며, 조기(祖氣)로 돌아가도록 하고 안팎이 혼합하여 환단(還丹)을 맺어 이루면 스스로 단전에서 불이 붙어 사지로 통함을 느끼는데, 어릿어릿한 것 같고 술 취한 것 같으니, 아름다움이 그 속에 있다. 이것이 그것을 얻은 사람이 항상 취한 것같이 되는 까닭이다. 『도덕경』에서는 '곡신(谷神)[2]은 죽지 않으니 이를 현빈(玄牝)이라 하고, 현빈의 문을 천지의 근본이라 하며, 미미하여 없는 듯 존재하는 듯 작용이 무궁하다.' 했고, 『역경(易經)』의 곤괘(坤卦)에서는 '황중(黃中)에서 이치를 통하고 바른 위치(正位)에 몸이 있으니 아름다움이 그 속에 있어 사지(四肢)로 통한다.'고 했으니, 이를 말한다.

---

1) 생문(生門密戶): 생문은 제당혈(臍堂穴)이니, 임맥(任脈)을 주관하며 앞에 있고, 밀호는 분척관(焚脊關)이니, 독맥(督脈)을 주관하며 뒤에 있다.

2) 곡신(谷神): ① 곡(谷)은 양(養), 신(神)은 오장(五臟)의 신. 그러므로 5장의 신을 키움. ② 만물을 양육하는 동풍(東風)의 뜻. ③ 곡(谷)은 허무, 신(神)은 조화의 신령. ④ 여성의 생식작용.

일학거사가 말했다. 사람이 나지 않아서는 혼돈했다. 오직 배꼽 가운데 한 점 진기(眞氣)만이 어미와 함께 명체(命蔕)3)로 서로 통한다. 어미가 내쉬면 또한 내쉬고, 들이쉬면 또한 들이쉰다. 힘쓰는 한 소리가 나면 기가 단전으로 떨어진다. 들이쉬어 하늘의 끝에 닿고, 내쉬어 땅의 축에 닿으니, 선천 원시의 조기(祖氣)가 그 가운데 차고 넘치지 않음이 없다. 후천의 기가 아니면 선천의 한 기(先天一氣)가 유행함을 볼 수 없고, 선천의 기가 아니면 후천의 한 기가 주재할 수 없으니, 이 기(氣)는 사람 몸과 천지의 가운데 있어 생문(生門)과 밀호(密戶)이다. 감추어도 곧 기가 되고, 형체를 나타내도 곧 기가 된다. 최공의 『입약경』은 기로 약을 삼으므로 사람들이 제일 먼저 이 기를 얻으려고 하는 것이다. 그러나 과연 무엇으로 그것을 얻겠는가.

선천의 학(學)은 허(虛)로부터 기로 변화시키고, 후천의 학은 신으로 기를 부린다. 선천의 기는 선경(先庚)에서 채취하고, 후천의 기는 후갑(後甲)에서 그것을 채취한다. 한 번 이 기를 얻으면 12시 중에 닭이 알을 품듯이, 용이 여의주를 기르듯이, 미미하게 없는 듯 존재하니 잊지도 말고 돕지도 말아야 한다. 스스로 단전에 불기가 따뜻해짐을 깨닫게 되니, 아름다움이 그 속에 있어 사지로 통하고 어릿어릿한 것 같고 술에 취한 것 같다. 심하도다! 도를 배우는 사람은 그것을 얻는 이치를 강구하지 않을 수 없을 것이다.

창명(滄銘)이 '선천기, 후천기'를 시로 말하기를,

---

3) 명체(命蔕): ① 배꼽, ② 명문(命門).

선천의 한 기는 곧 진연(眞鉛)이니

생산되어 허무와 태극의 앞에 있네

황홀하고 심원(深遠)한 가운데 상(象)이 있어

바야흐로 조화가 지극히 현묘(玄妙)함을 알겠도다.

후천의 기는 진홍(眞汞)인데

선천의 기와 한 곳에서 생산되어

다만 홍과 연이 한곳으로 돌아가니

자연히 잠깐 동안에 진정(眞精)을 생산하네.

라고 했다.

주석하면, 이것은 대약물(大藥物)은 진연과 진홍임을 말하는데, 선천의 한 기는 무극(無極)이고, 무(無) 속의 유(有)다. 후천의 기는 태극인데 유(有) 속의 무(無)이다. 곧 이는 바로 금단(金丹大藥)과 진연 진홍의 조부모인데, 생기기 전에는 곧 선천의 기가 있었고, 이미 생긴 뒤에는 후천의 기가 선천의 기와 혼합하여 하나가 된다.

태상(太上)께서 사람에게 선천의 영부(靈父)와 성모(聖母)의 기를 채취하고 합하여 대약(大藥)을 만들도록 하시니, 무(無)에서 유(有)가 생겨 본원(本源)으로 되돌아오면, 곧 선천의 기와 혼합하여 하나가 된다.

이밖에는 다시 진연과 진홍을 구할 곳이 없으니, 연과 홍이 한 통로(구멍) 속으로 돌아가는 것이다. 수련하여 아홉 번을 단련한 약을 이루니, 금액환단(金液還丹)의 묘함이 다 그 속에 있다. 선후(先後) 두 글자는 반드시 차례가 있는 것이니, 깨닫는 사람은 스스로 그것을 얻을 것이다.

'그것을 얻은 사람은 항상 취한 것 같다.'는 것을 시로 말하기를,

　　금단(金丹)의 대도는 지극히 원미(元微)하여
　　학자도 분분하니, 통달한 사람이 누구인가?
　　한 번 얻으면 모름지기 영원히 얻는 줄을 알아서
　　곧 마땅히 착수하여 근본 바탕을 세우라.
　　아득하고 고요한 태허(太虛) 가운데
　　유(有)와 무(無)의 묘함은 다함이 없네.
　　사방 한 치 항아리[단전] 기울여도 다하지 않으니
　　저절로 날마다 봄바람 아님이 없구나.

라고 했다.

　주석하면, 이것은 약을 얻은 후의 모습을 말한 것이다. 대도(大道)는 이루기 쉬우나 선인은 만나기 어렵다. 이미 성인을 만났다면, 한 번 얻으면 영원히 얻는 것이다. 이미 자기가 그것을 얻었다고 진실로 근본 바탕을 수립하는데 착수하지 않으면, 이는 스스로 대도(大道)는 포기하는 것이다. 금액환단을 이미 삼켜 뱃속으로 들어갔다면, 평범한 몸을 새롭게 하여 진인을 이루어서 곧 자연 본래의 모습을 갖게 된다.

　『참동계』에서 '금액이 3단전에 흘러 봄날의 물처럼 두루 윤택하고, 진액이 풍성하여 동풍에 녹는 얼음같이 금액이 위에서 아래로 두루 흘러 끝없이 반복하니, 금액의 왕래가 끝이 없으며, 가득한 진기가 몸속에 두루 퍼져 있다'고 했다.

　안색이 차츰차츰 윤택해지고 골절이 더욱 튼튼해지니, 이는 다 아름다움이 그 속에 있어서 얼굴에는 윤기가 나고 등에는 기가 넘치

며, 4지에 통하고, 4체에 이른다. 4체는 비유하여 말하지 않았으나, 다 자연의 효과요 증거다.

2. 해에도 합(合)이 있고 달에도 합이 있으니, 무기(戊己)에서 다하고 경신(庚申)에서 안정 된다

혼연자(混然子)가 말했다. 해와 달은 태양과 태음이다. 하늘에는 황도가 있는데 365도를 헤아려 4분도(分度)의 하나로 삼았다. 그것이 운전함에 하루 일주한다.

해와 달은 그 사이에 운행하며 상하로 왕래하며, 번갈아 뜨고 지니 이것이 낮과 밤으로 구분되고 추위와 더위가 정해지는 까닭이다. 동지절이 되면 하나의 양효가 복괘(復卦)에서 생기는데, 해는 북에서 부터 운행하고, 달은 남에서 부터 운행된다. 하지절에는 하나의 음효가 구괘(姤卦)에서 생기는데, 해는 남에서 부터 운행되고, 달은 북에서 부터 운행된다. 해가 하루 1도를 가서 30도를 가면 태음과 만난다. 달은 원래 빛이 없고 햇빛을 빌린다. 달이 하루 12도와 얼마를 운행하니, 30일이 되면 운행의 일주하는 도수를 다 채운다. 매달 그믐과 초하루에 태양과 같이 운행하는 궁에서 만나니, 해와 달이 합벽(合璧)한다. 그믐은 한 해의 끝을 나타내고, 초하루는 1년의 시작을 나타낸다. 만났다가 다시 헤어지고, 헤어졌다 다시 만나니, 달은 해 때문에 그 밝음을 받고, 양의 혼이 점차 자라면 음의 백(魄)은 점차 소멸한다. 초여드렛날 밤이 되면 양이 반, 음이 반이 되어 상현이 된다. 보름날 밤이 되면 해와 마주 비추어 바라보게 되므로 둥글다. 둥근 것이 끝에 이르면 그 이치는 마땅히 이지러진다. 이미 음의 백이 점차 자라면 양의 혼은 점차 소멸된다. 24일 밤이 되면, 음이 반, 양이 반이 되어 하현이 된다. 30일 밤이 되면 그믐이 되어 또 다시 해와 같이 만난다. 이것이 하늘의 해에 합함이 있고, 달도 합함이 있는 것이다.

이것을 몸에서 찾는다면, 내 몸은 하나의 천지(天地)이니, 또한 해와 달이 있는 것이다. 몸을 건곤(乾坤)으로 생각하고, 감리(坎離)를 약물로 생각하며, 해와 달의 운행을 화후(火候)로 생각하여 내 몸에 행한다면, 천지일월(天地日月)과 다름이 없다. 마땅히 단을 지을 적에 해와 달의 두 바퀴를 운행하고, 한 호흡에서 음양을 모으며 해와 달을 솥으로 돌아가게 하고, 음과 양을 정기와 교합시켜 그것을 삶고 연성하면 성태(聖胎)를 형성한다. 이것이 내 몸에서의 해(日)에 합함이 있고, 달(月)에 합함이 있는 것이다. 요진자(了眞子)가 이르기를 '옥지(玉池)는 항상 음양의 골수를 떨어뜨리고, 금정은 때로 해와 달의 정기를 삶는다.'고 한 것이 이것이다.

이미 밝은 해와 달이 합하면, 반드시 무기(戊己)의 근원을 궁구해야 하니, 무기(戊己)는 중앙의 토이다. 수와 화가 나뉘어 상·하가 되었고 목과 금이 동서로 늘어섰으니, 목은 화모(火母)가 되고, 금은 수모(水母)가 된다. 만약 무기의 공로가 아니면 수화는 기제괘(旣濟卦)가 될 수 없고, 금목은 함께 돌아갈 수 없다. 마땅히 변화를 일으킬 때에, 이것이 무토(戊土)가 감(坎)에서 일어나 양화(陽火)를 나가도록 하고, 기토(己土)가 이(離)에서 내려와 음부(陰符)를 물러나도록 한다. 거두어서 사상(四象)으로 돌아가면 솥에서 만난다. 이것은 무기(戊己)의 공이다. 이미 무기의 이치를 궁구하였으면, 반드시 경갑(庚甲)의 방향에서 안정된다.

경(庚)은 서방의 금이고, 정(情)이며, 호(虎)이다. 갑(甲)은 동방 목이고, 성(性)이며 용(龍)이다. 사람의 정으로 말하자면 쫓아다니기를 좋아하여 물질을 보면 쫓아가기를 마치 호랑이가 미쳐 날뛰는 것 같으니, 그래서 매번 성(性)을 상하게 된다. 성(性)이 정의 미혹을 받으면, 주인 노릇을 할 수 없어 마치 용이 뛰어오르는 것 같으니, 그래서 두 물질이 간격을 두고 떨어져 있다. 크게 수행을 하는 사람은 그것을 제어하는 데 어렵지 않으나, 이런 때를 만나면 바로 착수하여 노력(功)을 하는 것이 좋다. 모름지기 황파(黃婆)의 중매를 의지하여 합하고, 두병(斗柄)[4]의 기틀로 돌아간다.

한 번 호흡하는 사이에, 곧 금·목(金木)이 돌아가 합치도록 하고 정(情)과 성(性)이 하나로 합쳐지며 용과 호가 솥으로 들어가면, 마음이 텅 비어 고요해진다.

이것이 경갑(庚甲)에 안정되는 까닭이다. 도가(道家) 단학의 묘용(妙用)은 의당 갑(甲)에서 생기고 경(庚)에서 생기니, 배우는 사람이 모르면 안 되는 것이다.

창명이 '해에도 합함이 있고, 달에도 합함이 있다.'는 것을 시로 말했으니,

해의 혼(魂)과 양의 정수(精髓)는 동방에서 나오는데
음의 정기를 흡수하려 유(酉)의 방위로 숨으며
금과 수는 둘이 나란히 가다가 2·8[5]에서 만나니
자연히 합벽하여 빛이 겹치네.

---

4) 두병(斗柄): 북두칠성 자루 모양의 5·6·7성(星).
5) 2·8: 5행의 음(音)으로 목(木) 즉 동방이다.

달의 백(魄)과 음의 정기는 연천(兗川)⁶⁾을 비추고

양의 정수(精髓)를 머금으려 동쪽으로 돌면서

뒤에 있던 달의 현(弦)은 앞으로 향하고, 앞에 있던 현이 뒤로 향하니

한 달 만에 서로 교섭하여 한 번 둥글게 되는구나.

라고 했다.

주석하면, 이것은 대단 약물 법상(法象)의 묘용(妙用)을 말하는 것이다. 해와 달은 금단(金丹)을 만드는 공로가 크다. 해는 동방에서 나오고 달은 유위(酉位)에서 나온다. 달은 초사흗날부터 백(魄: 빛)이 생기는데, 태양의 빛과 서로 가까워지니, 해는 하루씩 가까워지므로 햇빛에 가까워지면 빛이 난다. 초여드렛날 상현(上弦)이 되면, 꼭 태양의 빛을 반만 받아서 빛나니, 단이 이 상현이 되면 바르기가 줄 같아 상현은 금(金)이 반근(양기가 반)이다. 초여드렛날 이후부터 바로 보름까지는 태양의 빛을 다 받는데, 해와 서로 마주보니, 곧 달의 백(魄)이 빛이 밝고 둥글게 차서 동방에서 비춘다. 여기에 이르면 해와 달이 마주 비춘다. 열 엿셋날 이후부터는 달이 태양과 서로 멀어지는데, 해는 하루씩 멀어지므로 해의 혼(魂)에 멀어지면 빛을 잃게 된다. 스무사흗날 하현(下弦)이 되면 꼭 태양의 빛을 반으로 물러나 빛나니, 달이 이 하현이 되면 바르기가 줄 같아 하현(下弦)은 수(水)가 반근(음기가 반)이다. 스무사흗날 이후부터 바로 스무아흐렛날까지는 태양의 빛이 다 물러나서 해와 서로 보지 못하고 달의 백이 어두워져서 빛이 소멸하니, 곧 동북이 밝음을 상실하는 때이다.

초사흗날이 되면 처음과 같이 반복한다. 그리고 한 달에 한 번

---

6) 연천(兗川): 냇물 이름. 하나라 때 9주의 하나.

합백(合魄)하므로 약물은 곧 그것을 본뜬 것과 같다. 즉 대단을 수련하는 것은 해와 달이 차고 기우는 것의 모습을 살피는 것에 지나지 않으니, 곧 음양이 소멸하거나 자라는 기틀이다.

진실로 이것을 깨달을 수 있다면 약물은 여기에 있고 동지도 여기에 있다. 착수함도 여기에 있고, 채취함도 여기에 있으니, 화후도 여기에 있고 빼고 더함도 여기에 있으며, 목욕도 여기에 있고 응결함도 여기에 있으니, 으뜸이요 묘함이로다. 반드시 입으로 전수하고 종이와 붓으로 감히 누설할 수 있는 것이 아니니, 하늘의 꾸짖음이 두렵지 않겠는가?

'무기(戊己)를 궁리하고 경갑(庚甲)에 방위를 정한다.'는 것을 시로 말하기를,

무(戊)는 진토 중궁(眞土中宮)의 수이고,
계(癸)는 천원 진일(天元眞一)의 정기라.
두 가지를 다 취하여 복종시키면
단(丹)의 기초는 이로부터 경영할 수 있다.
갑(甲)은 묘위(卯位) 청룡(靑龍)의 목(木)이요,
경(庚)은 서방 백호(白虎)의 금(金)이니
용과 호가 한곳으로 돌아갈 수 있도록 하고
황아(黃芽)와 백운(白雲)을 찾기는 어렵지 않네.

라고 했다.

주석하면, 금단의 도는 전부 5행·4상·8괘가 서로 바탕이 됨을 의지하여 이루어지는 것이다. 갑은 곧 청룡의 목이고, 경은 곧 백호의

금이니, 대개 금과 목은 항상 떨어져 있는 근심이 있고, 무(戊)는 진토(塵土)중궁의 수가 된다. 계(癸)는 곧 천원 진일(天元眞一)의 수(水)이니, 곧 대단의 바탕이다. 환단(還丹)의 근본은 금·수(金水)보다 큰 것이 없고, 금·수는 반드시 무·토(戊土)를 바탕으로 하여 서로 복종시키니, 그런 뒤에야 단의 도가 설 것이다. 그러므로 경갑(庚甲)에 안정하면 금·목(金木)이 섞여 있는 묘(妙)함을 알게 되고, 무기를 궁구하면 수·토(水土)가 복종의 공로를 갖고 있음을 알게 된다. 조화(造化)는 현묘하고, 천기(天機)는 깊고 원대하니, 누가 감히 가벼이 논의할 것인가? 궁(窮)과 정(定) 두 글자는 곧 나에게 있는 천기(天機: 기틀)이다.

3. 작교(鵲橋)로 올라가고 작교를 내려오니, 하늘에서는 별에 해당하고, 땅에서는 조수에 해당한다

혼연자가 말했다. 사람의 몸에서 협척(夾脊)을 하늘의 운하에 비유했다. 은하는 막혀 있어서 신령한 까치가 다리를 놓으므로 작교(鵲橋)가 있다는 말이고, 사람의 혀 또한 작교를 말한다. 무릇 단을 지을 때, 황파(黃婆)로 영아(嬰兒)를 인도하여 이환(泥丸)으로 상승하여 차녀(姹女)와 서로 만나는 것을 작교(鵲橋)로 올라간다고 하고, 황파(黃婆)가 배회하다 웃으며 영아를 인도하여 차녀와 같이 통방(洞房)으로 돌아오는데, 반드시 이환으로 부터 하강하므로 작교를 내려온다고 한다. 그러나 황파·영아·차녀는 참으로 있는 것이 아니고, 다만 비유해서 말하는 것이어서 몸·마음·뜻에 지나지 않을 뿐이다. 묵묵히 운행하는 공력은 안으로 하늘의 북두성의 운행을 의지하고, 밖으로 두병(斗柄)이 이동함을 이용한다. 화(火)가 일어날 때는 진기가 펄펄

하게 상승하여, 마치 조수(潮水)가 처음 일어나는 것 같이 바로 역류하여 올라간다. 그래서 '하늘에서는 별에 해당하고, 땅에서는 조수에 해당한다.'고 했다.

『단경(丹經)』에 이르기를, '공부는 쉽고 약은 멀리 있는 것이 아니요, 발랄하게 움직이는 하늘의 바퀴는 땅에서는 조수에 해당한다.' 함이 이것이다.

창명이 '작교로 올라가고 작교로 내려온다.'는 것을 시로 말하기를,

　　높은 수레 허공에 우뚝 하늘과 닿았고
　　금오(金烏: 해)와 옥토(玉免: 달)는 저절로 도는데
　　수레는 분명하게 비끼어 있고 가을의 강줄기는 구불구불
　　다만 꼭 같이 나누어 상하현이 되었구나.
　　진토(眞土)의 근본 요새 섬돌을 쌓아 이루었고
　　섬광(蟾光: 달빛)이 이른 곳에 수(水)와 금(金)이 반이로다.
　　다만 영아와 차녀로 하여금 항상 왕래하도록 하니
　　이 밖에 누가 위로 향하여 가도록 하겠는가?

라고 했다.

　주석하면, '작교로 올라간다(上鵲橋).'는 것은 상현을 가리켜 말하고, '작교를 내려온다(下鵲橋).'는 것은 하현을 가리켜 말하니, 곧 이 두 현(弦)은 모두 금과 수 2·8의 수에 합한다. 대개 상작교(上鵲橋)의 아래와 하작교(下鵲橋)의 위에 그 중간이 바로 금과 수가 혼융(混融)하는 곳이다. 전현(前弦)의 뒤와 후현(後弦)의 앞에 그 중간이 곧 금과 수의 기가 왕성한 때이다.

금단의 묘는 2·8에서 두 현(弦)이 합하여 금과 수의 기가 이루어지는 데 지나지 않는다. 그러므로 상하 전후의 구별이 있다. 영아는 갑을(甲乙)의 방향에 있고, 차녀는 경신(庚申)의 땅에 있으며, 북으로 임계(壬癸)의 수(水)에 한정되었고 남으로 병정의 화(火)에 막혔다. 두 정(情)이 서로 연모하여 바라보지만, 미치지 못하고 마치 견우와 직녀처럼 하늘의 은하로 막혀 있다.

　　만약 서로 만나 모이고 싶다면 반드시 교량(橋梁)을 빌어서 건너다녀야 하므로, 반드시 견우와 직녀가 서로 만날 때면 필히 작교(鵲橋)를 이용해야 한다.

　　그리고 여조(呂祖: 여동빈)가 말한 것이 있으니, '굽이치는 강물 위에 달빛이 밝고 깨끗하게 나타나니, 한 마리 새가 날아가네.'라고 했고, 또 상현과 하현을 비유하니 '달이 작교의 형상과 같다. 이미 만나 모이게 되었으면 두 정이 서로 연모하여 맺어져 부부가 되고 검은 구슬로 변화하여 형상을 이룬다.' 하였으며, 어떤 사람은 작교의 가운데를 가리켜 현관(玄關)의 한 통로라 하니, 이 또한 일설(一說)이다. 상하 두 현은 원래 여기서 나온 것이다.

　　'하늘에서는 별에 해당하고, 땅에서는 조수(潮水)에 해당한다.'는 것을 시로서 말하기를,

　　천상(天上)에 세 기이한 것 해·달·별이니
　　북두성을 중심으로 밤낮 하늘 길을 운행하네.
　　털끝만큼도 진퇴에 어긋남이 없으니
　　바로 금단화후(金丹火候)의 신령함에 해당한다.
　　한 가을 달의 백(魄)은 십분 둥글고

금은 왕성하고 조수는 넘쳐 해문(海門)을 나온다.

안팎이 조수와 서로 응하는 곳에

자기의 진기(眞氣)는 바로 조원(朝元)이로다.

라고 했다.

주석하면, 이것은 대단(大丹)을 수련하는 조화의 묘를 말한다. 위로 천문(天文)을 상고하면 성신(星辰: 별과 북두칠성)에 해당하고, 아래로 지리를 살피면 조후(朝候: 조수와 기후)에 해당한다. 천강(天罡)이 한번 빛나니 월건(月建)을 따라서 방향을 가리키고, 두추(斗樞: 북두칠성)의 한 별은 시진(時辰)을 따라서 위치로 나아간다(朝位).

해시(亥時: 밤 9~11시)가 되면 서북을 가리키고, 자시(子時: 밤 11~1시)가 되면 정북에 있으니, 4·7은 28숙(宿)이 천하(天河)의 위에 둥글게 늘어섰다. 365도가 분야(分野)의 가운데로 지나가고, 그 운행이 무궁하니 일주한 뒤에는 다시 시작한다. 그러므로 음양을 이루어 추위와 더위가 구분되고 4시(四時)가 정해지며 1년의 공을 이룰 수 있는 것이다.

바다의 조수는 하루에 두 차례 밀려왔다 밀려나가는데, 해와 달의 출몰을 따르고, 자오(子午)의 소멸과 성장을 정한다.

초사흘날부터 달이 생기고 일어나기 시작하여 물이 날로 하루씩 늘어나다가 한 달의 반(보름)에 이르면 그 크기가 아주 커진다. 16일부터 달은 이지러지고 물은 해안으로 내려가게 뒤며, 날로 하루씩 줄어들다가 달이 그믐이 되면 그 크기가 아주 작아지니, 조금도 어김이 없고 시각도 바뀌지 않는다. 그러므로 조신(潮信)이라고 한다.

이것은 사람의 몸에서 원기가 주류하여 상하로 왕래하며 하늘의 별과 바다의 조수와 동일하게 조화함을 말한다. 금단을 수련함에 부절(符節)과 화후(火候)로 진퇴하여 진실로 하늘의 별이 운동하는 것을 본받고, 바다의 조수가 줄어들고 늘어나는 것을 본떠서 조금도 어긋남이 없다면, 금액환단은 수립되고 이루어진다.

〈원추가(元樞歌)〉에 이르기를, '땅에는 바다의 조수요, 하늘에는 달이로다.' 했으니, 지극하도다, 이 말씀이여! 그리고 여산(廬山) 황보진인(黃甫眞人)이 조수를 보고 한 마디 하기를, '더우기 천지조화가 명백함을 간파했다.' 하고, 여기에 기록하여 증거로 삼았다.

〈백자령(百字令)〉에 이르기를, '혼돈을 헤치고 전당강(錢塘江)7)을 보니 남쪽이 비었고 장강(長江)8)은 은과 옥이로다.' 했다. 이제 옛 노래에도 사람이 이 경치를 읊었으나 누가 본래의 참뜻을 헤아려 알았겠는가? 세월은 가고 오며 해가 지면(庚: 서쪽) 달이 뜨니(甲: 동쪽) 그것이 조금도 어긋남이 없다. 그래서 이제 밝혀서, 천지의 내력을 아는 것이 중요하다.

도가 흩어지면 하나의 억지 이름이 생기고 오행이 전도되며 서로 나열되어 건곤이 어지러워진다. 감괘(坎卦)의 수(水)는 역류하여 병(丙: 離, 南方)의 집으로 흘러가고, 달의 차고 이지러짐을 따라 변화한다. 기가 중추(中秋)에 이르면 금이 수를 낳아서 갑절로 넘치고 천겹으로 씻어낸다. 신선의 묘용(妙用)은 조수와 같아 분별할 수 없다.

---

7) 전당강(錢塘江): 절강성에 있는 절강의 하류, 항주(沆洲)만으로 흘러 들어감.
8) 장강(長江): 양자강.

4. 손괘(巽卦)의 바람을 일으키고, 곤괘(坤卦)의 화를 운용하며, 황방(黃房: 황정)으로 들어가서 지극한 보배(至藥)를 이룬다

혼연자가 말했다. 단을 만드는 방법으로 내 몸에 진연과 진홍을 연성하는 것이다. 연이 계(癸: 겨울, 물, 북방을 가리킴)가 생기는 때를 만나면, 곧 마땅히 손(巽)의 바람을 고동치게 하고, 풍로의 풀무를 당겨 열어서 곤궁(坤宮)의 화(火)를 작동시키면 아래로 침잠하고, 감괘(坎卦) 가운데 있는 양효를 뽑아서 이괘(離卦)로 가서 가운데 음효에 보태면 건괘의 상을 이루고, 다시 곤의 위치로 돌아가서 다만 짧은 시간에 불을 일으켜 단련하면, 연이 맑고 홍이 깨끗해져 빈 그릇에 금태(金胎)를 맺어 이루게 되니, 오랜 시간을 지나도 무너지지 않는다. 이것이 황정으로 들어가서 지극한 보배를 이루는 것이다.

『도인경(度人經)』에서 이르기를, '마음이 5기(五氣)를 다스리고 백신(百神)을 혼합하여 열 번 굴려 신령한 것으로 돌아가게 하면, 모든 기가 신선에 오르게 한다.'고 했고, 소정지(蕭廷芝)가 이르기를,

> 대약(大藥)의 세 가지는 정(精), 기(氣), 신(神)이니
> 자연히 자식과 어미는 서로 친하듯이
> 바람을 돌이켜 혼합하여 진체(眞體)로 돌아가면
> 단련하는 공부가 날마다 새로우리.

라고 한 것이 이것이다.

창명이 '손괘의 바람을 일으키고 곤괘의 화를 운용한다.'는 걸 시로 말하기를,

진연을 찾아내어 솥 안에 넣어서

다시 모름지기 삶고 단련하여 용과 호를 섞으니

현관(玄關)은 곤궁(坤宮)의 화(火)를 운행하려고

탁약(橐籥: 풀무)은 모름지기 손위(巽位)의 바람을 의지하려 하네.

서남(西南)의 진토(眞土)가 곤궁(坤宮)인데

대약(大藥)의 근원(根源)이 거기서 나네.

운용을 자연스레 약한 불과 강한 불로 하니

일시에 응결하여 성태(聖胎)가 붉구나.

라고 했다.

주석하면, 동남은 손(巽)이 되고, 서남은 곤(坤)이 된다. 손은 목(木)에 속하여 바람을 일으킬 수 있고, 곤(坤)은 토(土)에 속하므로 진화(眞火)가 있다. 그러나 화(火)는 바람이 없으면 혼자 운행하지 못하므로 반드시 손(巽)의 바람이 부는 것을 의지해야 한다. 대개 동남과 서남은 마주하고 있어 바람이 불기 쉽다.

종리조사(鍾離祖師: 종리권)께서 말씀하시기를, '약은 연성하는 데는 손(巽)의 바람을 이용한다.'고 하셨고, 행림(杏林)이 또한 말하기를 '불기를 손(巽)의 바람을 의지한다.'고 했으니, 행림(杏林)의 말이 운방(雲房: 종리권)의 뜻이다.

'황방(黃房)으로 들어가 지극한 보배를 이룬다.'는 걸 시로 말하기를,

천년의 진토(眞土)가 곧 황방(黃房)이니

진연을 찾아내어 이 속에 감추고

굳게 운용하여(濟: 도와서) 다시 화후(火候)를 행하니
연성한 한 덩어리 자금상(紫金霜)이로다.
진홍 진연은 연성하여 얻을 수 있고
조그만 구슬 한 알의 무게가 금과 같네.
이런 지극한 보배가 몸속에 있으니
방문(旁門)을 잡고서 밖을 향해 찾지 마라.

라고 했다.

　주석하면, 황방(黃房)은 신실(神室)이고, 금정(金鼎)이며, 옥토(玉兎)이며, 원관(元關)이며, 원빈(元牝)이며, 진토(眞土)며, 은악(鄞鄂)이다. 총체적으로 말하면 금액환단(金液還丹)을 수련하는 솥(鼎器)이다. 이미 선천연홍(先天鉛汞)의 약을 채취할 수 있었다면, 황방 가운데로 들어가 손(巽)의 바람을 일으키고, 곤(坤)의 화(火)를 운행하며, 부후(符候)를 의지하여 지극한 보배를 연성하니 크기가 기장이나 쌀 같다.

　이미 이 단을 얻었다면 길이 살며 오래 볼 수 있고, 늙음이 아이같이 돌아오며, 보통의 몸을 새롭게 변화시키고, 멀리 나가도 가볍게 거동하니, 어찌 천지의 지극한 보배가 아니겠는가?

　황방신실(黃房神室)은 모름지기 바로 분간할 줄 아는 것이 중요한데, 수련을 시작했을 때 어떤 이는 금을 주조하고 옥을 깎으니, 다 자연이 아닌데 어찌 기가 통하여 서로 느낄 수 있겠는가? 그래서 『용호상경(龍虎上經)』에서 정기(鼎器)를 지극히 하는 것을 논하기를, 곧 자석은 쇠를 끌어당기므로 막혀 있어도 은근히 서로 통한다는 말이 있으니, 가슴으로 조용히 깨달을 수 있다. 모름지기 조화와 생성의 공교함은, 절대로 인위적으로 얻을 수 있는 것이 아님을 아는 것이 중요하다. 이 통로는 안에도 없고 밖에도 없으며, 크게는 천지

를 포함하고 세밀하게는 들어가지 않는 것이 없으니, 대개 안에 있는 것을 잡지 못하면 또한 밖에 없는 것을 반드시 어떻게 할 수 없는 것이다.

조화를 아는 사람은 반드시 진토(眞土) 중에서 그 근본 요체를 얻으니, 이것을 얻으면 단의 도가 서는 것이다. 진토의 색깔은 황색이므로 황방(黃房)이라고 했으니 은밀하면서도 깊은 뜻이 있다.

5. 물은 건조함을 두려워하고, 불은 추위를 두려워 하니, 조금도 어긋남이 있으면 단을 이루지 못 한다

혼연자가 말했다. 진인을 수련하고 안으로 연성하는 요점은 솥 안의 수가 마르면 안 되고, 화로 안의 화가 추우면(꺼지면) 안 된다. 『단경(丹經)』에서 이른바, '금정(金鼎)에는 끓는 물과 불의 따뜻함이 남아 있고, 옥로(玉爐)의 화(火)는 추워지면 안 된다.'고 한 것이 이것이니, 외단(外丹)으로 말한 것이다.

무릇 단을 지을 때는 강하게 연성하고 약하게 단련하는 공은 그 큰 요점이 화력(火力)을 조절하는 것인데, 만약 너무 지나치게 운용하면 화가 수를 말려서 건조해지고, 부족하면 수가 넘쳐서 화가 추워진다. 운행함이 고르게 퍼지도록 힘쓰고, 1각(一刻)9)에 하늘을 일주하여 수와 화가 이미 성취되면 솥 안에서 단이 맺히고 자연히 그렇게 된다. 만약 조금이라도 차이가 생기면, 단을 이루지 못하게 된다.

선사(先師)께서 이르기를 '약에는 늙은 것과 어린 것이 있고, 화에

---

9) 일각: 15분. 짧은 시간.

는 무게가 있으니, 배우는 사람이 모르면 안 된다.'고 했고, 요진자(了
眞子)가 말한 것이 있으니, '일곱 번 돌이켜서 아홉 번 돌아와도 중요
한 것을 알아야 하고, 공부는 조금이라도 어긋나면 안 된다.'고 하였
으며, 『정진편(情眞篇)』에는 '대개 힘을 보존하는 수련을 온전히 의지
해야 하는데, 조금이라도 차이가 생기면 단을 이룰 수 없다.'고 한
것이 이것이다.

창명이 '물은 건조함을 두려워하고, 불은 추위를 두려워한다.' 는
걸 시로서 말하기를,

> 감(坎) 안의 천원은 진일의 정기니
> 필시 단은 이 가운데를 향해 이루어짐을 알아야 한다.
> 항상 액과 섞이어 마름이 없도록 하고
> 우두커니 황아(黃芽)를 보니 조금씩 생겨나네.
> 홍과 연은 화(火)없이는 단을 이루지 못하고
> 요컨대 빼고 더함의 조화가 어려움을 알지니
> 솥 안을 따뜻하게 할 것을 항상 유의하되
> 타서 없어지거나 재만 남도록 하지 말라.

라고 했다.
주석하면, 이는 곧 조화와 자연의 이치이다. 단을 수련하는 요점은
실로 수·화에 있다. 수의 성질은 아래를 적시므로 건조함을 두려워
하고, 화의 성질은 위를 태우므로 차가움을 두려워 하니, 모름지기
조절하여 마르거나 재가 되어 없어질 근심이 없도록 하면, 자연히
기제가 오르내리며 공을 이룰 것이다. 수화의 용도가 큼이여!

창명이 '조금도 어긋남이 있으면 단을 이루지 못 한다.'는 것을
시로 말하기를,

조금이라도 차질이 생겨 수련을 이루지 못하면
어찌 용호가 참 정기와 결합할 수 있으랴?
거북이가 날고 뱀이 춤추되 어긋남이 많으면[10]
장생을 얻고자한들 도리어 해만 입는다네.
연이 날고 홍이 달아나 서로 합치지 못하면
화는 화대로 타서 없어지고, 수는 수대로 흘러서
한 개의 구슬 서미(黍米)도 이룰 수 없으니
다시 어느 곳에서 단의 머리를 묶겠는가?[11]

라고 했다.

주석하면, 약재를 채취하고 수화를 조절하는 것은 온전히 조화를
알맞게 하는 공부에 있다. 조금이라도 차질이 생기면 천리에 어긋나
서 쉽게 연과 홍이 달아날 염려가 있고, 잠깐 사이에 용호가 다툴
위험이 있어 영아가 멀리 가고 차녀가 도망하니, 다시 돌아오게 하려
고 해도 천지가 끊어진다. 그래서 계에 이르기를 '나르는 거북과 춤
추는 뱀은 더욱 어긋나게 되니, 어느 곳에서 단의 머리를 묶을지
모르겠다.'고 했으니, 수련하는 사람이 소홀히 할 수 있겠는가?

---

10) 북방의 현무신(玄武神)을 말하는 듯. 즉 水의 운용이라고 볼 수 있겠는데, '水를 운용해도
어긋남이 있으면'으로 해석할 수도 있다.
11) '단을 완성하겠는가?'의 뜻.

6. 연룡(鉛龍)은 올라가고, 홍호(汞虎)는 내려가니, 이들을 몰되 놓지 말라

혼연자가 말했다. 연은 감(坎) 속의 한 점 진양(眞陽)인 용이라 하고, 홍은 이(離) 속의 한 점 진음(眞陰)이니 호라고 한다. 무릇 단을 만들 때, 무·토(戊土: 중앙)를 날아서 감 속의 연을 뽑아내니, 목(木)이 화(火)를 낳고, 태워서 이환으로 상승하면, 용이 화(火)를 따라 속에서 나온다. 그래서 '연룡이 올라간다.'고 했다.

기·토(己土)를 이용하여 이(離) 속의 홍을 끌어당기니, 금은 수를 낳고 흘러서 단전으로 하강하면 호가 수를 향해 가운데서 생긴다. 그래서 '홍호(汞虎)가 내려온다.'고 했다. 그것을 사로잡는 노력은 무화(武火: 센 불)의 힘을 가하지 않으면 연룡이 올라가지 않고, 문화(文火: 약한 불)를 사용하지 않으면 홍호가 내려오지 않는다. 한 호흡에 주류하여 묘함은 굳게 힘쓰는 데 있으니, 용호를 잡아 솥에 넣어 삶고 연성하면 변화하여 옥장(玉漿)이 된다. 그래서 '이들을 몰되 놓지 말라.'고 했다.

장자양(張紫陽)이 말했다. '서산의 백호는 바로 미쳐서 날뛰고, 동해의 청룡은 동해의 청룡은 감당할 수 없네. 두 손으로 잡아와서 죽도록 싸우게 하니, 변화하여 한 덩이 자금상(紫金霜)을 이룬다.'고 한 것이 이것이다.

일학거사가 말했다. 연은 본래 무거워서 아래로 내려가 백호가 되고, 감궁(坎宮) 진일(眞一)의 정기로 인하여 거듭 건궁(乾宮)으로부터 섞여 오니 연은 홍을 얻음으로 인하여 진일의 수(水)를 일으켜서 상승한다. 그래서 '연룡(鉛龍)이 올라간다.'고 했다. 홍은 본래 가벼워서 상승하여 청룡이 되고, 이궁(離宮) 정양(正陽)의 기로 인하여 거듭 곤궁(坤宮)으로부터 바뀌어 가니, 홍은 연을 얻음으로 인하여 순양의 기를 변화시켜 아래로 떨어진다. 그래서 '홍호(汞虎)가 내려온다.'고 했다. 서산의 호는 미처 날뛰므로 잡기 어렵고, 동해의 용은 모질고 사나워서 다스리기 어렵다. 오직 용을 몰아 호로 나가고, 호를 몰아 용으로 내려가서 두 마리가 화합하여 마음대로 하지 않도록 한다면, 용호 양현(兩弦)의 기가 한 곳으로 돌아가 단을 이룬다.

창명이 '연룡은 올라가고, 홍호는 내려온다.'는 것을 시로 말하기를,

연의 형상은 용과 같아 가장 신령함을 본받았으니
깊고 황홀하며 본래는 형체가 없었네.
요컨대 무(無) 속의 유(有)를 채취할 줄 알아야 하니
다만 선천기가 상승하는 것이라.
홍은 본래 서방 백호의 정기로서
용과 서로 만나면 곧 교합하고
항아리 속의 모습이 얼룩얼룩 하더니
음양을 오르내리며 저절로 알맞게 되었네.

라고 했다.

주석하면, 연은 선천(先天)이다. 그것이 용같이 상승한다. 홍은 후천(後天)이다. 그것이 호같이 내려온다. 용이 올라가고 호가 내려와서 서로 중궁(中宮)에서 만나면 잠시 울부짖는 소리가 나고 얼마동안 교합하는 모습이 있다가 용은 호의 골수를 삼키고, 호는 용의 정기를

먹는다. 그래서 황홀하고 심원한 가운데서 원주(元珠)의 보배를 생산할 수 있다. 옛 노래에 '오행이 순조롭게 행하지 못하면 호(虎)가 수(水) 가운데서 생기고, 오행이 술수를 전도(顚倒)시키면, 용이 화(火) 속에서 나온다.'고 했으니, 곧 이것이 조화의 지극히 묘한 기미이다. 수련하는 사람이 반드시 먼저 이 이치를 밝힌다면 금액이 자연히 돌아올 것이다.

창명이 '이 둘을 쫓되 놓치지 말라.'고 한 것을 시로서 말했으니,

두 물질은 홍과 연이 아님이 없으니
한 번에 선천에서 채취하네.
손 안으로 잡아 와서 생살(生殺)을 밝히니
호는 엎드리고 용은 내려오니 부드럽기는 비단 같네.
잡아왔을 때는 조심스럽게 간직하는 것이 중요하니
쉽게 위험한 상태에 떨어지지 않게 하라.
용은 모질고 호는 사나우니 우리에 묶어두면
연과 홍이 같은 화로서 영원히 날아가지 않는다.

라고 했다.

주석하면, 이는 윗글에 이어서 말한 것이다. 그 용호가 오르고 내리며 교합할 때에 곧 마땅히 때를 따라 채취하여 약물을 만든다. 두 물질은 곧 연과 홍이다. 이미 잡아서 손안에 넣었다면, 용호가 마음대로 할 수 있겠는가? 그 뒤에 언뜻 황방 속으로 넣어 우리에 묶어 두고 엄밀히 막아서 그들이 원관(元關) 속에서 서로 먹고 먹히지 않도록 하면 자연히 항복한다.

그래서 자양이 말하기를, '서산의 백호는 바로 미쳐 날뛰고, 동해 청룡은 감당할 수 없네. 두 손으로 잡아와서 사투(死鬪)를 시키면, 변화하여 한 덩이 자금상(紫金霜)을 이루네.'라고 했고, 또 이르기를 '이미 두 물질이 황도(黃道)로 돌아가니, 다투어 금단(金丹)을 얻어서 죽지 않는다.'고 한 것은 바로 이것을 말한다.

7. 생산은 곤에 있고, 씨앗은 건에 있으니, 다만 지극한 정성으로 자연을 본받는다

혼연자가 말했다. 장자양이 '약을 생산하는 냇물의 근원이 되는 곳을 알아야 하는데, 다만 서남이 본향(本鄕)이다.'고 했는데, 이것이 '내 몸은 서남이니 곧 곤의 위치다.'라고 말한 까닭이다. 사람의 배는 곤이 되고, 사람의 머리는 건이 된다. 곤은 아래에 있으면서 화로가 되고, 건은 위에 있으면서 솥이 된다. 금단(金丹) 대약(大藥)은 생산은 곤에 있고, 씨앗은 건에 있으니, 무릇 단을 만들고 약을 채취할 때는 반드시 곤위(坤位)로 부터 시작하여 미혈(尾穴)[12]로 가라앉으니, 따뜻이 길러 용이 나타나면 마땅히 센 불을 가하여 진양(眞陽)의 기를 쫓아 거슬러 건궁(乾宮)으로 올라가 교합하고, 다시 곤위(坤位)로 돌아와 멈추니, 맹렬히 삶고 지극히 데우면 지극한 보배를 결성하게 된다. 그래서 '생산은 곤에 있고, 씨앗은 건에 있다'고 했다. 그 가운데 다시 선천(先天: 鉛)이 약을 생산하는 때가 있으니, 마음을 살펴보고 신(神)을 들이마셔서 잡아 안정시켜 새지 않도록 하는 것이 다

---

12) 미혈(尾穴): 미려혈(尾閭穴). 등마루 끝에 있는 穴.

화후(火候)를 돕는 힘이다.

옛 신선이 왕왕 숨기고 말하지 않은 것은 이것이 최상의 기관(機關)이라서 사람들이 알지 못하기 때문이다. 실행하는 사이에 혹 정성껏 보존하는 상태에 있으면, 거칠게 싸우는 위험을 방지하고, 하늘과 땅을 본받아 감응하여 자연으로 변화한다. 그래서 '다만 지극한 정성으로 자연을 본받는다.'고 했다.

일학거사가 말했다. 금액대단은 본래 선천 건금(乾金)이다. 그리고 선천 곤토(坤土)는 또 건금을 낳는다. 건의 체(體)가 깨져서 이(離)가 되면, 곤의 체는 실(實)을 이루어 감(坎)이 된다. 감 속의 한 점 선천진일(先天眞一)의 기는 비록 북방에 있으나, 수를 생산하는 근원은 곧 서남의 곤위(坤位)에 있다. 그래서 '생산은 곤에 있다.'고 했다. 감속의 1을 취하여 이(離) 속의 2를 도우면 다시 건의 체로 돌아와서 곧 금단이 된다. 그래서 '씨앗은 건에 있다.'고 했다. 다만 지극한 정성으로 쉬지 않으면, 한 번 올라가고 한 번 내려오면서 천지의 자연을 본받는다. 한 번 갔다가 한 번 돌아와서 일월의 자연을 본받으면 단이 맺히는 것이다.

창명이 '생산은 곤에 있고, 씨앗은 건에 있다.'는 것을 시로 말했으니,

약은 서남에서 생산되니 바로 곤에 있고
한 개 둥그런 밝은 달은 곤륜을 비추네.
금정(金精) 씩씩하고 왕성할 때 채취해야 하니
까마귀(해)와 토끼(달)가 좇아와서 스스로 토하고 삼키도록 하라.
대약 금단은 본래 어려운 것이 아니요,

온전히 연홍을 의지하여 원관(元關)에 들어가니
분명히 곤의 씨를 채취할 수 있고
씨앗은 건궁을 향해 결국 다시 돌아온다네.

라고 했다.

주석하면, 곤의 방위는 서남이고, 건은 서북에 있다. 이는 건과 곤이 마주 서서 생성하는 모습이다. 약물은 곤궁(坤宮) 진토(眞土)의 고향에서 생산되니, 곤은 곧 수토(水土) 장생의 땅이다. 곤궁 진수(眞水)는 씨앗이 건의 노금(老金)의 궁을 향하고 있기 때문에 금은 곧 수모(水母)이고, 금은 또한 수(水)를 낳으니, 금과 수가 상생하여 약을 이루는 근본이 된다. 무릇 건은 양이고, 부(父)이고 천(天)이다. 곤은 음이고, 모(母)이고, 지(地)이다. 내 몸이 생기기 전에 건부(乾父)의 한 점 선천기(先天氣)가 이미 곤모(坤母)의 뱃속에서 생산되었고, 이미 생산된 후에는 또 한 몸속에서 나와 같이 살고 있으니, 곧 이것은 건궁에 씨앗이 붙어 있었던 것으로 내 몸은 건부(乾父)다. 다만 몸에서 이미 뱃속 안의 원기를 구하여 한 점 선천기를 얻고, 다시 내 몸이 교감(交感)하는 궁에 심을 수 있으니, 이것이 근본으로 돌아가고 근원으로 돌아가는 묘한 도이다. 자양이 말하기를 '다른 곤의 방위를 의지하여 체(體)를 생성하고 씨앗이 건의 교감하는 궁을 향하니, 그 조화가 깊고도 으뜸가는 묘함이다.'고 했다.

'다만 지극한 정성으로 자연을 본받는다.'고 한 것을 시로 말하기를,

모든 작용은 노력을 게을리 하면
모두 금단의 일과는 다르니

다만 지극한 정성으로 중단됨이 없어야
자연히 큰 도는 그 가운데 있네.
큰 도 허무는 자연을 본받았으니
자연 밖에는 다시 오묘함이 없어
부드러움을 이루고 기를 오로지 하면 영아(嬰兒)의 모양이 되니
배고프면 밥을 먹고 곤하면 잠을 잔다.

라고 했다.

주석하면, 대약환단(大藥還丹)은 천하에 지극히 정성 있는 사람이 아니면, 그 누가 이것과 함께 하겠는가? 도는 본래 무위(無爲)요, 유위(有爲)면 도가 아니다. 이것은 단을 수련하는 사람을 깨우쳐 주는 것이 한 가지를 위주로 하여 지극한 정성으로 쉬지 않고 행하는 데 있고, 다만 자연의 조화를 취하여 본받는데 있을 뿐이다. 또한 달이 차고 기울며, 추위와 더위가 오고 가며, 별들이 운행되는 것이 누가 시켜서 그러하겠는가? 이는 곧 자연의 조화일 뿐이다. 배우는 사람이 이것을 본받는다면, 큰 도는 자연히 이루어질 것이다.

8. 천지를 훔치고 조화를 취하며, 오행을 모으고 팔괘를 합한다

혼연자가 말했다. 천지를 손에 들고, 음양을 잡아 안정시키며, 오행을 모으고 팔괘를 모이게 하는 것이 신선의 배움이다. 천지란 곧 건곤이요, 조화란 곧 음양이며, 오행이란 금·목·수·화·토이고, 팔괘란 건·곤·감·리·진·손·간·태가 그것이다. 또한 천지가 크고, 조화가 깊으며, 오행이 분포하고, 팔괘가 둥글게 늘어섰으니, 무슨 수로 훔

치고, 뺏고, 모으고, 합하겠는가? 도(盜)란 훔치는 것이다. 탈(奪)은 취하는 것이고, 찬(攢)은 모으는 것이고, 회(會)는 합하는 것이다. 단가법(丹家法)의 묘함은 구전(口傳)에 있고, 무릇 단을 만드는 진결(眞訣: 요결)은 다만 약간의 변화에 있으니, 때가 되어 기가 변화하기를 기다렸다가 약이 생산됨을 신(神)이 알면, 곧 마땅히 기의 관문을 닫고 태(兌)의 문호를 막아서, 북두칠성을 따라 돌며 부화(符火)가 1식(一息) 동안 운행한다. 3천6백의 바른 기를 모으고, 72후(候)의 중요한 진액을 돌리며, 오행을 전도(顚倒)시키고, 팔괘를 합하여 모두 토(土)의 가마솥으로 돌아가게 하고 우리에 굳게 밀폐한다. 그리고 잠시 화(火)가 일어나도록 조섭하되, 센 불로 연성하다가 약한 불로 삶으면 성태(聖胎)를 결성하니, 일각(一刻)의 공부가 일 년의 절후(節候)와 같다.

『단경(丹經)』에서 말했다. 인심(人心)이 만약 천심(天心)과 합치된다면, 음양을 전도(顚倒)시키는 것은 다만 잠시다. 이는 곧 한 번 들이쉬고, 한 번 내쉬는 사이에 조화를 뺏을 수 있다. 사람은 하루에 1만 3천5백 번 들이 쉬고 1만 3천5백 번 내쉰다. 한 번 들이쉬고 한 번 내쉬는 것이 1식(一息)이니, 1식 하는 사이에 몰래 하늘이 1만 3천5백 년을 운행하는 수를 뺏 셈이고, 1년 3백6십 일이면 4백8십만 호흡을 하므로, 몰래 하늘의 4백8십6만 년 운행하는 수를 뺏는 셈이다. 이에 바뀌어 음의 탁한 몸은 다하고, 변하여 순양(純陽)의 체(體)를 이루니, 신이 변화하여 자유자재로 모이면 형태를 이루고, 흩어지면 바람을 이룬다. 유에서 나와 무로 들어가 숨거나 드러남이 측량할 수 없으니, 어찌 기이하지 아니한가?

일학거사가 말했다. 무릇 단을 만드는 요결은 다만 조그마한 변화에 있다. 큰 수련을 행하는 사람은 방에 들어가 수련을 할 때, 바람의 관문을 막고, 태(兌)의 문호를 막으며, 하늘의 북두성을 돌리고, 북두칠성 돌려 센 불로 삶고, 지극히 단련하여 성태(聖胎)를 결성하면, 1식의 화부(火符)는 천지 1만 3천6백의 바른 기를 훔치고, 한 시(時)의 공부는 조화 1년 72후의 중요한 진액을 취한다. 음양이 변하고 합하여 오행이 되고, 무·기(戊己) 2토(二土) 안에서 금·목·수·화·토가 모인다. 감리(坎離)는 6괘에서 주류하고, 건곤이 서로 묶는 가운데서 진·태·손·간과 합하여 천지조화와 오행팔괘가 합쳐져 하나가 된다.

창명이 '천지를 훔치고 조화를 취한다.'는 것을 시로 말하기를,

은근히 건곤 일월의 정기를 취하고
대약을 연성하니 잠시 사이 신령스러워져
그 기미와 신귀(神鬼) 헤아리기 어렵고
묘함도 『음부경(陰符經)』 한 권에 있네.
시(時) 속에 각(刻)이 있으니 가장 기본이 되고
1각(一刻)의 공부는 1년에 해당하네.
진연을 빼앗아 얻어서 장악하게 되니
바야흐로 내 명이 하늘에 온 것임을 알겠네.

라고 했다.

주석하면, 『황제음부경(黃帝陰符經)』에서 이르기를, '천지는 만물의 도적이고, 만물은 사람의 도적이며, 사람은 만물의 도적이다.'고 했고, 또 '도적은 기미니, 천하가 알지 못하나 군자가 그것을 얻으면 몸이 견고해지고, 소인이 그것을 얻으면 명(命)을 가볍게 한다.'고

했으니, 그래서 최공(崔公: 최희범)이 '천지를 훔치고 조화를 취하니 어떠한가?' 했다. 대개 사람은 만물 중에 신령한 존재다. 그래서 이와 같이 할 수 있다.

무릇 금단을 수련하는 데는 전적으로 천지조화를 의지하여 그 공을 이루는데, 일월의 정화를 채취하고, 건곤의 노정(爐鼎)을 본뜨며, 하늘을 운행하는 별자리 모습을 살피고, 괘와 기의 부화(符火)를 행하며, 일월의 초승과 보름을 본뜨고, 음양의 자오(子午)를 막는다. 그래서 한 해 중에 한 달을 취하고, 한 달 중에 하루를 취하며, 하루 중에 한 시를 취하고, 한 시중에 한 각(刻)을 취하면 1년을 축소시켜 하루 안에 조화시킬 수 있고, 곧 1각 안에 1년의 공을 행할 수 있으니, 천지를 훔치고 조화를 취함에 무엇이 이보다 큰 것이 있겠는가? 신성하고도 아주 묘하도다.

'오행을 모으고 팔괘에 합한다.'는 걸 시로 말했으니,

청룡과 백호가 동서로 정해졌고
북쪽 감(坎)과 남쪽 이(離)는 조화가 나란하다.
수·화·금·목 사상과 같이
함께 진토(眞土)로 돌아가 도규(刀圭)[13)]에 속했네.
먼저 건곤을 잡고 솥과 화로를 만들며
감리(坎離)의 약물이 약간 생기면
다시 진태(震兌)는 용호로 나뉘고
간손(艮巽)의 강하고 부드러움은 화부(火符)에 합한다.

---

13) 도규(刀圭): 약을 재는 숟가락. 의술.

110

라고 했다.

주석하면, 오행을 모아서 팔괘에 합하면, 이것이 대액(大液)의 법상 (法象)이다. 오행은 토덕(土德)을 근본으로 삼고, 팔괘는 건곤을 바탕 으로 한다. 동의 목, 서의 금, 남의 화, 북의 수는 다 중궁(中宮)의 토를 의지하여 그 용(用)을 이루고, 감리(坎離)의 약물, 진태(震兌)의 용호, 간손(艮巽)의 화부는 다 건곤(乾坤)의 한 솥 안에서 합하니, 이는 조화가 중앙으로 돌아가는 묘함이다. 그래서 자양이 말했다. 동의 3과 남의 2가 같이 5를 이루고, 북의 1과 서방의 4가 5를 이루며, 무기(戊己)는 스스로 있으면서 수 5를 낳는데, 이 세 무리가 서로 만나 영아(嬰兒)를 맺으니, 이것을 안다면, 오행을 모으고 팔괘를 합 하는 이치가 분명해진다.

9. 수(水)는 진수(眞水)요 화(火)는 진화(眞火)니, 수화가 교섭하면 영원히 늙지 않는다

혼연자가 말했다. 수는 북방에 있는데, 괘에서는 감괘(坎卦)가 되 고, 몸에서는 신장이 된다. 화는 남방에 있는데, 괘에서는 이괘가 되고, 몸에서는 심장이 된다. 수 가운데 화를 감추고, 화 가운데는 수를 감추고 있다. 사람의 심장 속에 한 점 진액이 곧 진수(眞水)요, 신장 속에 한 점 진양(眞陽)이 곧 진화(眞火)이다. 수와 화는 상하로 나뉘는데, 무슨 이유로 교섭하는가? 반드시 무기 진토를 빌어서 잡 아 다스리고 쫓으면 그 진화가 상승하고, 진수가 하강하여 같이 토부 (土釜)로 돌아가서 수화의 기제(旣濟)가 금단일기(金丹一氣)의 순양(純 陽)을 결성하는데, 하늘과 수명이 같다. 그래서 '수화가 교섭하면 영원히 늙지 않는다.'고 했다.

창명이 '수는 진수요, 화는 진화다.'라고 한 것을 시로 말했으니,

건곤의 진수는 몸에서 떨어지면 안 되니
멀리 선천에 있어 주의하여 찾아야 하네.
채취하여 올 때 근본은 멀지 않으니
분명히 감(坎) 안의 한 효(爻)인 금(金)이로다.
진화는 근본이 저절로 그리 된 것은 없었으니
처음에 나무 마찰로 불을 일으킨 것이 아니라 숨을 내쉼을 이용하였네.
음부와 양화가 다 이로 말미암으니
감속의 양효(陽爻)는 뒷 것의 시초가 된다.

라고 했다.

주석하면, 감은 수이고, 이는 화이나 다 진수도 아니고 진화도 아니다. 감속에 1주(一畫: 일획)[14]의 양이 숨었고, 이 속에 1획의 음이 감추어져 있다. 감수(坎水)의 양이 진화이고, 이화(離火)의 음은 진수이다. 이것이 진화(眞火)와 진수(眞水)의 근원이 된다. 처음부터 나무를 마찰시켜서 화를 얻은 것이 아니요, 방제(方諸)[15]에서 취한 것이다.

자양이 말했다. 장차 감의 방위 가운데서 심장의 보배(진액: 진수)를 취하여 이궁(離宮)의 뱃속에 음이 점점 바뀌고 뒤에 이것이 변화하여 건건(乾健)의 체를 이루는데, 몰래 숨거나 비약하는 것이 다 심장

---

14) 원문의 일서(一書)는 일획(一畫)을 잘못 썼다.
15) 방제(方諸): 옛날 달 아래서 물을 취(取)하는 그릇.

으로 말미암으니, 수화의 묘함은 다 양 가운데 음이고, 음 가운데 양이다.

'수화가 교섭하면 영원히 늙지 않는다.' 한 것을 시로 말했으니,

> 수는 올라가고 화는 내려와 황정으로 들어가서
> 교합하여 진정(眞精)이 깊은 곳에서 맺히네.
> 만약 기장 씨 같은 원주(元珠)를 만나면
> 거북과 뱀이 스스로 그 형체에 합치된다.
> 수화가 단정하게 성스러운 기미에 합치되면
> 도규(刀圭)가 배로 들어가 수명이 끝이 없을 것이니
> 비록 창해(滄海)가 상전(桑田)으로 변하게 되어
> 스스로 호(壺) 가운데 있으나 다 알지 못하네.

라고 했다.

주석하면, 화의 성질은 위쪽을 불태우고, 수의 성질은 아래를 적시니, 천지조화가 생성하고 바뀌지 않는 이치다. 이제 감속의 수가 도리어 위에 있고, 이 속의 화는 도리어 아래에 있으니, 이것이 곧 음양을 전도시키는 묘함이다. 화가 올라가고 수가 내려오면 자연히 교합하니, 대개 음기는 상승하여 수가 되고, 양기는 하강하여 화가 된다. 그러므로 두 기가 교합하여 연홍의 단을 연성할 수 있다.

비유컨대 땅의 기가 상승하여 안개가 되고, 하늘의 기가 하강하여 이슬이 된다. 그러므로 만물을 자라게 하고, 조화의 공을 이룰 수 있다.

태상(太上)께서 말씀하시기를, '천지가 교합하여 이슬을 내리니,

사람 몸에 비한다면, 수화가 한 몸 안에서 주류(周流)하여 그것이 교합하면 거북과 뱀이 형체를 합하고, 신(神)과 기(氣)가 혈(穴)로 돌아가니, 늙음을 돌이켜 아이로 바꾸고 천지와 같이 장구할 것이다.' 고 했고, 장자께서 이른바 '상고시대에 오래 살면서 늙지 않는 사람이다.'고 한 것이 이것이다.

10. 수(水)는 흐를 수 있고, 화(火)는 태울 수 있으니, 몸속에 있어 스스로 체험할 수 있다

혼연자가 말했다. 수는 위에 있다. 그래서 흘러 아래를 적신다. 화는 아래에 있다. 그래서 불길이 위를 태울 수 있다. 이것은 천지의 수화가 오르내리는 자연의 이치이다. 사람의 몸이 단을 지으려고 운용할 때, 또한 이와 같이 반복한다. 그러므로 '몸속에 있어서 스스로 체험할 수 있다.'고 했다.

일학거사가 말했다. 수(水)는 위에 있어서 흘러 아래를 적실 수 있다. 화(火)는 아래에 있어서 불길이 위를 태울 수 있다. 이것이 천지의 수화(水火)가 오르내리는 자연의 이치다. 금단(金丹)의 도는 수(水)가 아래에 바탕을 두어 임(壬)의 수(水)가 상행하여 도리어 위에 있으므로 흐를 수 있고, 화(火)는 위에 바탕을 두어 병(丙)의 화(火)가 하강하여 도리어 아래에 있으므로 태울 수 있다. 그 흐름과 그 태움이 몸속에 있어서 스스로 체험할 수 있다.

창명이 '수(水)는 흐를 수 있고, 화(火)는 태울 수 있다.'고 한 것을

시로서 말했으니,

> 수(水)의 성질은 흐를 수 있으니 북의 감향(坎郷)이요,
> 제방이 절개를 굽히면 품은 뜻을 이룰 수 있네.
> 진토(眞土)를 구하여 붙잡아 다스릴 것을 도울 수 있으면
> 원아(元芽)를 키워서 점점 자라게 하네.
> 남쪽 이(離)의 진화(眞火)는 묘하여 형체가 없으나
> 진수(眞水)가 서로 기다려 도를 곧 이룬다.
> 다스려 복종시켜도 만약 전도시킬 방법이 없다면
> 홍과 연은 타서 없어지고 빈 솥만 끓이지.

라고 했다.

주석하면, 수(水)는 흐르고, 화(火)는 태우니 자연의 성질이다. 수는 토가 막지 않으면 넘치게 되고, 화는 수가 제어하지 않으면 마르게 된다. 수화(水火)가 너무 지나치거나 모자랄 근심이 없도록 하려는 것은 곧 수련하는 사람의 조절에 달려 있을 뿐이다. 그래서 『역(易)』에서 말했다. 수(水)는 습한 데로 흐르고, 화(火)는 마른 데로 나아간다. 구름은 용을 쫓고 바람은 호(虎)를 쫓는다. 하늘에 바탕을 둔 것은 위쪽과 친하고, 땅에 바탕을 둔 것은 아래쪽과 친하니, 또한 각자 그 무리를 쫓는다. 능히 수화가 서로 이용하고 서로 구제하는 묘함을 안다면 금액환단의 도는 갖추어진 것이다.

최공이 여기에 이르러 거듭해서 수화의 비밀을 밝힌 것은 대개 배우는 사람이 그 근원을 깊이 연구하도록 하려는 것이다.

'몸속에 있어 스스로 체험할 수 있다.'는 것을 시로 말했으니,

수화가 두루 흐름이 한 몸에 있으니

만약 바깥에서 벌어왔다면 모두 가짜로다.

도리어 타인의 보배를 사랑하고 탐낸다면

내 집의 값진 보배를 알지 못하는 것이네.

사람 몸은 각각 하나의 건곤이 있으니

동정(動靜)간에 자연과 합하지 않음이 없네.

조금이라도 차질이 없으면 문득 체험을 할 것이니

모름지기 하늘 밖에서 다시 하늘을 구할 수는 없으리.

라고 했다.

　주석하면, 이것은 윗글을 이어서 말한 것이다.

　진수(眞水)와 진화(眞火)는 한 몸 안에서 떨어진 것이 아니니, 처음부터 밖에서 그것을 구하면 안 된다. 진실로 그 근원을 밝게 알지 못하면 장차 잘못 인식하는 근심이 있을 것이다. 무릇 사람의 한 몸은 스스로 천지에 있으니, 귀와 눈의 시청, 손과 발의 운행, 혈맥의 왕래, 진기의 오르내림, 말하고 침묵하는 동정(動靜) 등은 진수와 진화의 묘용(妙用)이 거기에 있지 않음이 없고, 한 몸에 체험할 것은 다 그 가운데 있다.

11. 이것은 성(性)과 명(命)이요, 신(神)과 기(氣)가 아니며, 수향(水 鄕)의 연은 다만 일미(一味)로다

　혼연자가 말했다. 성은 곧 신이고, 명은 곧 기다. 성과 명의 혼합이 곧 선천의 체(體)이고, 신과 기의 운화(運化)가 곧 후천(後天)의 용(用)

이다. 그래서 '이것은 성과 명이요, 신과 기가 아니다.'라고 말했다. 수련하는 사람이 그 성(性)의 신령함과 명(命)의 확고함을 얻으려 한다면 시작한 처음에 반드시 수향(水鄕)의 연을 채취해야 한다. 수향의 연이란 곧 이 건의 깨짐으로 인하여 감(坎)이 되고, 감(坎)은 수중(水中)의 건금(乾金)에 있고, 금(金)은 수모(水母)가 되며, 어미는 자식의 태를 숨기고 있어 한 점 진양(眞陽)이 이곳에 있으니, 몸 가운데서 자시의 양이 동할 때를 만나면 급히 채취한다.

자양이 이른바, '연은 계(癸)를 만나서 생기니 모름지기 급히 채취해야 한다. 채취할 때는 반드시 배회하는 뜻으로 화(火)를 이끌어 금(金)을 핍박한다.'고 했으니, 바로 이른바 '화(火)가 금(金)을 핍박하여 전도되도록 하여 바뀌면, 자연히 솥 안에서 대단(大丹)이 엉긴다.' 했으니, 다만 이 일미(一味)가 대도의 바탕이 된다. 운방(雲房, 종리권)이 이르기를, '나를 살리는 문이 나를 죽이는 문이요, 몇 개를 깨우치면 몇 개도 깨닫게 되고, 밤에 온 철한(鐵漢)을 자세하고 침착히 생각하니, 장생불사는 사람의 행위로 말미암네.'라고 했으니, 이 일미(一味)는 바로 세상 사람들이 여기에서 그것을 찾으려는 것을 가리키니 바야흐로 단을 연성하는 바탕이다.

『단경』에 이르기를, '진연(眞鉛)을 잡기를 좋아하면 주의해야 하니, 화지(華池)의 일미(一味)가 수중(水中)의 금이다.' 한 것이 이것이다.

일학거사가 말했다. 성(性)은 신이고 명(命)은 기다. 성(性) 가운데 신이 하늘에 있으면 번개 빛이 되고, 땅에 있으면 물빛이 되며, 해에 있어서는 태양빛, 달에서는 금빛, 사람에게는 신광(神光)이 된다. 이 신광은 선천 건금(乾金)의 빛이다. 무극(無極)의 처음에 원기가 나뉘지 아니하고 혼돈하다가 멈추어 그것이 건이 될 줄을 알았다. 동(動)하면 양을 낳고, 정(靜)하면 음을 낳으니, 비로소 그것이 건이 될 줄 알고, 또 곤이 될 줄 알았다. 건과 곤이 교합한 뒤에 건이 깨져 이가 되고, 곤이 깨져 감이 된다. 그리고 선천의 건이 감중(坎中)으로 달려 들어가면 감 중의 1이 원래 건 가운데서부터 진종자(眞種子)를 새 나오게 하는데 하늘에 있는 것은 성(性)을 이루고, 땅에 있는 것은 명(命)을 세워서, 드디어 성과 명의 구분이 있게 된다. 그래서 금화(金花)인 진종자(眞種子)는 성이기도 하고, 또한 명이기도 한데, 어느 것이 신(神)이고 어느 것이 기(氣)인가? 만약 이 감 가운데 진일의 명(命)을 보지 못하면, 반드시 이 이(離) 중의 본래 성(性)도 볼 수 없다. 건금(乾金)은 곧 수중(水中)의 금이요, 금은 연이고, 연은 수(水)이니, 성명을 얻어서 가질 수 있으면, 다만 이것이 수향(水鄉)의 연(鉛) 일미(一味)일 뿐이다.

『운방단결(雲房丹訣)』에서 말했다. 연과 연의 수향(水鄉)은 신령한 근원이니, 경신(庚申)의 집(室)은 건에 속하고, 일찍이 감(坎)의 집에 있으면서 태(兌)의 주변에 숨어 있다. 하늘을 낳고 땅을 낳고 인생만물을 낳는 것이 다 이 선천의 연을 벗어나지 않으니, 금단(金丹)을 수련하는 사람이 어찌 이 선천의 연을 벗어나서 성명을 세울 수 있겠는가? 요즘 사람들은 성명이 한 근원의 이치인 것을 모르고 성(性) 한 쪽만을 고집스레 수련하고서 스스로 마음을 밝히고 견성(見性)한다고 하니, 금단의 도가 성이 아닌 줄을 모르고 먼저 헛된 몸을 떠나 죽게 되니, 장차 무엇으로 말미암아 연을 볼 수가 있겠는가?

창명이 '이것은 성과 명이요, 신과 기가 아니다.'라는 말을 시로 말했으니,

성명은 처음부터 두 개의 문이 아니니
마땅히 성명도 상호 뿌리가 됨을 알아야 한다.
만약 명도 수련하고 성도 수련할 수 있다면
바야흐로 금단의 큰 도인 진에 합치될 것이다.
진연과 진홍을 선천에서 채취하면
묘용(妙用)은 분명히 눈앞에 있다네.
신기가 약물이 된다면
달빛은 무슨 일로 서천(西川)을 비추겠는가.

라고 했다.

주석하면, 성은 화(火)요 명은 수(水)니 성명은 수화의 본 바탕이다. 어떤 사람은 기를 수로 생각하고 신을 화라고 생각하는데, 비슷한 것 같지만 실은 다르다. 마땅히 성명의 이치를 알아야 하니, 비록 두 갈래 길 같으나 그것이 실제는 본래 동일한 곳이다. 명에 성이 없다면 어찌 생길 수 있으며, 성에 명이 없으면 어찌 설 수 있겠는가. 모름지기 성명은 둘 다 수련되어야 하고, 한쪽이 이루어지면 혼합되어 하나가 되니, 성명이 연홍이면 연홍은 성명이고, 성명이 신기라면, 신기가 곧 성명이다. 다만 모을 수는 있으나 흩을 수는 없으며, 합할 수는 있으나 떼 놓을 수는 없음을 깨달아야 한다.

어떤 이는 선가(禪家)를 가리켜 성종(性宗)이라 하고 금단(金丹)을 가리켜 명종(命宗)이라 하나, 성명은 본래 하나인데 억지로 구분하여 둘이라 하여 미혹하는 것이다. 다만 자양(紫陽)의 『오진편(悟眞篇)』이란 책을 보면 성과 명 중에서 한 쪽으로만 치우쳐 버릴 수 없는 이치가 있다는 것을 알 수 있다. 그것은 요컨대 다만 진영과 진홍을 채취하여 약의 조종으로 삼아야 하는 데 있는 것이지, 그것이 신과 기가 아님은 필연적이다. 묘용(妙用)이 분명하나 눈썹이 속눈썹 가에 있어도 사람들은 알지 못하는 것과 같을 뿐이다. 달빛이 곧 약물이고, 서천(西川)이 곧 금(金)의 본향이며, 약물이 생산되는 곳이다. 근세에 이옥계(李玉谿)의 『단방치어(丹房致語)』에서 성명과 신기의 이치를 가장 잘 설명하고 있으니, 배우는 사람이 음미해야 할 것이다.

'수향의 연은 다만 일미(一味)로다.'라고 한 것을 시로 말하기를,

> 연을 쓸 때는 모름지기 수향의 연을 이용하고
> 다만 몸속의 약물이 온전해야 한다.
> 황방(黃房)으로 들어가 지극한 보배를 이루려면
> 다시 모름지기 화후(火候)가 주천(周天)에 합치되어야 한다.
> 진연 일미가 단을 맺으니
> 옥홍(玉汞)과 금사(金砂)는 밖에서 구할 것이 아니요,
> 만약 그 밖의 형상물(形象物)을 쓴다면
> 자연히 기류(氣類)를 서로 주지 못한다.

라고 했다.

주석하면, 한 점 선천 진기는 곧 진연인데, 감궁(坎宮) 진수(眞水) 가운데서 생산되니, 감은 수향(水鄉)이다. 감속의 한 획 양이 진연이다. 대개 감속에서 진연을 채취하고 황방 안으로 들어가 환단(還丹)을 연성한다. 그래서 금액 대단은 다만 이 일미일 뿐이고, 다시 그 밖에 달리 다른 종류의 물질에서 구할 수 없는 것이다. 만약 단사·수은·5금8석·재·서리·풀·간수 같은 종류를 사용하면 천지와 서로 멀어 끊어지게 된다.

『참동계』에서 말하기를, '곡식을 재배하려면 가장(黍: 단)으로 하고 닭을 부화하려면 계란으로 해야 한다. 제비나 참새는 봉황을 낳지 못하고, 여우나 토끼가 말을 젖 먹이지 못하며, 물이 흘러도 위쪽을 불태우지 못하고 불이 움직여도 아래를 적시지 못한다. 밥을 먹고 신선이 되려는 사람은 마땅히 같은 종류로 해야 하는 것이다.'라고 했으니, 곧 수향(水鄕) 일미(一味)가 진연이고, 다만 몸속에 있어서 처음부터 몸 밖에서 구할 것이 아님을 알겠다.

해섬(海蟾: 유해섬)이 이르기를, '연단을 할 때는 모름지기 수향의 연을 이용해야 하니, 다만 이 일미가 곧 환단의 근본이다.'라고 했다.

12. 근본으로 돌아가는 통로요, 명(命)을 회복하는 관문이니, 미려 (尾閭)를 지나서 이환으로 통한다

혼연자가 말했다. 단을 짓는 묘용은 원관(元關)과 일규(一竅)를 밝히는 것이 중요하다. 한 성(性)의 바른 위치는 많은 변화 끝에 근본으로 돌아간다. 명을 회복하는 도는 반드시 3관(三關)으로 말미암아 운용된다. 그러므로 '근본으로 돌아가는 통로요 명을 회복하는 관문이다.'라고 했다. 명을 회복할 때가 되면 신이 바다 밑을 나르니, 화를 보존하여 훈증하면 정기가 변화하여 기가 되고 정문(頂門)의 빗장을 벌리어 움직여서(열어서) 미려(尾閭)에서부터 천천히 일어나 곧 바로 이환으로 올라가서 교합하고, 기화(氣化)를 연성하여 신(神)이 되는데, 신이 있는 이환은 본궁(本宮)이 되니, 곧 만신(萬神)이 있어 조회를 한다. 그러므로 '미려를 지나 이환으로 통한다.'고 했다.

큰 스승 왕진군(汪眞君)의 오지(奧旨)에 이르기를, '협척(夾脊)의 3관

(三關)이 정문(頂門)을 통하면, 꽃을 물고서 사슴을 타고 구름같이 달리며 꽃을 잡고 사슴을 타고 구름을 밟고 가니, 곽지(霍地)16)에서 수레들이 앞에서 맞이하네.'라고 했다.

『황정경(黃庭經)』에서 이르기를, '그대가 죽지 않으려면 곤륜(崑崙)을 닦으라.' 했고, 『환원편(還元篇)』에서는, '도를 깨우침이 뚜렷하고 분명하면 마음이 넓어지고 커지니, 단정히 앉아 천관(天關)을 운행한다.'고 했으며, 『도덕경(道德經)』에서는 '근본으로 돌아감을 정(靜)이라 하고, 정(靜)은 명(命)을 회복한다.'고 했으니, 그 말이 옳다.

일학거사가 말했다. 단(丹)을 짓는 묘용은 완전히 원관(元關)한 통로에 있다. 그런데 무엇이 관문이고, 무엇이 통로냐고 묻는다면, 한 사람도 밝힐 수 있는 사람이 없으니, 이것이 선학(仙學)의 어려운 점이다. 최공은 바로 관문과 통로를 둘이라 했는데, 과연 둘인가? 태상(太上)께서 말씀하시기를 '근본으로 돌아가는 것을 정(靜)이라 하고, 정은 명을 회복하는 것이라.'고 하셨으니, 근본으로 돌아가는 것과 명을 회복하는 것이 둘일 리가 없으므로 관문과 통로 또한 둘이 아니다. 또 말하기를 '곡신(谷神)은 죽지 않으니, 이것을 현빈(玄牝)이라 하고, 현빈의 문을 천지의 근본이라 한다.'고 했다.

사람이 한 번 호흡하는 사이에 내쉴 때는 천근(天根)에 접하고, 들이쉴 때는 지축(地軸)에 닿으니, 숨을 쉬어서 근본으로 돌아가는 것이 근본으로 돌아가는 것이요(歸根), 현빈의 문이 근본으로 돌아가는 통로가 되며, 숨을 쉬어 근본으로 돌아가되 기가 몸으로 들어가서 돌아오면, 그것을 생(生)이라 한다. 스스로 명을 회복하여 근본으로

---

16) 주 무왕 곽숙(霍叔)의 영지(領地).

122

돌아가는 통로를 알면, 명을 회복하는 관문을 아는 것이다. 대개 저절로 기가 발생하는 근원을 곧 통로(竅: 구멍)라 하고, 기가 여기서 비롯되면서부터 오르내리는 것을 관문이라 한다. 스스로 상승하여 기가 위로 전해지면, 곧 현관(玄關)의 같은 통로이지, 통로 따로 관문 따로가 아니다. 관문과 통로의 길은 두 가지이니, 하나는 협척(夾脊)에서 시작하여 쌍관(雙關)을 지나 정문(頂門)으로 통하니, 이것이 독맥(督脈)이 가는 길이고, 또 하나는 옥지(玉池: 입)에서 시작하여 중루(重樓: 목구멍)를 지나 강궁(絳宮: 심장)으로 들어가니, 이것이 임맥(任脈)이 가는 길이다. 이 관문과 통로를 안다면 임독(任督) 두 맥이 하거(河車)[17]의 길과 통할 수 있다. 근본으로 돌아가고 명을 회복할 때를 당하면, 신이 바다 밑을 나르니, 화를 보존하여 훈증하면 정기가 변화하여 기가 되고, 정문의 빗장을 열어서 미려에서 부터 천천히 일어나 곧 바로 이환으로 올라가 교합하고 기화를 연성하여 신이 되는데, 신이 있는 이환은 본궁이 되니, 곧 만신이 조회를 한다. '그대가 죽지 않으려면 곤륜을 닦으라.'고 한 것은 바로 이를 말하는 것이다.

창명이 '근본으로 돌아가는 통로요, 명을 회복하는 관문이다.' 는 것을 시로 말했으니,

한 통로 속에 두 구멍이 있으니
금단으로 돌아감이 근본으로 돌아가는 것이다.
그 사이는 텅 비어 원래 아무 것도 없으니
호(虎)의 골수, 용(龍)의 정기를 스스로 토하고 삼키네.

---

17) 하거(河車): 도가에서 태워 연단한 약(藥).

수련하는 이는 반드시 명을 회복하는 관문을 알아야 하니

이 통로를 모르면 또한 등한히 하는 것과 같으니

크게는 천지를 포함하여 끝이 없고

작게는 건곤을 받아들여 서미(黍米) 간에 있도다.

라고 했다.

주석하면, 근본으로 돌아가는 통로와 명을 아는 관문은 곧 천지의 근본이요, 현빈(玄牝)의 문이다. 무릇 이 한 통로는 사람 몸속에 있으니, 보아도 보이지 않고, 들어도 들리지 않으며, 잡아도 얻지 못하니, 황홀하고 심원하며 지극히 친하고 가까워서 일상 중에 항상 사람과 함께 하고 있지만, 사람이 그것을 알지 못한다.

이 한 통로는 실제 두 구멍으로 나뉜다. 그래서 현(玄)이라 하고 또 빈(牝)이라 한다. 이는 곧 사람 몸속에 형체는 없으나, 맑고 환한 곳에 있어 선천(先天)의 성부(聖父)와 성모(聖母)의 신령한 근본이 연결되어 있다. 대개 선천(先天)의 한 점 진연(眞鉛)을 채취함이 여기서부터 나와 연성하여 단을 이루고, 다시 돌아가 안에 있으므로, 근본으로 돌아가는 통로이요, 명을 회복하는 관문이라고 한다. 그 가운데는 텅 비어도 다른 물질은 담을 수 없으나, 다만 진룡(眞龍)과 진호(眞虎)가 있어 스스로 그 안에서 진정(眞精)을 삼키고 토할 뿐이다. 수련하는 사람은 여기에서 선천(先天) 조화의 근본을 채취하여 약의 조종으로 삼고, 한 알 서미(黍米)의 보배를 연성하여 환단을 이룬다. 그로 하여금 그 근본으로 다시 돌아가게 하면 곧 이것이 근본으로 돌아가 환원하는 묘(妙)이다. 이미 그 근본으로 돌아가면 그 명을 회복할 수 있다. 태상(太上)께서 말씀하시기를 '무릇 물질이 복잡다단하나 각자 그 근본으로 돌아간다. 근본으로 돌아가는 것을 정(靜)이라 한

다.'고 했다.

'미려를 지나서 이환으로 통한다.'고 한 것을 시로 말했으니,

진기가 주류하여 미려를 지나면
조계(曹溪)가 하필 우거(牛車)를 사용하랴!
삼관(三關)을 바로 올라 다 통하니
방문(旁門)이 활차를 굴리는 것이 아니요.
이환의 한 통로로 천문(天門)에 도달하면
바로 하늘의 임금 옥제(玉帝) 존전에 오르리.
이것이 진인이 왕래하는 길이니
때때로 학을 타고 조원(朝元)하러 가도다.

라고 했다.

주석하면, 이는 사람 몸속에 진기가 주류하여 아래로 미려를 지나서 위로 이환으로 통하고 순환하여 바퀴가 구르는 것과 같다. 3궁(三宮)을 오르내리고, 상하로 왕래하니, 끝없이 쉬지 않고 조화(造化)와 같이 유전(流轉)한다. 이것이 곧 진연이 상승하는 현상이다. 이미 이때를 알면, 곧 채취할 수 있으나, 이때를 지나 버리면 약물은 쓸모없어진다. 이환의 한 통로는 곧 천문이다. 『황정경』에 '천중(天中) 집의 정기를 삼가 수련하니, 운택이 이미 맑고 옥제가 노닌다.'고 했으니, 이는 태를 벗고 신으로 변화하여 반드시 이 통로로 부터 출입하는 것이다.

13. 참 탁약(橐籥)과 참 정로(鼎爐)여! 무(無) 속에 유(有)가 있고, 유 속에 무가 있도다

혼연자가 말했다. 탁(橐)이란 속이 비어 있는 기구로서 풀무다. 약(籥)은 그 관(管)이고 통로다. 사람이 밤낮으로 한 번 내쉬고, 한 번 들이쉬는 기를 말하는데, 기가 만드는 것이 바람이라 풍로의 풀무가 작동하는 것과 같고, 바람이 관(管)에서 생겨서 풍로의 불이 저절로 탄다. 오랫동안 마음과 호흡이 서로 맞으면, 단전이 항상 따뜻한 것 같아서 이 때문에 내 몸에 항상 탁약이 있는 것이다. 『도덕경』에, '천지 공간의 풀무 같음이여! 텅 비어도 다함이 없고, 움직여서 더욱 잘 나타나도다.'라고 한 것이 이것이다. 정(鼎)이란 건(乾)이고 성(性)이며, 노(爐)란 곤(坤)이고 명(命)이다. 이미 내 몸의 탁약이 활동하면 반드시 약물을 채취하여 정(鼎)에 넣는다. 채약을 할 때, 불의 힘을 더해야 하는데, 성(性)으로 안에서 운행시키고, 명(命)으로 밖에서 생육시키면, 짧은 시간에 건곤이 하나가 되어 신과 기가 만나 환단을 결성하고, 성태(聖胎)를 이루게 된다. 그래서 '참 정로(鼎爐)'라고 했다. 이미 환단하여 모습을 이루었으면, 약한 불로 따뜻하게 기르되, 그 성을 지킴으로써 마음을 비우고, 그 명을 기름으로써 배를 채운다. 황홀하고 심원한 가운데서 무(無) 속에 유(有)가 생기고, 유 속에서 무가 생기니, 이는 곧 정(靜)이 극에 닿으면 다시 동하고, 동(動)이 극에 닿으면 다시 정하는 것이다. 그래서 '무 가운데 유가 생기고, 유 가운데 무가 생긴다.'고 했다.

일학거사가 말했다. 바닥이 없는 것을 탁(橐)이라고 한다. 탁이란 속이 빈 기구요 풀무다. 탁의 관(管)을 약(籥)이라 하고 약이란 기가 다니는 도구요 통로이다. 천지로 논하면, 지(地)는 로(爐)가 되고, 천(天)은 정(鼎)이 된다. 사람으로 말하면, 배가 로이고 머리가 정이다. 외단(外丹)으로 말하면, 아래가 노(爐)이고, 위가 정(鼎)인데, 내단(內丹)에서는 감(坎)이 노(爐)이고, 이(離)가 정(鼎)이다. 진연은 형체가 없으니, 수 가운데 금이 생기고, 무 가운데 유다. 진홍은 형체가 있으니, 화를 보면 날아가고, 유 가운데 무다. 말하자면 사람의 한 번 호흡하는 기가 숨을 쉬면 근본으로 돌아가 마치 노정(爐鼎) 속의 풀무가 작동하는 것과 같아서 바람이 관에서 생겨 그 불이 저절로 타니, 단전 가운데 때로 항상 따뜻하므로 이것이 참 탁약이요, 참 정로다. 이 참 탁약과 참 정로가 있으면, 장차 진연이 무에서 유를 이루고, 진홍이 유에서 무로 변화함을 볼 수 있게 된다. 유로서 무를 다스리고, 무로서 유를 다스리면 약이 저절로 생겨서 단이 저절로 맺힌다.

　창명이 '참 탁약과 참 정로여!' 한 것을 시로서 말하기를,

　원빈(元牝)의 문은 저절로 열리고 닫히니
　모름지기 탁약을 의지하여 풍뢰(風雷)를 부리네.
　만약 장차 호흡이 관건(關鍵)이 되면
　어찌 황방(黃房)을 얻어서 성태(聖胎)를 맺겠는가.
　참 정로는 안팎으로 통하고
　뿌리(근본)도 있고 줄기도 있으되 무 속에 있구나.
　모름지기 조화로서 공교로움을 생성하니
　생사의 문호가 다 다르도다.

라고 했다.

주석하면, 탁약은 쇠를 주조하기 위해 바람을 불에 일으키는 기구다. 정로는 금단 대약을 연성하는 신실(神室)이다. 사람 몸속에 어찌 진짜 풀무와 정로가 있겠는가? 곧 원관(元關) 일규(一竅)가 이것이다. 연홍의 근원과 조화의 근본, 그리고 원빈(元牝)의 문이 다 여기에 있다. 탁은 곧 열림이요, 약은 곧 닫힘이다. 비유컨대, 태아가 어머니 뱃속에 있을 때, 어머니의 기를 따라서 어머니가 내쉬면 태아도 내쉬고, 들이쉬면 또한 들이쉬는 것과 같으니, 분명코 탁약과 같이 자연히 열리고 닫힌다. 정로는 근본도 있고, 근원도 있으나, 형상과 형체가 없으니, 밖에서 구할 수도 없고, 안에서 취할 수도 없다. 모름지기 자연히 생성되는 결과를 알게 되면, 힘쓰기에 용이할 것이다. 수련의 요점은 이것을 벗어나지 않는다. 이것은 금액환단이 정로 가운데 있으면서 저절로 오르내리고, 아래 위를 왕래하면서 원빈의 열리고 닫힘을 따라 탁약의 운용과 같이 자연히 형상을 이룸을 말한다. 또 마땅히 약물의 근원은 안에 있고, 노(爐)를 안치하거나 정(鼎)을 세우는 것은 도리어 밖에 있으며, 조절과 운용은 밖에 있고, 원주(元珠)와 약을 이루는 것은 안에 있으니, 이를 조치하는데 참구(參究)하지 않으면 안 될 것이다.

'무 속에 유가 있고, 유 속에 무가 있다.'는 것을 시로서 말하기를,

선천의 한 기는 본래 무허(無虛)였으나
채취하여 올 때는 서주(黍珠)를 맺는다.
이것이 금단의 가장 묘한 곳이니
무 속에 유가 있어 그 유가 진짜 무이다.
대약의 신령한 근원은 묘하고도 심원해라.

사용해도 보이지 않으니 곧 선천이요,

유 속에 무가 있으니 그 유가 진짜 유이고

다만 이 작은 아이가 진과 연일세.

라고 했다.

주석하면, 이것은 선천 연홍의 묘함을 말한 것이다. 대약은 허무하고 텅 빈 가운데서 생산되고, 그 조짐을 무와 유에서 찾을 수 있다. 그것이 단을 이루면 날아 올라 변할 수 있어 측량할 수 없으니, 무 속에 유가 있고, 유 속에 무가 있는 묘리(妙理)에 나아가면, 무 속의 유가 진짜 유이고, 유 속의 무가 진짜 무임을 알게 된다.

자양이 말하기를, '보아도 사용하지 못하고 사용해도 보이지 않으니, 이는 다 조화의 지극한 하나의 이치로서 말로 전할 수 없으나, 마음으로는 깨달을 수 있다.'고 했다.

14. 황파(黃婆)에게 의탁하여 차녀(姹女)를 중매하니, 가벼이 운동하고 묵묵히 거동한다

혼연자가 말했다. 황파와 차녀는 다 상징하는 것들이다. 황파는 곤의 토니, 곧 무·기(戊己)의 토이다. 이 뜻을 말하자면 차녀는 태금(兌金)인데, 태는 소녀이고, 금은 수중(水中)에 숨었다. 무릇 단을 지을 때는 반드시 황파에게 의탁하여 중매를 하여 차녀의 정을 통하고 무·토(戊土)로 화(火)를 간직하면, 화는 금이 행하기를 재촉한다. 마땅히 화가 일어나는 처음에는 기를 받아서 또한 부드럽고, 마땅히 요긴하게 정문(頂門)의 빗장을 움직여서 미려혈(尾閭穴)에서 부터 가까이 운동하고 묵묵히 거동한다. 잠시 동안에 화의 힘이 치열해지면, 하거 (河車)를 조금도 멈추지 말고 운행하여 남궁(南宮)으로 들어갔다가 다시 처음 위치로 되돌아 와서 금공(金公)과 결합하여 노랑(老郎)을 만든다. 이는 최공이 말을 잘 표현하기가 어려워서 세상 사람들에게 환단의 뜻이 전달되지 않을까 하여 말한 것이다. 그러므로 '황파에게 의탁해서 차녀에게 중매를 한다.'고 바로 세상 사람들이 그 이치를 깨닫도록 했다.

『오진편(悟眞篇)』에 이르기를, '차녀는 놀러 다님에 일정한 방향이 있으니, 앞에 갈 때는 짧으나, 뒷머리는 길고, 돌아와서는 문득 황파의 집으로 들어가서 금공과 결합하여 노랑(老郎)을 만든다.'고 한 것이 이것이다.

일학거사가 말했다. 황파(黃婆)란 곤의 토인데, 토의 색깔이 황색이고, 곤은 노음(老陰)이 되므로 황파라고 한다. 차녀는 이궁(離宮) 지(地)의 두 화인데, 이(離)는 중녀(中女)이고, 곧 차녀 댁(宅) 중의 여자이므로 차녀라고 하고, 영아는 곧 감(坎) 중의 하나이다. 차녀는 양중(陽中)의 음이니, 그 성품이 일찍이 영아를 연모하며, 영아는 음중(陰中)의 양이니, 그 정이 일찍이 차녀를 연모한다. 수화의 사이는 떨어져서 서로 교섭할 수 없게 되어, 오직 감(坎)의 수는 무를 간직하고, 무·토(戊土)는 화를 변화시키며, 이 무·토를 얻어서 화는 금이 행하기를 재촉해야 영아가 바야흐로 이궁(離宮)으로 상승할 수 있다.

또 이궁이 기·토(己土)를 얻어서 아래로 행하면 차녀와 영아가 서로 만나서 결합하여 부부가 되고, 같이 황정(黃庭) 토부(土釜)의 가운데로 돌아가 금단이 맺힌다. 통 털어서 영아란 금(金)·수(水)·정(情)이며, 차녀란 목(木)·화(火)·성(性)이고, 황파는 무(戊)·기(己)·의(意)이다.

내 뜻을 운용함은 금의 정(情)으로 하여금 수의 성질(性)로 돌아가게 하고, 수의 정(情)으로 하여금 화의 성질(性)로 돌아가게 하는 데 지나지 않는다.

화가 일어날 때가 되면, 기를 받되 오히려 부드럽게 하여 너무 급하게 해서 양이 상할 것을 조심하고, 너무 느리게 하여 음이 상할 것을 두려워해야 한다. 다만 마땅히 가볍게 뜻을 운용하여 그 뜻이 드러나지 않게 하고 면면히 조식하여 그 상하를 따라 왕래하도록 하여 묵묵히 거동토록 하는 것이 좋다.

창명이 '황파를 의탁하여 차녀를 중매한다.'는 것을 시로 말하기를,

> 견우와 직녀가 은하를 건너니
> 떨어져 사모하는 정 세월도 길었어라.
> 부부가 기쁘게 만날 곳을 기약하니
> 다만 모름지기 중매로 합하기를 황파에게 부탁 했네.
> 차녀는 아리땁고 성품은 신령하니
> 영아가 이팔(二八)에 바로 청춘이구나.
> 황파의 중매로 결합하여 부부되어
> 밝은 구슬 생산하니 한없는 보배로다.

라고 했다.

주석하면, 영아는 북쪽에 있어 백호를 타고 동으로 선회하고, 차녀는 남쪽에 있어 청룡을 타고 남으로 회전한다. 중간에 금·목(金木)이 가로막혀 둘의 정은 서로 사모하나, 스스로 모여 만날 수는 없고, 반드시 황파에게 중매를 부탁해서 결합해야 비로소 남녀가 동거할

수 있다. 음양이 서로 연모하고 결합하여 부부가 되므로 상생할 수 있고, 변화가 무궁해지니, 황파는 곧 진토(眞土)이고, 그 색깔이 황색이므로 이름 한 것이다. 배우는 사람은 절대로 이것을 혼돈하여 망령되이 혼자 생각하여 밖에서 구하면 안 된다. 말하자면 진연과 진홍이 상승할 때에 반드시 뜻을 운용하여 법도대로 채취하여 황방 중으로 돌아가게 해야 지극한 보배(丹)가 이루어진다.

'가벼이 운동하고 묵묵히 거동한다.'는 것을 시로서 말했으니,

> 홍이 맺히고 연이 응기면 기를 받는 처음이니
> 무위(無爲)하고 무작(無作)하는 것이 공부라네.
> 가벼이 작은 힘이라도 분산되지 않도록 하고
> 달리는 용의 턱 아래 여의주를 빼앗아야 한다.
> 다만 이것을 묵묵히 간직한다면
> 주천(周天)의 화후가 참동(參同)에 합하리라.
> 무위는 돌아와서 스스로 유위(有爲)를 얻으니
> 거동이 성스러운 공(功)에 합하지 않음이 없네.

라고 했다.

주석하면, 이는 단을 얻은 뒤에 부화(符火)에 진퇴하는 묘법(妙法)을 말한 것이다. 해(하루 중의 낮)로 말하자면 아침은 둔괘(屯卦), 저녁은 몽괘(蒙卦)가 되어 기제(旣濟)와 미제(未濟)로 끝맺고, 달로서(하루 중의 밤) 말하면 자시가 복괘(復卦), 해시가 곤괘(坤卦)가 되어 운용이 무궁하고, 일주하여 처음으로 돌아온다. 이것이 빼고 더하며, 나가고 물러날 때와 목욕하고 형덕(刑德)18)할 즈음에 이르러서는 비록 귀신

이라도 그 기미를 측량할 수 없으니, 천지가 그 밖에서는 나올 수 없는 것이다. 그러니 가벼이 운동하고 묵묵히 거동하면 자연히 효과를 이룰 것이다. 무위(無爲)와 무작(無作)은 천지에 움직여 합하는 묘함이요, 그 밖의 다른 방문(旁門)의 소법(小法)과 토납(吐納) 존상(存想)하는 종류와는 큰 차이가 있다.

15. 하루 속에는 12시가 있고, 뜻이 이르는 곳에 다 할 수 있다

혼연자가 말했다. 뜻이란 성(性)의 용(用)이니, 곧 진토(眞土)다. 하루 속의 12시진(時辰)에는 1년의 절후가 들어 있으니, 자시부터 진사(辰巳)까지 6시는 양에 속하고, 오시부터 술해(戌亥)까지 6시는 음에 속한다. 하나의 양이 복괘(復卦)로 오면 몸속은 자시요, 하나의 음에 구괘(姤卦)가 생기면 몸속은 오시다. 또한 무릇 수와 화는 남과 북으로 떨어져 있고, 목과 금은 동과 서로 나뉘어 있다. 이 사상(四象)이 어떤 연유로 합하려면 반드시 뜻을 빌어서 소식(消息)[19]을 통해야 한다. 그래서 천지조화를 일각(一刻)에 뺏을 수 있다. 하루 12시 가운데 밤낮없이 이것을 생각하고 여기에 있으면서 항상 깨어서, 생각을 하면서는 화(火)를 행하고, 생각을 멈추어서는 따뜻하게 화(火)를 기른다. 이것이 뜻이 이르는 곳에는 다 할 수 있는 까닭이다.

창명이 '하루 속에는 12시가 있다.'는 것을 시로 말했으니,

---

18) 형덕(刑德): 오행의 상생상극(相生相剋).
19) 소식(消息): 변화, 왕래, 動靜, 안부.

하루의 공부는 1년과 같으니

새벽과 저녁의 부화(符火)가 둔괘(屯卦)와 몽괘(蒙卦)로 정해지네.

반드시 알아야 할 것은 다시 12시진 속에 묘함이 있으니

온전히 행함이 백각(百刻)의 효과에 있는 것이 아니라네.

하루를 고르게 12시로 나누어

음부(陰符)와 양화(陽火)가 어긋나면 안 되네.

만약 시(時) 속에서 각(刻)을 얻을 줄 안다면

잠시 동안의 공부라도 성인의 바탕을 세우리라.

라고 했다.

주석하면, 하루 속에 열두시가 있으니, 자시부터 사시까지는 양이고, 오시부터 해시까지는 음이다. 수련의 묘(妙)는 일 년의 조화를 하루 속에 모아서 열두 달을 12시진에 돌아가도록 하는 것인데, 조금이라도 어긋나면 안 된다. 봄·여름·가을·겨울이 두 춘분·추분과 두 하지·동지도 맞지 않음이 없다. 그래서 1년 중에 한 달을 사용하는 1년은 쓰지 않으며, 한 달 중에는 하루를 쓰고 한 달을 쓰지 않으며 하루 중에는 시(時)를 쓰니 하루를 바꾸어(이상 한 구절에 빠진 글자가 있는 듯하다) 시(時) 중에는 각(刻)이 있으니 오묘하고도 오묘하다. 이에 채취함은 다만 짧은 시간에 있어, 가장 오묘한 것이 이 반 구절에 지나지 않는다. 이는 모름지기 전수받은 때 맹세하여 망령되이 전하면 안 된다.

'뜻이 이르는 곳에는 다 할 수 있다.'고 한 것을 시로 말했으니,

이 뜻은 분명하니 곧 염두에 두어야 하고

염두에 두고 행동함에는 곧 수련을 감당해야 한다.

초범입성(超凡入聖)은 다 나에게서 비롯하니

바로 이것이 근본으로 돌아가고 명을 회복하는 때로다.

사람마다 분간하여 차별이 없어야 모두 인연하여 이루고 모두 차별이 없어지네.

만약 이것을 향하여 뜻을 사용할 수 있으면

신선은 어리석은 이나 현명한 이를 가리지 않는다네.

라고 했다.

주석하면, 이것은 하루 속에는 12시 가운데 있으니, 다 수련할 수 있음을 말한 것이다. 대개 하루 속에는 1년의 조화가 들어 있으니, 매일 하나의 양이 처음 생길 때마다 다 수련에 착수할 수 있으나, 양이 생긴다는 것은 오직 자시만을 가리키는 것은 아니다.

도광(道光)은 '약을 연성함은 동지를 이용하는 것이 아니고, 몸속에는 저절로 하나의 양이 생길 때 있는 것이다.' 했고, 마자연(馬自然)은 '각시(刻時) 중에서 자오(子午)로 나뉘는 것이 아니요, 효괘(爻卦) 안에서 건곤(乾坤)으로 구별되는 것이 아니다.'고 했으니, 이는 곧 성인이 곧 천지를 훔치고 조화의 지극히 묘한 기미를 빼앗은 것이다.

그래서 『음부경(陰符徑)』에서, '수련을 아는 사람이 성인이다.' 했으니, 곧 자오와 건곤 주천과 조화가 다 하루의 한 시 한각(刻) 중에 있다는 것을 아는 것이다. 그래서 1년 360일을 계산하면 4,320이 되는데, 묘유(卯酉)가 목욕하는 720시를 제하면 다만 3,600시가 되니, 곧 360일에 해당하고, 곧 이 3,600시의 바른 기운을 모으면 건의 책(策) 216과 곤의 책 144에 해당하니, 빈모(牝牡)[20] 4괘(四卦)를 제하여 60괘의 작용으로 삼는다. 그러므로 건·곤 두 괘의 책은 합이 3,600

이 된다. 한 시에 20수씩 기준으로 하여 1량(兩)의 화(火)가 되고, 한 달에 묘유(卯酉)를 제하면 합이 7,200수이고, 1년이면 합이 86,400수가 되는데, 225근21)의 화(火)를 기준으로 하여 크면 그것을 포함하고 작으면 그것을 곱하게 되니, 곧 86,400의 바른 기를 빼앗아서 합계 2,250근의 화(火)가 되므로 대단이 이루어진다. 그런 후에 다 평범한 몸이 바뀌어 자연히 신으로 변화한다. 그래서 3기(三氣)와 덕이 합하고 9기(九氣)와 나란할 수 있으면 천지와 서로 시종(始終)을 같이 하게 된다. 이에 사람마다 분별이 있어 개개가 으뜸가는 성공을 알고, 진실로 이 기미를 깨닫는다면 성인의 지위에 설 수 있으니 어찌 어리석고 현명함의 차이가 있겠는가?

16. 도규(刀圭)를 마시고, 하늘의 공교함을 엿보면서, 삭(朔)과 망(望)을 구별하고 저녁과 새벽을 안다

혼연자가 말했다. 마신다는 것은 잔치를 한다는 것이고, 도(刀)란 수중(水中)의 금이며, 규(圭)란 무·기(戊己)의 진토(眞土)이다. 말하자면 단을 짓고 채약을 할 때는 반드시 수중의 금을 채취해야 한다. 금은 스스로 올라갈 수 없으므로 반드시 무토를 빌어서 화(火)로 변화하고, 금이 행하기를 재촉하면 건너서 이환으로 상승한다. 금이 여기에 이르면 변화하여 진액(眞液)이 되는데, 좋은 음식이나 감로수(甘露水) 같고 황정으로 떨어진다. 잔치에서 음식을 먹음에 진액이

---

20) 빈모(牝牡): 암수. 남쪽의 태백성(太白星)과 북쪽의 태세성(太歲星).
21) 225근: 24수(銖)가 1냥(兩)이고, 16냥(兩)이 한 근(斤)이므로 384수(銖)가 한 근(斤)이 된다. 그러므로 86400×384=225근이다.

달고 맛있어서 '도규를 마신다.'고 했다.

엿본다는 것은 살펴보는 것이니, 말하자면 천도(天道)가 운행 변화되는 효과를 살펴보고, 드디어 하늘이 운행되는 것을 잡고서 내 몸을 북두칠성의 기미로 돌릴 수 있다면, 1각 사이에 천지조화를 빼앗을 수 있다. 그래서 '하늘의 공교함을 엿본다.'고 했다.

『천부경』에서 이른바, '하늘의 길을 살피고, 하늘의 운행을 잡으면 다한 것이다.' 했고, 순양(純陽)의 시에, '종횡의 북두칠성(태세성)은 심기(心機)의 큼이요, 거꾸로 된 남쪽별(태백성)은 담기(膽氣)의 웅장함이다.'라고 한 것이 이것이다.

삭(朔)과 망(望)을 구별한다는 것은 1년으로 말하면 동지가 삭(朔)이고 하지가 망(望)이며, 한 달로 말하면 초하루가 삭이고 보름이 망이며, 하루로 말하면 자시가 삭이고 오시가 망이며, 한 시로 말하면 초1각(初一刻)이 삭이고 정1각(正一刻)이 망이 된다. 64괘로 말하면 복괘(復卦)가 삭이고 구괘(姤卦)가 망이며, 한 몸에서 말하면 미려혈이 삭이고, 이환이 망이다. 자궁(子宮)에서 화(火)로 나가면 삭이고 오위(午位)에서 부(符)로 물러나면 망이 된다. 이미 이치에는 밝으나, 또한 그 저녁과 새벽은 모른다. 혼(昏)이란 저녁이고, 새벽(曉)이란 아침이다. 괘에는 아침의 둔괘(屯卦), 저녁의 몽괘(蒙卦)의 이치가 있고, 한 괘에는 6효(爻)가 있으니, 그것을 거꾸로 이용하면 드디어 양괘가 된다. 아침 둔괘는 하나의 양이 아래에서 생기고, 저녁의 몽괘는 하나의 음이 위에서 생긴다. 하나의 양, 하나의 음과 한 번 나아가고 한 번 물러남이 사람의 몸에서 운행변화하면 천지와 같아진다. 이 이치에 통달한 사람은 오래 살며 길이 볼 수 있고 종려(종리권과 여동빈)와 나란히 수레를 타고 같은 날 말하리니, 무슨 의심을 하겠는가?

창명이 '도규를 마시고 하늘의 공교함을 엿본다.'는 것을 시로 말하기를,

한 알 도규를 연성하여 신(神)이 드니
크기는 서미(黍米)같으나 천금보다 귀중하네.
다만 반 잔의 홍몽주(汞蒙酒)22)를 쓰더라도
잔치 자리에 어찌 모름지기 다시 비파를 울리랴?
단이 이루어지면 금정(金鼎)은 구름 안개로 빛나고
단사가 홍아(汞芽)보다 나은 지 비교할 수 없네.
하늘의 공교함이 어찌 통로의 묘함을 엿보게 하리?
성공의 원기는 황가(黃家)와 뗄 수 없네.

라고 했다.

주석하면, 도규는 금단이다. 도규 한 알은 크기가 좁쌀 같은데, 혼돈한 가운데 홍몽(汞蒙) 안에서 맺힌다. 화후가 이미 넉넉하면 원기의 구슬이 형상을 이룬다. 이에 혼돈을 열고 홍몽을 깨뜨려 바야흐로 금단을 보게 되니, 무 속에서 유가 생기는 묘함이다. 그것을 먹어 뱃속으로 들어가면 변화가 무쌍하다.

『참동계』에서, '거승(巨勝)23)은 오히려 수명을 연장시키니, 환단하여 입속으로 들어가면 황금의 체성(體性)은 썩지 않으며, 술사(術士)가 먹으면 수명이 장구할 것이다. 토(土)가 사계(四季)24)에 노닐며, 네 정궁(正宮)25)의 세계를 지키고, 법도를 정하니, 금(金: 鉛)과 사(砂:

---

22) 홍몽주(汞蒙酒): 천지자연의 원기(元氣)로 만든 술.
23) 거승(巨勝): 검은 깨 흑호마(黑胡麻). 팔곡(八穀)의 하나로 검은 색을 띠고 있음.
24) 사계(四季): 진·술·축·미(辰戌丑未) 4계(季)의 달.

汞)가 오행 속에 들어가 풍우같이 흩어진다. 훈증하여 사지(四肢)에 통하면, 안색이 부드럽고 윤택이 나며 흰 머리는 모두 검게 되며, 빠진 이가 다시 나고, 늙은이가 장정으로 회복되며, 노파가 아리따운 소녀로 바뀌고, 몸이 바뀌어 세상에 죽는 횡액을 면하니, 이름 하여 진인(眞人)이라 한다.'고 했으니, 곧 금액환단은 보통 약과는 다름을 알 수 있다. 진실로 혼돈을 열고 홍몽을 깨치지 못하면, 어찌 천지의 지극한 보배나, 무 속에서 유가 생기는 모습을 엿볼 수 있겠는가?

자양이 말하기를, '대나무를 두드리며 거북을 부르면서 옥지(玉芝)를 삼키고, 거문고를 두드리며 봉황을 부르고 도규(刀圭)를 마시면 근래에 몸을 통하여 금빛이 나타나리니, 보통 사람과는 이 법도를 말할 수 없노라' 했고, 『취허편(翠虛篇)』에는, '다시 장차 홍몽주를 한 잔하고 이 도규를 마시니, 안색이 장정일세.'라고 했으니, 곧 그것을 먹는 깊은 묘함을 알 수 있다. 그러나 하늘이 숨긴 비밀이니, 사람답지 못하면 누설치 말라.

'삭과 망을 구별하고, 저녁과 새벽을 안다.'는 것을 시로 말했으니,

> 삭망의 공부는 구별하여 밝히는 것이 중요하니
> 모름지기 금과 수가 위험하게 되는 것을 막아야 하네.
> 서리를 밟으면 단단한 얼음으로 점점 바뀌듯
> 삼가 새로운 양의 한 맥이 생기는 것을 지키라.
> 주천과 화후는 지극히 으뜸가는 미묘함이니
> 저녁과 새벽에 빼고 더할 줄을 알아야 하네.

---

25) 네 정궁(正宮): 자오묘유(子午卯酉).

처음엔 둔괘와 몽괘에서 일어나 나중에 기제와 미제로 마치면
자연히 운전(運轉)하여 천시(天時)와 합하리라.

라고 했다.

주석하면, 삭과 망을 구별함은 곧 해와 달이 차고 기울어지는 묘함
을 아는 것이고, 저녁과 새벽을 알면, 곧 부화(符火)가 진퇴(進退)하는
때를 아는 것이다. 삭에는 해와 달이 빛을 잃고, 망에는 해와 달이
둥글게 차며, 망 뒤에는 점점 이지러졌다가, 그믐이 되면 다시 소멸
한다.

아침 둔괘와 저녁 몽괘는 기제와 미제에서 마치는데, 일주하여
처음으로 돌아오니, 순환하여 끝이 없다. 이것이 곧 주천과 화후의
조화이니, 조금이라도 차이가 있으면 단을 이루지 못한다.

17. 뜨고 가라앉는 것을 알고 주객(主客)을 밝히며, 모이는 것이
중요하니 떨어지지 말라

혼연자가 말했다. 뜨는 것은 홍이요, 가라앉는 것은 연이다. 이(離)
의 홍은 위에 있으므로 뜬다고 했고, 감(坎)의 연은 아래에 있으므로
가라앉는다고 했다. 단을 수련하는 비결은 뜨는 것은 반드시 상승하
도록 해야 하고, 가라앉는 것은 반드시 하강하도록 해야 한다. 그래
서 '뜨고 가라앉는 것을 알아야 한다.'고 했다. 이미 뜨고 가라앉는
것을 알았으면 모름지기 주객을 밝혀야 하는데, 주인은 명(命)이고
객은 성(性)이다. 몸이 있으면 명(命)이 있고, 명이 있으면 성(性)이
있다. 성은 명을 의지하여 서고, 명은 성을 따라 수련된다. 그래서

명은 성의 어미가 되므로 주가 되고, 성은 명의 자식이 되므로 객이 되니, 하루를 쫓는 사이에 몸을 빌어 운용한다. 선사(先師)께서 이른 바, '남을 배부르게 하는 것이 주가 되고, 나는 객이 된다.'고 했으니, 이것이다. 이미 주객을 밝혔으면 연홍(鉛汞)이 같은 화로(풍로)에 있고 주객이 같은 방에 있도록 하여 면면히 존재하는 것 같이 하고 2·6시 중에 회광반조(回光返照)26)하고, 쳐서 한 덩이로 만들어 두루 태허(太虛)로 가득하다. 만약 때가 되어 기가 변화하여 기미가 움직이고 통소가 울리면 화(火)가 배꼽 아래서 발동하고 수(水)가 이마 가운데서 생기니, 그 묘함이 그렇게 되기를 기약하지 않아도 그렇게 됨이 있을 것이다.

공자께서 이른바, '도라고 하는 것은 잠시도 뗄 수 없는 것이니, 떨어진다면 도가 아니다.'고 했고, 정자(程子) 역시 '마음은 항상 텅 빈 가운데 있는 것이 중요하다.' 했다. 허정천사(虛靖天師)가 말하기를, '만약 신이 나오면 곧 거두어 와야 하니, 신이 몸속으로 돌아오면, 기가 저절로 회복된다.' 했으니, 이같이 아침마다 하고, 저녁마다 돌아오게 하면 자연히 적자(赤子)가 진태(眞胎)를 낳으므로 이것이 모이는 것이 중요하고 떨어지면 안 되는 까닭이다.

창명이 '뜨고 가라앉는 것을 알고, 주객을 밝힌다.'는 말을 시로 말했으니,

---

26) 회광반조(廻光返照): 도가 수련법. 숨을 내쉴 때는 미미하게 들이쉴 때는 면면하게 하여 끊어지지 않도록 하면 신기(神氣)가 근본으로 돌아가서 점점 들어가서 점점 부드러워지고, 점점 온화하여 점점 안정되며 안정이 오래가면 호흡이 함께 없어지고 약물이 마땅히 저절로 맺힌다.

연단은 모름지기 뜨고 가라앉는 걸 아는 것이 중요하니
뜨고 가라앉는 것을 모르면 망령되이 탐색하지 말라.
금과 수가 조화롭지 못하면 뜻을 드러냄도 헛된 것이니
홍은 날아가고, 연은 달아나 수고로운 마음이 아득하네.
조화는 모름지기 주와 객을 밝혀야 하니
주객이 자리를 정해야 친소(親疎)를 구별한다네.
후천 조화는 객이 아님이 없고
선천이 주인임을 알아야 한다네.

라고 했다.

　주석하면, 연은 가라앉고 홍은 뜨므로, 용은 상승하고 호는 내려온
다. 이미 뜨고 가라앉는 이치를 알았다면, 반드시 주객의 기미를 밝
혀서, 선천이 주가 되고 후천이 객이 됨을 알아야 한다. 그래서 자양
이 '장수를 쓸 대는 모름지기 좌우군(左右軍)으로 나누어 남을 배부르
게 함이 주이고, 나는 객이 된다. 그대에게 권하노니 진(陣)을 대하여
적을 가벼이 여기지 말고 내 집의 값진 보배를 잃을까 두려워하라.'
고 했으니, 이는 곧 수련은 알되, 뜨고 가라앉는 것을 모르거나 주객
을 밝히지 못하면, 연을 날려 보내고 홍은 달아나게 하여, 화는 마르
고 수는 차가와 져서 어긋나 망치는 일이 생긴다. 그러면 한 겨울이
여름 같고, 한 여름에 서리와 눈이 내리며 비바람이 절후에 맞지
않고 가뭄이 잇따른다. 하늘에는 이변이 나타나고 산이 무너지고
땅이 갈라지니, 영아는 멀리 이방으로 숨고 차녀는 이역으로 도망하
여 다시 돌아오기를 바라지만 어찌 가능하겠는가?

　'모이는 것이 중요하니 떨어지지 말라'고 한 말을 시로 말했으니,

감리의 정신은 북남(北南)에서 만나고

용호의 혼백은 동서(東西)에 합하네.

다 무기(戊己)로 돌아가면 항상 서로 만나리니

모두 원관(元關)의 한 통로 속에 있구나.

수화(水火)가 어긋나면 홍은 건(乾)이 아니요,

목금(木金)이 떨어지면 어찌 단을 이루랴?

저 작은 원기의 묘함은 스승의 가르침을 받아야 하니

혼백과 정신의 뜻은 한 덩이 됨이로다.

라고 했다.

주석하면, 금단의 도는 오행 팔괘의 조화를 알아서 이루는 데 지나지 않는다. 동방의 청룡, 서방의 백호, 남방의 주작, 북방의 현무, 병정(丙丁)의 신화(神火), 임계(壬癸)의 신수(神水)가 비록 한 방위에 있으나, 다 진토로 돌아가려고 한다. 그래서 항상 모이는 것이 중요하고 떨어지지 않도록 해야 한다. 수련하는 사람이 금·목·수·화·토로 하여금 한 곳에 모이도록 하고 정신과 혼백의 뜻을 연성하여 한 덩이로 되게 할 수 있다면, 자연히 금·목이 섞여 융화하고 수화 기제가 효과를 이룰 것이다.

그래서 석행림(石杏林)이, '뜻의 말(馬)은 신실로 돌아가고, 마음의 원숭이가 통방(洞房)을 지키니, 정신과 혼백의 뜻이 연성하여 자금상(紫金霜)을 만든다.'고 했고, 여조(呂祖: 여동빈)는, '삭망을 분별하면 수원(水源)의 청탁(淸濁)을 알 수 있고, 목금이 떨어짐은 스승의 가르침에 기인하지 않은 것이라서 이 일은 알기 어렵다.'고 했으니, 바야흐로 신선의 말이 망령되지 않음을 알아야 한다.

18. 채약할 때는 화의 효과를 고르게 하고, 기를 받으면 길하니, 흉하게 됨을 방지하라

혼연자가 말했다. 채약할 때란 곧 몸속에 한 양(陽)이 와서 회복하는 때이다. 이때는 곧 관(關)을 닫고, 화의 효과를 행하는데 묘함이 조섭(調變)하고 고루 머물게 하는 데 있다. 3관(三關)의 운용이 한 번 이루어질 때, 주류하여 원래 위치로 돌아오면 모든 기가 진(眞: 丹)을 응결한다. 이때가 되면 홀로 내 신(神)이 창쾌(暢快)함을 받아 그 희열을 말로 하기 어렵다. 그러므로 '기를 받으면 길하다.'고 했다.

화(火)를 행하여 부(符)로 물러나는 사이에는 주의할 점이 정성스럽게 보존하는데 있으니 잠시라도 생각이 끊어지면 안 된다. 설혹 조금이라도 차질이 있으면 드디어 흉하게 된다. 뜻을 엄밀히 방지하고 보호하여 조심하지 않으면 안 되니, 이는 야전(野戰)에서 위험을 방지하는 것과 같다. 그래서 '흉하게 됨을 방지하라.'고 했다. 『단경(丹經)』에서 말하기를, '용호를 짝하여 교합하는 곳에서는 이것은 오히려 작은 다리를 건너는 때와 같이 하라.'고 했고, 어떤 이는 '성품이 고요하여 무위(無爲)하려면 앉을 때 편안히 않고, 잠잘 때 편안히 해야 하니, 어찌 반드시 채약과 조화를 구별 하리오?'라고 했으니, 이는 대개 조화가 있음을 알지 못하는 사람일 뿐이요 함께 의논하기는 부족하다.

창명이 '채약할 때는 화의 효과를 고르게 한다.'는 말을 시로 말했으니,

보름 한가을은 달이 바로 둥그니

곧 모름지기 급히 채약하면 계(癸)에서 연이 생기네.
이때는 저절로 선천약(先天藥)이 있으니
다만 달리 알아야 할 것은 보름의 전후로다.
진연을 채취하여 정로(鼎爐)에 넣고는
모름지기 화후(火候)를 고르게 하여 공부해야 하네.
설령 약이 있더라도 화가 없으면
어찌 공중에 한 개 보주(寶珠)를 매달 수 있겠는가?

라고 했다.

주석하면, 채약은 때가 있으니, 그때를 놓치고 망령되이 할 수는 없다. 하늘의 달을 관찰해 보면 한가을에 가장 왕성하니, 대개 금의 왕성함이 유(酉)에 있고 금은 수(水)를 낳을 수 있으므로 달이 둥글고 조수가 크다. 이것이 천지조화의 지극히 묘한 곳이다. 한 몸 중에 진기(眞氣)가 성대(盛大)한 때가 있으니, 조수(潮水)와 서로 비슷하다. 스스로 샘에서 솟구쳐 이환으로 상승하여 6허(六虛)를 주류하고 상하를 돌아봄같이 넘치니, 형상으로 비유할 수가 없다. 사람이 사물의 교접에 골몰하고 기호와 욕정에 빠져 혼미해지면 여기에 이르는 걸 살피지 못하게 되니, 바로 때가 되어도 또한 스스로 알지 못한다. 진실로 이 시를 안다면 원관(元關)이 여기에 있고 화후가 여기에 있다. 이에 반드시 고요하고 안정하는 공부를 하여 무(無) 가운데서 유(有)를 찾고 뜻으로 그것을 채취하여 황방(黃房) 가운데 들어간다. 이미 진연을 얻었으면, 곧 모름지기 화후를 조정하여 시(時)를 의지하여 단련하되 시각(時刻)에 차질 없이 백일이면 바탕을 닦고, 열 달이 원만하면 금액환단이 이루어진다. 다만 달무리가 검은 지 흰 지, 조수가 줄어들 지 많아질 지를 헤아릴 수 있으면, 곧 연·월·일·

시·각의 묘함을 모을 수 있다. 이것이 단을 수련하는 요결이니, 반드시 스승의 전함을 빌어야 한다. 혹시 스스로 판단하여 방자하게 가슴 속을 드러내면 차질이 생겨 천리(天理)를 그르친다. 자양이 말하기를, '8월 15일에 달빛을 보면 바로 이것이 금정(金精)이 가장 왕성한 때이다. 만약 하나의 양이 겨우 일어나는 곳에 도달하면, 곧 마땅히 화로 나아가기를 지체하지 말라.'고 했고, 또 '연이 계(癸)에서 생기면 모름지기 급히 채취해야 하는데, 금은 망(望)이 멀면 감당하여 맛보지 못하게 되니, 그 때를 모르면, 곧 모두 망령되이 행할 뿐이다.'라고 했다.

'기를 받으면 길하니, 흉하게 됨을 방지하라.'고 한 것을 시로서 말했으니,

> 기를 받는 처음에는 근본이 동일하니
> 가장 길함이 그 가운데 있지 않음이 없네.
> 다만 순조로이 받아서 거스르지 않아야
> 오랫동안 단사(丹砂)가 정(鼎)에 붉게 차는 것을 볼 수 있다네.
> 호와 용이 싸우면 화(火)가 생기기 쉬우니
> 위험 방비하기를 아주 성을 방비하듯 하며
> 모름지기 엄격히 지켜서 기밀을 온전토록 하고
> 주장(主將)은 무위(無爲)하며 오병(五兵: 오행)과 잠을 자네.

라고 했다.

주석하면, 기를 받는다는 것은 곧 동지에 채약에 착수할 때이다. 이것은 하나의 양에서 착수하는 때이니, 양은 강직하여 점차 자라므

로 가장 길함이 그 속에 있다. 혹시 순조로이 그 바름을 받을 수 있으면, 거스름의 흉사를 쫓는 일은 없을 것이다. 이와 같이 하면 단사(丹砂)가 성취되고, 근심을 없앨 수 있다. 자양이 '마침내 취(取)하면 몸에 생길 것이니, 기를 받은 처음이다.'고 한 것이 이것이다. 흉하게 됨을 방지함은 곧 하지에 한 음이 생기는 때니, 음기가 점차 자라고 양기는 점차 소멸한다. 그러나 조심하여 단사가 위험하게 될 근심이 있을 것을 방지하지 않으면 안 되니, 곧 '하지에는 성을 지키라.'고 한 것이 이것이다. 그러므로 '동지에는 들에서 싸우고, 하지에는 성을 지킨다.'고 했다. 그리고 자양이 말하기를 '해와 달은 30일에 한 번 만나 시(時)를 일(日)로 바꾸어 신공(神功)을 본받았으니, 수성(守成)과 야전(野戰)으로 길흉(吉凶)을 알면 더욱 영사(靈砂)를 얻어 솥에 가득 차서 붉어지리.'라고 했고, 또 이르기를, '기를 받은 처음에는 얻기가 쉬우나, 빼고 보태어 운용함에 도리어 위험을 방지해야 한다.'고 했으니, 대개 음기가 너무 왕성하여 단을 상하는 것을 막아야 한다. 호와 용이 싸우면 위험이 막대하니, 엄밀히 방비를 하지 않으면, 순식간에 재앙이 소장(蕭墻)27)에서 일어난다. 주장(主將)은 단을 수련하고 몸을 연성하는 사람이다. 진실로 중추적인 기틀을 장악하면, 병사들은 잠을 자고, 형벌은 필요 없어지며, 나라가 부유하여 백성들이 편안하다.

---

27) 소장(蕭墻): 문가리개인데 후인들이 재앙이 안에서 일어남을 소장지화(蕭墻之禍)라고 했다.

19. 화후를 넉넉히 하여 단을 상하지 말라. 천지는 신령하고 조화는 인색하니라

혼연자가 말했다. 연성하여 황아(黃芽)가 솥에 가득하면 흰 눈이 하늘에 가득하고 영아(嬰兒)가 형상을 이룬다. 그래서 '화후가 넉넉하다.'고 했다. 화후가 이미 넉넉하면, 다만 마땅히 목욕시켜 따뜻하게 양육해야 한다. 만약 적당히 만족할 줄 모르고 망령된 뜻으로 화를 행하면 도리어 단을 상하게 된다. 단을 이룬 후에 천지와 혼합하면, 신기(神氣)가 저절로 신명스러워진다. 선사(先師)께서 이른바 '빈 방에서 백(白)을 낳으니, 신명이 스스로 온다.'고 했다. 그래서 '천지가 신령하다.'고 했다. 이때를 당하여 마땅히 보배로운 사랑을 더하여 조식하고 힘쓸 것이 미세한 부분에 있으니, 고요히 안정된 가운데 안에서 나가지 않고, 밖에서 들어가지 않으며, 형체도 잊고 사물도 잊어 마음이 태허(太虛)와 같으면, 한 기가 순양이 된다. 그래서 '조화가 인색하다.'고 했다.

일학거사가 말했다. 연성하여 황아가 솥에 가득하면 흰 눈이 하늘에 가득하고 영아가 형상을 이룬다. 그래서 '화후가 넉넉하다.'고 했다. 화후가 이미 넉넉하면 다만 마땅히 목욕시켜 따뜻하게 양육해야 한다. 만약 적당히 만족할 줄 모르고 망령된 뜻으로 화를 행하면 단이 상함을 면치 못한다. 수련하는 사람이 이미 단을 얻었다면, 또 단이 상하지 않게 해야 한다. 이로 말미암아 내 몸이 천지와 하나가 되어 천지는 신령치 않음이 없고, 내 몸이 조화와 하나가 되면 조화가 인색치 않음이 없다. 간(慳)은 인색함이다. 조화가 내게 있으면, 인색하여 버리지 못한다.

창명이 '화후를 넉넉히 하여 단을 상하지 말라.'고 한 말을 시로 말했으니,

주천과 화후가 둔괘와 몽괘에서 일어나
바퀴처럼 주류하여 기제와 미제에서 끝나네.
운용에 다만 3백일을 소요하면
자연히 서미(黍米)가 중궁(中宮)에서 생산되네.
열 달을 공부하면 넉넉히 주천하니
서미 한 알 공중에 둥글게 달렸네.
단에 익숙하면 모름지기 화후를 행하지 말고
다만 묵묵히 태선(胎仙)을 키움이 마땅하리라.

라고 했다.

주석하면, 주천 화후가 열 달 공부로 이미 그 수가 넉넉하면 대약은 형상을 이루고, 다시 부화(符火)를 행할 수 없다. 혹시 화를 멈추는 법을 모르면 반드시 연이 날아가고 홍이 달아나게 되어 도리어 단의 체(體)를 상하게 된다.

그래서 자양이 말하기를, '환단을 단련하지 않아야 반드시 속히 연성되니, 연성이 끝났으면 다시 모름지기 넉넉함에 그칠 줄 알아야 하고, 만약 가득 채우려고 마음을 멈추지 못하면, 하루아침에 위태로운 욕을 당하게 될 것이다.'고 했으니, 이로써 주천 공부를 보면 조화의 이치가 여기에 다 했다.

'천지는 신령하고 조화는 인색하니라.'고 한 말을 시로 말했으니,

금단 대약은 이루는 이 드물지만

모름지기 천지는 이 물질의 신령함을 안다네.

설사 인연이 있어 합할 수 있더라도

수행의 장애가 도중에 생명을 더럽히게 됨을 어찌 하랴?

배우는 사람은 분분히 세상에 가득하나

통달하기를 구하는 이는 다시 없구나.

만약 조화를 알아 인색함이 없다면

세상엔 마땅히 여암(呂巖: 여동빈)이 많으리라.

라고 했다.

　주석하면, 금액환단은 천지의 지극히 신령한 보배다. 그러므로 조화가 인색하여 가벼이 사람 바꾸기를 기뻐하지 않는다. 세상에 신선을 배우려는 사람은 분분하여 소털같이 많으나, 통달한 사람은 고기에 뿔같이 적어서 볼 수가 없다. 스스로 일찍이 선(善)의 뿌리를 심지 않으면, 삼생(三生)에 인연의 요행히 있어서 설사 부지런히 수행을 해도 중간에 장애가 생겨 귀신이 허락하지 않는다. 혹시 정기(鼎器)가 불완전하면, 금액이 유실될 염려가 있어 도리어 그 생명을 상하게 된다. 마땅히 천지의 지극한 보배를 알면, 인연 있는 사람은 반드시 별에게 말하고 하늘에 맹세함이 마땅하고, 어려움을 당해도 복과 덕 있는 도우(道友)를 사귀어야 그 경지를 얻는다. 그런 뒤에 역량 있는 사람을 의지하여 함께 그것을 이룰 수 있다. 그것을 혹시라도 가벼이 바꾸면, 스스로 재앙을 부른다. 그러므로 자양이 말하기를 '명(命)의 보배는 가벼이 희롱하면 안 된다.'라고 했고, 또 행동함에 많은 마귀가 장애를 일으킬 것이니, 그것을 경계하여 배우는 사람은 스스로 마땅히 깊이 명심해야 할 것이다.

20. 처음에 태(胎)를 맺으면 근본 명(命)을 보고, 끝으로 태를 벗으면 사방을 본다

혼연자가 말했다. 태초에 천근(天根: 단전)은 혼돈한 가운데 있었으니, 곧 태를 맺는 곳이다. 착수하는 처음에 정(精)을 연성하면 기로 변화되고, 기로 변하면 신으로 변화되며, 신을 연성하면 허로 돌아가니, 도와 함께 진인에 합하고 맺혀서 성태(聖胎)를 이룬다. 처음 태를 맺을 때, 항상 명(命)의 근본에서 그것을 지켜야 한다. 그래서 '처음에 태를 맺으면 근본 명을 본다.'고 했다. 열 달이면 태가 둥글어지고 신을 위로 옮겨 이환에 있으면서 신을 조섭하여 껍질을 벗고, 바로 공(功)이 이루어지고 행함이 완성되기를 기다리면, 상제(上帝)의 조서가 내려와서 허공(虛空)을 타파하고 진인으로 들려 올라가는데, 붉은 구름수레에 백학을 타고 동서남북으로 가지 못할 곳이 없다. 그래서 '끝으로 태를 벗으면 사방을 본다.'고 했다. 〈정중음(靜中吟)〉에서, '하루아침에 공이 이루어지는 줄 사람들은 모르지만 사면이 모두 야광(夜光)의 궁궐이구나.' 한 것이 이것이다.

창명이 '처음에 태를 맺으면 근본 명을 본다.'는 말을 시로 말했으니,

채취하여 선천의 일미(一味) 연을 얻는 데는
바탕을 세워 모름지기 황원(黃元)과 합해야 하지.
성태가 맺혀서 무 속의 유를 이루니
문득 봉호(蓬壺: 신선세계)를 향하여 1년을 기르네.
환단을 수련함은 바탕부터 세워야 하니
먼저 근본 명을 보아야 뒤에 할일이 있다네.

근본 명을 알아야 참된 변화도 생기니
　　다만 양이 생겨 착수(시작)할 때를 기다리라.

라고 했다.

　　주석하면, 한 점 선천기를 채취하고 아홉 번 연단하여 금액(金液)의 단을 맺으니, 천지의 음양을 본받아 몸의 변화와 합치시키면, 무 속에서 유가 생기고 초범입성하나, 어찌 쉬운 일이겠는가? 근본 명은 곧 단의 바탕이고, 단의 바탕을 곧 착수(시작)하는 것이며, 착수는 곧 기를 처음 받는 것이다. 이미 채취하여 금단을 응결시키는 묘함을 알았다면 마땅히 단기(丹基)의 처음을 봐야한다. 진실로 음양을 깨닫지 못하고, 조화를 깊이 통달하지 못하며, 근본 명을 알지 못하여 마음대로 헤아려서 행하면 다 맹인이 수련하고 애꾸가 연성하는 것과 같아서 방문(旁門)의 엉뚱한 길로 들어가게 된다. 이 중에 조화는 그것이 극히 심원하여 말로 하기 어려우니, 마땅히 득도한 사람에게 간절히 배워 입으로 전하고 마음으로 받아야 할 것이다.

　　'끝으로 태를 벗으면 사방을 본다.'고 한 것을 시로 말했으니,

　　열 달을 공부하여 아이를 길렀으니
　　태를 벗고 신으로 변화하여 화(火)와 용(龍)이 날도다.
　　한밤중 정문(頂門)에서 뇌성이 울리고
　　어떤 진인이 있어 태미(太微)를 조회하네.
　　목의 용과 금의 호는 굳고 부드러움이 바르니
　　북의 감괘, 남의 이괘는 조화가 미묘하다.
　　모쪼록 이 속의 올바른 뜻을 보고

다시 사람에게 함부로 천기를 누설치 말라.

라고 했다.

주석하면, 해경(海瓊) 백 선생(白先生)이, '이때 단이 무르익으면 반드시 어미가 영아를 아끼는 것이 필요하니, 하루도 안 되어 구름이 날고, 바야흐로 진인을 보고 상제를 조회한다.'고 했으니, 이는 태선을 길러 태를 벗고 신으로 변화하는 묘함을 말한 것이다. 금액환단은 열 달을 공부해야 하는데, 주천의 화후를 살펴보면, 자식이 어미에게 탄생하는 것과 같아서 허무하고 황홀하고 심원한 가운데서 영아를 생산하니, 곧 나와는 한 몸이다. 여기에 이르러 초범입성하기를 기다렸다가 환골(換骨)하고 위로 나르게 되면, 뇌성이 울리면서 이환의 한 통로 문이 열리고 구름을 타고 자연 삼청(三淸)의 경지를 조회하게 되는데, 반드시 동서남북 사방의 궁을 보게 되니, 곧 영아의 신실이다. 진실로 먼저 사방을 보지 못하면, 또한 중궁(中宮)을 보지 못한다. 조화는 현묘하고 천기는 심원하니, 경솔히 누설하면 재앙이 아홉 조상에까지 미칠 것이다. 이것이 남색이 흰 색을 포함하고 있는 까닭이니, 영아를 기르는 것은 오히려 해섬(海蟾) 유공(劉公)의 한 마디 새로운 말을 기다린 후에야 비로소 탈태(脫胎)했다.

21. 엄밀하고도 엄밀히 행하면, 구절마다 응한다

혼연자가 말했다. 이 두 구절은 다 지금까지의 80구를 마무리한 것이니, 금단대도는 화(火)로 나가고 부(符)로 물러나 조화의 묘한 비결을 빼앗는 것을 말한 것이다. 행하는 한 몸이 빈 골짜기의 소리에 응하고, 햇볕의 화(火)를 취하며, 방제(方諸)에 물을 취하면 신이 통하고 기가 감응하니, 어찌 그 신속함이 이와 같은가? 그래서 '엄밀하고도 엄밀히 행하면, 구절마다 응한다.'고 했고, 『단경(丹經)』에서 '봐도 보지 못하고, 들어도 듣지 못하나, 숨을 내쉴 때가 되면, 또한 도리어 응한다.'고 한 것이 이것이다.

일학거사가 말했다. 이 두 구절은 모두 앞의 80구절을 마무리 한 것이다. 이미 배우는 사람이 누설할 것을 염려하여 엄밀하고도 엄밀히 행할 공(功)을 제시한 것이고, 또 의심할 것을 두려워하여 구절마다 응하는 효과를 보여 주셨으니, 선옹(仙翁)이 사람의 뜻을 헤아려 깊고 간절히 밝혀 둔 것이라고 할 수 있다.

창명이 '엄밀하고도 엄밀히 행하면, 구절마다 응한다.'고 한 말을 시로 말했으니,

> 몸에 도를 얻으면 다만 스스로 알게 되니
> 고요한 가운데 엄밀히 묘행(妙行)을 유지하라.
> 만약 가르침을 경솔히 누설하면 하늘의 책망을 받으리니
> 평생토록 3전(三傳)하여 화가 따른다.
> 그 밖의 글은 간단하고 명료하여
> 분명하기가 거울같이 밝고 얼음같이 맑으니
> 만약 이 행함을 유지하는 법을 의지할 수 있다면
> 구절마다 마음에 전해져 골짜기 속의 소리와 같으리라.

라고 했다.

주석하면, 최공의『입약경(入藥鏡)』한 권은 모두가 2백여 자로서 참으로 밝은 거울과 같다. 충성스럽고 근실하게 하는 까닭은 후학으로 하여금 깊고 간절히 밝혀 주려는 것이다. 만약 보이는 형상이 거울에 있다면, 그 아름답고 추함이 거울에 그대로 나타나듯이 이 책에는 스스로 선천에서 약을 채취하고, 신실에 연과 홍을 넣으며, 주천의 화후를 행하여 아홉 번 연단한 금액을 이루니, 처음부터 끝까지 포괄하여 다 갖추고 남은 문제는 없다.

수련하는 사람이 진실로 이 법도를 의지하여 엄밀히 행하면 구절마다 다 응할 것이니, 그림자가 하루 중에 형체를 따라 다니는 것과 같고, 골짜기같이 귓속에서 소리가 응하니, 다 몸속을 떠나지 않는다. 비유하면 목수가 연장을 다루어 저절로 법도에 합치되도록 하는 것과 같으니, 배우는 사람이 그것을 깨달으면, 또한 마음에 얻어지는 것이 손에 잡히는 것과 같다.

〈혼연자의 노래(掛金索28))〉

○ 일경(一更)에는 단정히 앉아 조식(調息)하기 시작한다. 혼돈 속에
 말하지 않고 잡념을 끊고 참 뜻을 존상한다. 호흡은 면면히 하되,
 배합하여 중위(中位)에 두고, 작은 아이를 키우니 서미가 천지에
 숨어 있다.

○ 이경(二更)에는 청정(淸淨)하여 마음을 비우는 것이 중요하다. 묵묵
 히 회광반조(廻光返照)하여 무 속의 유를 보며 마귀들을 쫓아 물리
 치면, 땅이 흔들리며 금사자의 울음이 나면서 금방 공이 이루어지
 고, 곧 수명이 하늘과 같아진다.

○ 삼경(三更)에는 닭이 우니, 동지의 양이 처음 통한다. 감(坎)을 취하
 여 이(離)에 채우고, 곧 바로 이환을 향하여 보낸다. 화를 운행하여
 주천(周天)시켜 화로(풍로) 안의 연을 홍에 넣고, 아홉 번 연단하면
 단이 이루어지니, 백설이 선동(仙洞)에 날린다.

○ 사경(四更)에는 안락하여 만사가 다 상념이 없다. 수(水)가 화지(華
 池)에 가득차면 물을 대어 영근(靈根)이 자라고 정(靜) 속에 건곤이
 있으니, 선악(仙樂)이 잇달아 울리며, 도는 커다랗게 허공에 가득
 하고 이름은 황금방(黃金榜)에 걸린다.

---

28) 괘금색(掛金索): 괘금색은 일명 사패(詞牌), 또는 곡패(曲牌)라고도 하는데, 각종 곡조의
 명칭을 말함.

○ 오경(五更)에는 달이 져서 점차 동방이 밝아진다. 골짜기 속의 진인은 이미 분명히 깨달음을 보았으니, 좋은 집 훌륭한 수레에 금정(金鼎)의 홍이 엎드려 감싸고 있고, 허공을 타파하여 모든 도가 금빛으로 빛난다.

〈백자령(百字令)으로 3교의 이치를 밝힘〉

◎ 유교

성인이 도를 전함에 그 중(中)을 잡는 묘함이 오직 정(精)과 일(一)에 있으니, 놓으면 주류하여 6합(六合)에 퍼지고, 거두면 물러나 엄밀함에 감춘다. 격물치지(格物致知: 사물을 궁리하여 앎에 이름)하고, 정심성의(正心誠意: 마음을 바르게 하고 뜻을 정성스럽게 함)하여 정(靜) 속에 황극(皇極: 왕위)을 포함하고 있다. 인(仁)에 있으면서 의(義)로 말미암아 기미에 응하고 조금도 힘을 낭비하지 않는다. 사시(四時)에 천지와 동참하고, 화부(火符)가 절후에 합하여 묵묵히 참뜻을 보존하면 3·5(三五: 15일)에 처음(元: 하늘. 元氣)으로 돌아가 덕이 순수함에 이르니 보존하여 합하면 태화(太和)가 가득히 넘치게 된다. 체용(體用)은 한 근원이니, 작은 것도 밝혀서 간격이 없고, 성품을 다하여 분명히 궁리하며, 생사를 바로잡아 깨뜨려야 마침내 적막으로 돌아가게 된다.

◎ 불교

불교의 참뜻은 돈오(頓悟: 한 번에 깨침)니, 이치가 깊고 미묘하고 분명하여 무언(無言)으로 말할 수 있다. 아득한 옛날부터 오늘에 이르기까지 온전히 체가 갖추어졌으니, 적막에 빠져서 원래 생멸(生滅)이 없다. 먼지를 떨어버리고 마음으로 전하며 구멍 난 옷에 밥을 먹으므로, 보는 사람은 분명히 업신여기나, 모든 이치는 한 곳으로 일치하니, 어찌 반드시 특별한 차이가 있으랴? 말을 해서 가풍(家風)을 향상시키니, 가느다란 끝이 날카로워 돌을 뚫으니 단단하기가 쇠와 같다.

3계(三界)29)에 두루 통하여 머무르는 곳이 없고, 곳을 따라 기미에 응함이 분명하다. 겨자(작은 것)가 수미산(須彌山)을 포함하고, 구슬이 만상(萬象)을 머금어 가을 달에 매달려 밝게 빛나니, 짧은 실로 걸지 않아도 부처와 함께 나란하다.

◎ 도교

진인을 수련함에 솥을 세우고 금단을 연성함에 다만 세 번 영약(靈藥)을 행하여 동지에 양이 생기면 바삐 착수하고, 채취할 때를 반드시 짐작해서 해야 한다. 감(坎)을 빼어 이(離)에 메꾸고, 정(精)을 유통시키고 화(火)로 나아가, 바로 중심을 빙 둘러싸고 외곽을 채우면, 적자(赤子)가 용을 타고 일시에 남악(南嶽)으로 오른다. 건곤이 교합하여 돌아오고 용호가 항복하니 부부가 같이 즐거워한다. 손(巽)의 문이 열리며 큰 불이 일어남에 아홉 번 연성하면 단이 맺혀 충만하다. 현묘한 골짜기에 바람이 생기니 천성(天性)이 구름처럼 흩어지고, 만도(萬道)가 신광(神光)으로 빛난다. 공(功)을 행함이 완전히 가득차면, 다른 해에 난학(鸞鶴)을 같이 타게 된다.

『입약경』 끝.

선비가 세상에 살면서 사람들에게 그가 오지 않을까 의심하도록 하기보다는 사람들에게 그가 가지 않는 것을 싫어하도록 하지 말라.

---

29) 3계(三界): ① 욕계(欲界), 색계(色界), 무색계(無色界). ② 과거, 현재, 미래. ③ 삼천세계(三千世界).

〈시금석〉

적막서생

적막서생이 세상에 들어온 지 30년 이래 인류의 심리를 조용히 지켜보고, 불어나는 어려움을 분석해보니 외모로 사람을 취하다가 자우(子羽)[30]를 잃었으니, 어찌 관상을 보는 사람의 기술이 어렵지 않겠는가?

몇 마디 기록하기를 부탁하기에, 혹시 또한 벗을 고르는 지침이 될 수도 있겠도다. 꿈속의 언행은 인류의 마음 거울이고, 저포놀이를 하는 마당은 사람들의 마음을 분석하는 장소이다. 소(韶)는 인류의 수수께끼여서, 비록 영웅호걸이라도 할지라도 해석할 수가 없다.

말을 할 때 눈빛은 다른 사람을 돌아보나 사람들의 마음속은 필시 성곽 속에 있어서 알 수 없다. 맹자(孟子)가 이른바, '가슴속이 바르지 않으면 눈동자가 흐릿하다.'고 한 것이 이것이다.

가난하다는 말을 잘하는 사람은 필시 진짜 가난한 것이 아니므로 진짜 가난한 사람이니 말이 무슨 보탬이 되겠는가? 그래서 청빈한 사람은 가난을 말하지 않는다.

때를 기뻐하는 말은 진짜가 아닌 게 많아서 예(禮)를 잃기를 그 여가의 일과 같이 한다. 꾸미기를 좋아하는 사람은 필시 호색(好色)하고, 잠옷을 화려하게 꾸미는 사람은 그 사람됨이 필시 외도를 하겠고, 염정소설 보기를 좋아하는 사람은 필시 원대한 뜻이 없다.

직무에 마음을 다하고 학문에 부지런한 사람은 필시 자중(自重)하

---

30) 자우(子羽): 춘추시대 노나라 사람. 공자의 제자로 모습이 누추하였다고 함.

는 사람이어서 두 가지를 다 갖추고 있어 듣기 좋은 소리를 하고 미색이 있는 자리에 있으면서도 그 지조를 변치 않는 사람이다. 필시 연양(煉養)을 배우기를 추구하는 사람은 이익과 손해에 관련된 상황을 맞이하게 되면 우리의 시금석이 될 것이다.

〈정렴의 단학지남〉

단학지남
—폐식하는 묘방—

북창선생 정렴 지음

상편

신선을 수련하는 방법은 지극히 간단하고 쉽다. 그러나 지금 그런 책들은 소나 말이 땀을 흘릴 정도로 수레에 가득 실을 정도이고, 그 말씀도 범람하고 황당하여 이해하기 어렵다. 그래서 고금의 학자들이 접근할 방법을 모르고, 장생하고자 하나 도리어 요절하는 사람이 많다.

『참동계(參同契)』한 편은 실로 단학(丹學)의 비조다. 살펴보면 역시 천지(天地)에 부합하고 괘효(卦爻)에 비유하였으나 초학자가 쉽게 재량할 수 있는 것이 아니다.

이제 입문자에게 절실하고, 쉽게 알 수 있는 것 약간의 문장을 추려서, 만약 능히 알 수 있다면 한 말씀으로 충분할 것이다.

대개 단에 접근하는 방법은 오로지 폐기(廢氣)[31]일 뿐이다. 이제

---

31) 폐기(廢氣): 기를 폐한다. 직역하면 숨을 멈춘다는 뜻이다. 봉우(鳳宇) 권태훈(權泰勳, 1900~1994) 선생은 생전에 이 말에서 오류가 발생했다고 말했다. 선생은 이를 바꾸어 유기(留氣)라고 했다. 만약 일흡(一吸)에 10 정도 들이쉰다면 3을 남기고 숨을 들이쉬고, 일호(一呼)에 10 정도 내쉰다면 3을 남기고 숨을 내쉬는 것을 말한다. 폐기라는 말을 잘못 이해하여 몸을 망친 사람이 많았다는 것이 봉우선생의 지적이니 북창선생의 설명과 비교하되, 잘 가려서 분별해야 한다.

폐기를 하려고 하는 것은 신선이 반드시 마음을 고요하게 하고, 다리를 단정하게 포개 앉아서(가부좌) 방과 창문에 주렴을 드리우고 아래를 보되, 눈은 코끝을 보면서 코는 배꼽을 향하도록 맞추어야 공부하는 정신이 오로지 여기에 있게 된다. 이때가 되면 마땅히 협척(夾脊: 등뼈 아래 요추)이 수레바퀴 같아지고, 들이 쉬는 숨은 면면히 하면서 내 쉬는 숨을 미미하게 하여 항상 신과 기(神氣)가 배꼽 아래 한 치세 푼의 단전(丹田) 가운데로 들어가도록 하고, 모름지기 숨을 굳게 닫고 내 쉬지 않는 것이 아니라, 참을 수 없게 되면 아래로 보낼 생각을 더해서 대략 소변을 하듯이 하여, 이른 바 들이 쉬고 내 쉼을 손풍(巽風)에 의지하도록 한다. 참으로 마음을 고요하게 하고 머리를 드리우고 아래를 보되, 눈은 코끝을 마주한다면 기(氣)는 내려가지 않을 수 없으니 마땅히 폐기(廢氣)하는 초기이다. 곧 가슴이 차츰 답답해짐을 느껴서 혹 찌르듯이 아픈 것이 있거나 혹 뇌성이 울리면서 내려가는 것이 있으면 다 기쁜 조짐이다.

대개 윗부분의 풍사(風邪)[32]는 바른 기에 의해 구박되어서 뚫린 공간으로 흘러 들어가는 곳이 그 전송 길이 된다. 그런 뒤에 기(氣)가 저절로 평안하고 병은 저절로 사라지니 이것이 곧 첫머리의 도로이다.

또한 이른 바 편향(片餉: 짧은 시간) 공부를 증험하고 항상 가슴과 배를 근심하며 더욱 마음을 다 하면 그 때가 가장 미묘하다. 생각마다 일상적으로 하여 공부가 조금 익숙해지게 되면, 그때 현빈(玄牝)이란 것을 얻게 되어 한 구멍이면 백 구멍이 다 통한다.

이로 말미암아 태식(胎息)을 하고, 이로 말미암아 주천화후(周天火

---

32) 풍사(風邪): 설사를 하거나 출혈이 되는 병.

候)를 행하며, 이로 말미암아 태(胎)를 맺는데 여기서 단(丹)의 시초가 된다. 그러나 어떤 사람은 방문(旁門) 소술(小術)이라 여기고, 수행하는 것을 기뻐하지 않으니 안타깝도다.

변화하여 비승(飛昇)하는 술수는 어리석어 감히 말할 바가 아니나 단을 기르는 것은 어떤 처방이나 어떤 약보다도 여기에 비길 것이 아니고, 오랜 세월을 수행하면 모든 질병이 두루 소멸되니 마음을 다 하지 않을 수 있겠는가?

무릇 풍사(風邪)의 걱정은 혈맥 속에 숨어 있어서 몰래 행동하고 다니니 몸을 죽이는 도끼가 되는 줄 모르고 있다가 오래 되면 경락으로 전환되어 고황(膏肓)[33]으로 깊이 들어가는데 그런 뒤에는 의원과 백약을 찾아도 이미 늦었다. 정기(正氣)와 풍사(風邪)는 얼음과 숯처럼 서로 수용할 수 없으니, 정기(正氣)가 항상 머문다면 풍사(風邪)는 저절로 달아나고 모든 맥(脈)이 자연이 유통하고, 삼궁(三宮)[34]을 자연히 오르내리니 질병이 무슨 까닭으로 생기겠는가?

쉬지 않고 부지런히 더 힘쓰면 필시 수명을 연장시켜 장수하며, 그 나머지를 얻어서 또한 편안하고 아름다운 임종을 맞지 않는 사람이 없을 것이다. 살고자 함을 사랑하니 이 말을 줌으로써 또한 서로 사랑하는 도를 말하노라.

중편

정(精)을 막고 식사를 줄이며 한가로이 앉아 움직이지 않고, 앉으

---

33) 고황(膏肓): 심장과 횡격막 사이의 부분.
34) 삼궁(三宮): 상단전, 중단전, 하단전.

나 누우나 음식과 호흡을 한결같이 자연에 맡겨서 평소의 은인과 원수, 영광과 치욕, 얻은 것과 잃은 것, 슬픔과 환희를 생각하지 말며, 오늘과 내일의 기대와 희망, 공로와 명예, 향기로운 것과 화려한 것, 복록과 수명을 생각하지 말고, 또한 엉뚱한 생각과 어지러운 상상을 제거하여 이전의 생각을 끊고 뒷날의 생각을 움직이지 않아야 한다. 생각이 문득 움직인다면 억제하고 또 억눌러 오래도록 묵혀야 한다.

옛 사람[古人]이 이르기를, 순응하면 사람이 되고, 거스르면 신선이 되니, 1은 양의(兩儀)를 낳고, 양의는 사상(四象)을 낳으며, 사상은 팔괘(八卦)를 낳아서 64괘에 이르러서 모든 사상(事象)이 이루어지는 것이 사람의 길[人道]이다.

다리를 포개고 단정히 앉아서 주렴을 드리우고 서방을 막고서 만사의 소란스러움을 수습하여 허무의 태극으로 돌아가는 것은 신선의 길[仙道]이다.

『참동계(參同契)』에 이르기를, '의지를 다하여 허무(虛無)로 돌아가라.'고 했으니, 생각마다 평상으로 하면 증험이 저절로 이동하니, 마음을 오로지 왔다 갔다 하지 않는 것이 신선도를 수련하는 제일 첫째 방법이다. 다만 뜻 세우기를 귀중하게 여기고 때가 되지 않았다고 하면서 정기(鼎器: 몸)가 쇠약한 뒤에 한다면, 비록 백 번 그 공덕을 믿더라도 함께 상선(上仙)을 말하기는 어렵다.

먼저 기를 폐해야 한다. 폐기(廢氣)한 사람은 눈으로 기치를 삼고 기가 좌우 전후로 오르내리면서 뜻한 곳으로 가지 않음이 없다. 기를 상승시키고자 하는 사람은 그 시선을 위로 하고, 기를 아래로 하강시키고자 하는 사람은 그 시선을 아래로 내린다. 오른쪽 눈을 감고 왼쪽 눈을 뜨고 시선을 위로 향하면 왼쪽 기가 먼저 상승하고, 왼쪽 눈을 감고 오른쪽 눈을 뜨고서 시선을 위로 하면 오른쪽 기가 또한 상승한다.

　내려서 쓰는 것은 임맥(任脈)을 앞에서 사용하고, 올려서 쓰는 것은 독맥(督脈)을 뒤에서 사용한다. 그리고 신(神)이 운행하면 기(氣)도 운행하고, 신이 머물면 기도 머물러 신이 가는 대로 기가 가니 기가 가지 않는 곳이 없고, 뜻대로 하지 않는 것이 없어서, 눈으로 명령해도 군사가 기치를 운용하는 것과 같다. 또한 위를 보고자 하면 반드시 눈을 사용하지 않고 단지 눈동자를 굴려서 위쪽을 보면 이 또한 할 수 있다.

　세상 사람들은 다 위쪽은 실(實)하고 아래쪽은 허(虛)하여, 이 기가 상승할 때마다 상하가 교류하지 않을 것을 걱정한다. 그래서 이 기가 하강할 것을 힘써서 그 중궁(中宮) 무·기·토(戊己土)를 지키고 있도록 하여, 비장과 위장이 화창하도록 하고 혈맥이 두루 흐르도록 해야 한다.

　혈맥이 두루 흐르도록 하는 것은 임독(任督)에 달렸으니, 임독이 다 통하면 수명을 연장시키니 어찌 반드시 하지 않겠는가? 그러므로 단을 수련하는 방법은 반드시 폐기(廢氣)하여 항상 배꼽 하단전 가운데 머물도록 한다면 상부(上部)의 구름이 막히고 안개가 내리는 것 같은 풍사(風邪)가 아래로 흘러 내려가는데 먼서 가슴과 배에 가서 처음에는 가슴이 더부룩하고 다음에는 배가 아프나 그것을 보내는 방법을 터득하라 수 있다.

　그런 뒤에 신체가 화평해지면서 땀이 나는 증세가 있고, 김이 피어나 온 몸의 모든 맥이 두루 흘러 크게 미치게 되어 한결 같은 의지로 녹아들면서 눈앞에는 흰 눈이 펄펄 내려오는 듯하고 내가 형체가 있는지, 형상에 내가 있는지를 모르게 되고, 그윽하고 아득하며, 명하게 황홀하여 이미 태극이 나뉘기 전의 상태에 있게 된다.

이것이 이른바 참 경계요, 참 도로이며, 이것 밖에는 모두 사특한 말이고 망령된 행동일 뿐이다.

하편

그 다음에 태식(胎息)이란, 폐기(廢氣)가 조금 익숙해지고, 신기(神氣)가 조금 안정된 연후에 조금씩 조금씩 아래로 옮겨가서 아랫배 털이 있는 경계까지 가서 세심하게 이 기가 온 곳의 출처를 살펴보고, 있는 곳을 따라서 들어가도록 하되, 한 번 내쉬고 한 번 들이쉬면서 항상 그 가운데 있도록 하면 이것을 현빈일규(玄牝一竅)라고 하는데 단을 수련하는 요체가 여기에 있을 뿐이다.

입과 코 사이로 내보내지 않은 연후에 항상 남은 기가 입과 코 사이에 머물러 있도록 하면 이것이 이른 바 모태(母胎)의 조식[胎息, 태식]이니 귀원복명(歸元復命)의 도가 되는 것이다. 그래서 태식을 할 수 있는 연후에 이 기가 부드럽고 화평해지고, 화평하고서 안정되고서야 호흡이 없는 조식(호흡)에 이르게 된다.

경전에 이르기를, 기가 안정되면 호흡이 없어지고, 그 다음은 주천화후(周天火候)가 되며, 화(火)는 안과 밖에서 느리고 빠름이 있어서 처음에는 기와 혈(氣血)이 함께 허(虛)하다. 그래서 폐기(廢氣)를 하면 얼마 지나지 않아 화기(火氣)가 쉽게 흩어지다가 혈과 기가 점점 실(實)해지면 화기(火氣) 역시 느려진다. 또한 문무(文武)와 진퇴(進退)의 법이 있으니 살피지 않을 수 없다.

주천화후(周天火候)란, 익숙해진 기가 온 몸에 두루 흐르는 걸 말하는 데 불과하다. 신기(神氣)가 항상 배꼽과 배 사이에 있다가 오래도록 흩어지지 않으면 필시 따뜻한 기운이 그 사이에서 나오는데 이때가 되어서 불어내는 생각을 더 하듯이 하면 방광(膀胱)이 불같고 양쪽 콩팥이 끓는 듯하여 끓는 듯한 기운이 미미하다가 세어지게 되면 아래에서 위로 꽃이 점점 피어나듯 하면, 이른바 화지(華池)에 연꽃이 핀다고 하니, 허무가 극에 이르면 고요함을 지킬 때이니 이것이 가장 중요한 부분이다. 조금 오래 그대로 있으면 열기가 점점 왕성해지는 데 이를 꽃이 점점 피어서 풀이 나타나고 꽃이 짙어진다고 한다. 이때 물이 거꾸로 흐르며 단맛의 침이 입에 생겨나니 이것이 예천(禮泉)으로 이른바 옥장금액(玉漿金液)이라 하고, 뱃속이 크게 열리면서 아무 사물이 없는 것처럼 잠깐 동안에 열기가 온 몸에 퍼지니 이것을 주천화후(周天火候)라고 한다.

배꼽에서 아랫배 아래 한 치 세 푼이 바로 하단전(下丹田)이다. 하단전과 상단전(上丹田)은 이환궁(泥丸宮)이니 서로 응하여 영향을 주는데 이른바 옥로(玉爐)라 하고 화기가 따뜻하고 정수리까지 날아올라서 자하(紫霞)가 된다. 아래위로 끝이 없는 고리처럼 물을 대주면서 참으로 이 화후(火候)를 따뜻하게 길러서 잃지 않도록 한다면 청명한 기운이 올라와 이환궁(泥丸宮)에서 맺히는데 선가(仙家)에서는 현주(玄珠)라 하고, 불가에서는 사리(舍利)라 하니 필연적인 이치가 있어서 도(道)를 이루게 되었는가? 다만 마땅히 사람이 성실하게 했는지 그렇지 않았는지 여하에 달려 있을 뿐이다.

일찍 달성한 것이 귀하지만 공을 마쳐도 혹시 또 듣기를, 이른바 화(火)로 약(藥)을 연성해서 단을 이루었다고 하면 이는 신(神)으로 기(氣)를 제어하고, 기(氣)를 형(形)에 머물게 하는 데 지나지 않으니, 모름지기 서로 떨어지지 않고 스스로 장생하는 방법이라면 도를 알기는 쉽지만 만나기는 어렵다.

비록 그러하나 이해하더라도 오로지 수행하기 어려운 까닭은 세상 사람들의 모든 배움이 필경은 한두 가지의 성취도 없기 때문이다. 그러므로 무릇 도를 배우는 사람은 성실함을 귀하게 여긴다.

『시경(詩經)』에서 말하기를, '바른 기(正氣)는 마땅히 빈 속을 채우나니 어찌 편안히 있으면서 초연한 삶을 방해 하리오?'라고 했으니, 달마(達磨)는 태식법(胎息法)을 얻었기에 면벽(面壁)하여 마음을 볼 수 있었다[觀心].

『황정경(黃庭經)』에 이르기를, '사람들은 모두 오곡의 정기를 포식하지만, 오직 나는 여기 음양의 기를 포식한다네.'라고 했으니, 이 두 시를 보건대, 벽곡(辟穀)은 오로지 태식(胎息)에서 유래했으니, 진실로 벽곡을 할 수 있다면 이 음양의 기를 포식할 수 있으니, 곧 땅의 문이 닫히고 하늘 문이 열리리니, 어찌 평지에서 신선으로 오르지 못하겠는가?

이상의 세 가닥 이치는 각자 명목을 세웠다. 오늘 한 가지를 수행하지 않았으나 내일 한 가지를 수행하면, 그 공부는 오로지 폐기(廢氣) 가운에 있는 것이다. 다만 공부에는 깊고 얕음이 있고, 등급도 높고 낮음이 있어서 비록 변화하여 날아다니는 술수라 하더라도 모두 이 세 가지밖에 없으니 오직 그 성실함에 달렸을 뿐이다.

이 양생법의 지침은 양정도인(陽井道人) 정렴(鄭礦) 북창(北窓)이 지었다.

〈학산거사의 감상문〉

북창선생(北窓先生)은 일찍이 삼교(三敎)의 하학상달처(下學上達處: 아래의 구체적인 것을 먼저 배우고, 위로 추상적인 학문으로 나아가는 것)를 논했는데, 그 말씀이 아주 자세하여 대개 높은 지혜의 모습으로 끝이 없는 곳을 두루 살피고, 그런 뒤에 가정을 교훈하였으니, 필시『소학』과『근사록』을 위주로 한 것이 어찌 헛되어 그렇게 했겠는가?

실로 천지간에 이 몸이 있어서 반드시 이 도리가 있으니, 어느 쪽으로도 치우치지 않고 공정하다.

주자가『참동계』를 논하여 말하기를, '안중에 또렷이 이해할 수 있으나 다만 수행할 방법을 모르겠도다.'라고 했으니, 이제 북창선생의『단학지남』한 편을 보니, 양생을 하는 자가 소년의 모르는 점을 가르쳐서 접근할 수 있는 방법을 말하여 사람들에게 분명하게 보였으니, 원기중(袁機仲)35)이나 채서산(蔡西山)36) 같은 여러 군자와 함께 하여 같이 세상사에 참여하고 회암(晦菴: 주자) 석상에서 토론하지 못한 것이 한스럽다.

대저 이 마음으로 하여금 허전하게 하여, 태공(太公: 여상)이 사물이 닥치면 순응하며 스스로 고요히 느끼고 중화(中和)의 큰 공을 이룬 것을 어찌 쉽게 할 수 있으리오? 마음의 요처는 빈속에 있고, 함양하는 공부를 위하여 마음을 다잡으니 곧 머지않아 다시 회복한다는 삼자부(三字符)37)이다.

---

35) 원기중(袁機仲): 남송대 사람. 주자의 제자.

36) 채서산(蔡西山): 본명은 채원정(蔡元定, 1135~1198), 자(字)는 계통(季通), 서산선생(西山先生)이라고도 함. 복건성(福建省) 건양현(建陽縣) 사람. 남송의 유명한 이학가(理学家)·율려학가(律呂学家)·감여학가(堪輿学家), 주희 성리학의 주요 창건자 중 한 사람.

그러니 이로써 스스로 힘쓰되 병을 물리치는 방법으로써가 아니라 실로 성(性)을 보존하는 참된 기미를 이루기 위한 것이다.

아, 만물은 고요한 가운데 생겨난다. 그래서 『통서(通書)』에서 말하기를, 공정하고 올바른 인의(仁義)를 정하여 고요함을 중심으로 수명을 늘리고 사람을 가르치며 고요히 앉아 이 책을 열람하며 공부를 하여 큰 화평에 한 마음을 묶어서 만물과 함께 같이 흐른다면, 길을 달리하지만 같이 돌아가는 묘한 방도에 해롭지 않을 것이다.

기해년 양월 학산거사38) 씀

---

37) 삼자부(三字符): 송(宋) 나라 때 유자휘(劉子翬)가 위원리(魏元履)에게 보낸 시에 "일찍이 머지않아 회복한다는 말을 듣고 이것을 삼자부로 삼아 찼노라(曾聞不遠復, 佩作三字符)" 라고 한 말에서 인용한 말. 『주역(周易)』의 복괘(復卦)가 머지않아 회복 된다는 뜻.

38) 학산거사(鶴山居士): 신돈복(辛敦復, 1692~1779)인 듯. 자는 중후(仲厚), 호는 학산(鶴山), 본관은 영월, 도교에 관심이 높았음. 숙종 41년(1715) 사마시에 급제, 벼슬이 종8품 봉사에 이름.

〈조식결〉

『심인경(心印經)』에서 이르기를, '좋은 약 세 가지는 신·기·정(神氣精)이니 명하도록 황홀하고 그윽하고 아득하여 무(無)와 유(有)를 지켜 간직하여 잠깐 사이에 이루니 세 가지는 하나의 이치라, 묘하여 들을 수가 없다.'고 했다.

신(神)은 형(形)을 의지하여 생겨나고 정(精)은 기(氣)를 의지하여 가득 차니 꾸민 것도 아니요, 죽은 것도 아니어서 소나무나 잣나무처럼 푸르디푸르다.

일곱 구멍이 서로 통하여 구멍마다 광명이요, 성스러운 해와 성스러운 달에 금정(金庭)을 밝게 비추니 바람이 돌아 혼합하기를 백 일을 신령하게 노력하면—조용히 상제(上帝)를 조회하니 한 기(氣)가 날아올라 아는 사람은 깨닫기 쉬우나 어두운 사람은 실행하기 어렵다—하늘의 빛을 밟으리라.

호흡으로 —양— 을 기르고, 맑은 —음— 으로 현빈(玄牝)을 드나드니, 죽은 듯 살아 있는 듯 호흡이 면면히 끊이지 아니하고, 잎을 굳게 뿌리를 깊게 한다. 사람이 각자 정(精)이 있어 정(精)이 그 신(神)에 합하고, 신(神)은 그 기(氣)에 합하며, 기(氣)가 몸의 진수(眞髓)에 합해도 그 진인(眞人)을 못 얻으면 다 허명(虛名)이다.

『도덕경(道德經)』에서 이르기를, '곡(谷)은 기른다(養)는 뜻으로 신(神)을 기르면 죽지 않는다.'고 했으니, 이를 현(玄☰, 震 뇌성), 빈(牝☰, 艮 산)의 문이라 하고, 이를 천지(☷)의 뿌리라고 한다.

『태식경(胎息經)』에서 이르기를, '태(胎)는 엎드려 있다가—손(巽 ☴, 바람)—기(氣) 가운데 맺힌다. 기(氣)를 따라 태(胎) 가운데 식(息)이 있고, 기(氣)가 들어가면 몸이 오므로 이것을 산다고 하고, 신(神)이

나가서 형체와 분리되면 이를 죽는다고 한다.

신과 기(神氣)를 알면 장생할 수 있고, 허무를 굳게 지켜서 신기(神氣)를 기르면 신(神)이 가면 기(氣)도 가고, 신(神)이 머물면 기(氣)도 머무니, 만약 양생을 하고 싶으면 신과 기(神氣)가 서로 행해야 하니 ―운행된다―마음이 움직이지 않는 곳에 오는 것도 없고 가는 것도 없으며, 드는 것도 나는 것도 없다. 자연스럽게 서로 머물면서 부지런히 수행하면 이것이 참된 도로이다.

움직임이 있는 움직임은 움직이지 않는 데서 나오고, 함이 있는 함은 함이 없는(無爲)에서 나오니, 무위(無爲)는 신(神)이 돌아가고, 신(神)이 돌아가면 만물이 적막하다고 한다.

움직이지 않으면 기(氣)가 사라지고, 기(氣)가 사라지면 만물이 생기지 않는다. 신(神)마다 서로 지키고 사물마다 서로 밑거름이 되어 그 근본을 바탕으로 하면 침묵해도 깨닫고, 나도 저절로 알게 되니 무간(無間: 끊임없음)으로 들어가 죽지도 않고 태어나지도 않아 천지(天地)와 함께 하나(一)가 된다.

〈태식결도〉

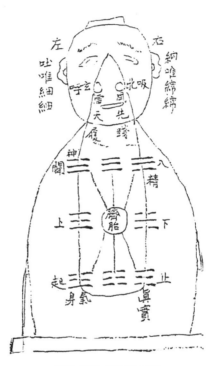

인체 관련 조식결 그림

〈곽재우의 연단사상〉

박기용

곽재우가 남긴 연단서적으로는 『양심요결(養心要訣)』이 있다. 이 책의 다른 이름은 『복기조식진결(服氣調息眞訣)』이다. 이 책의 구성은 14개 조목과 2개의 잡기로 구성되어 있다. 「설격결(說隔結)」「초학결법(初學結法)」「설앙복법(說仰覆法)」「복기잡법(服氣雜法)」「변장전수법(辨腸轉數法)」「복기십사(服氣十事)」「복기문답(服氣問答)」「옥로진인경후비(玉老眞人經後批)」는 「운급칠첨(雲笈七籤)」에서 전재했거나 내용 일부를 발췌한 것이며, 「지리편(至理篇)」「석체편(釋滯篇)」은 「포박자(抱朴子)」에서 가려 뽑은 내용이다. 그밖에 「환골단(換骨丹)」「송엽수법(松葉受法)」「마자벽곡법(麻子辟穀法)」「역가(曆家)」「음수불기법(飲水不飢法)」「벽기대도환(避飢大道丸)」 등이 『양심요결(養心要訣)』 끝자락에 실려 있다.

내단사상의 핵심인 정·기·신(精氣神)은 망우당에게 정신을 기르고(養精神), 원기를 조화시키며(調元氣), 원신을 기른다(養元神)는 원틱에 나타나 있다. 그의 편저인 『양심요결』은 그의 연단사상을 보여주는 책으로, 이 책에서 벽곡과 복기로 장 속의 곡기(穀氣)가 사라지고 운기(運氣)가 잘 되면 정과 신(精神)이 달라진다고 했다. 신(神)은 맑아지고 기(氣)는 상쾌해 진다고 하여 정·기·신(精氣神)의 수단(修丹)을 언급하여 망우당의 내단지향성을 분명히 드러내고 있다. 「복기십사(服氣十事)」 중에 내복기(內服氣)를 최고로 인정한 것은 바로 내단(內丹)을 최고의 수련으로 여겼기 때문이다.39)

그러나 『망우당전집』에서는 내단사상만 나타나는 것이 아니라 여러 수련 형태가 복합적으로 나타난다.

1. 연단사상의 표출 양상

곽재우의 선도(도교)사상은 문학작품에 잘 나타난다. 일찍이 정동진은 『전서』 1권에 수록된 한시 27제 36수 중 13수를 연단시(煉丹詩)로 보고 작품을 살펴보았고,[40] 뒤에 다시 아홉 수로 추려서 연단시로 분류하여 분석하였다.[41] 한국 선도시(仙道詩)를 분류하는 원리는 이미 졸고[42]에서 언급한 바 있는데, 성정(性情)수련을 통한 연정(煉情) 방법에서 유선(遊仙)과 현언(玄言)이, 양성(養性) 방법에서 심정(心定)과 연단(煉丹)이 나타나고, 심신(心身)수련을 통한 연형(煉形) 방법에서 복식(服食)과 도인(導引)이, 양심(養心) 방법에서 선취(仙趣)와 도속(道俗)이 나타남을 밝혔다.

1) 성정수련의 시

(1) 연정유선하는 모습

연정(煉情)의 유선(遊仙)은 이진거속(離塵去俗)하고 자연이나 꿈속에서 선계오유(仙界傲遊)하면서 정(情)을 다스려 의식·사유·활동을 조절함으로써 본성의 회복을 도모하는 내용을 나타낸 것이다.

---

39) 박병수(1999),「도교단학파의 저술과 그 수련유형」,『원불교학』권4, 원불교학회.

40) 정동진(1995),「忘憂堂 郭再祐의 煉丹詩 硏究」,『대구어문논총』13, 대구어문학회, 197쪽.

41) 정동진(1998),「朝鮮前期 仙道詩 硏究」, 대구대학교 박사논문, 196~200쪽.

42) 박기용(2006),「남명 문학에서의 도교사상 표출 양상」,『어문학』91, 한국어문학회.

강과 산의 경치 최고이니   江山形勝最

풍취와 기절은 봉래산을 이었구나   風氣接蓬丘

잣을 먹고 사니 참 신선이고   啗栢眞仙子

바둑을 두니 어찌 속세 사람이랴.   爛柯豈俗流

함께 천일주를 마시며   共觴千日酒

같이 오운루에서 취해 보세나.   同醉五雲樓

우습구나, 복숭아를 훔친 동방삭이   可笑偸桃客

헛되이 금마문에서 노닐었음이여.   徒從金馬遊

　　　　—「중양절 성이도와 강정에서 만나다(重陽節成以道會於江亭)」 전문

　이 시는 중양절에 둘째 사위 성이도(成以道)와 함께 강정(江亭)에서
술을 마시고 노닐면서 지은 시이다. 한 번 마시면 천 날을 깨지 않는
다는 천일주(千日酒)를 오색구름이 감싸고 있는 오운루(五雲樓)에서
마신다면 그 풍취는 신선경(神仙境)일 것이다. 곽재우가 이렇게 유선
하는 까닭은 동방삭의 전철을 밟지 않으려는 데 있다. 마지막 행의
금마문(金馬門)은 동방삭이 한 무제 때 종사하던 한림원 관청인데,
곽재우는 동방삭이 한림원에 근무하면서 "신선으로 세속에 묻혀 살
아도 한림원(금마문)에 숨어 있으면 몸을 온전하게 할 수 있는데 굳이
깊은 산속 초가집에 있어야 하는가?"라고 말한 것을 비웃으며[43] 벼
슬에 뜻이 없음을 간접적으로 나타내었다.

　다음의 「강사에서 우연히 읊다(江舍偶吟)」 2수에서도 비슷한 풍취
가 나타난다.

---

43) 황위주(1991), 「忘憂堂 漢詩 譯註」, 『伏賢漢文學』, 복현한문학회, 249쪽.

아래는 장강이고 위에는 산인데　　　　下有長江上有山

망우정 한 채가 그 사이에 있네.　　　　忘憂一舍在其間

망우신선이 근심 잊고 누웠으니　　　　忘憂仙子忘憂臥

밝은 달 맑은 바람을 한가로이 마주하네.　　明月淸風相對閒

　　　　　　—「강사에서 우연히 읊다(江舍偶吟)」2수 중 둘째 시

　2수 중 첫째 시에서는 술 꾸러미를 갖다 두었다고 했다. 단지 강과 산 사이에 있는 망우정에 누워서 세상근심을 잊은 곽재우가 달과 바람을 한가로이 마주하고 있다. 근심의 원인인 세상은 강과 산으로 서로 연결되었기에 완전히 끊을 수가 없다. 『전서』에서는 관직을 버리고 세상을 떠났으면서도 수차 소(疏)를 올리고[44] 세상에 관심을 보인 것으로 나타난다. 그래서 차라리 근심을 잊자고 지은 호가 망우 (忘憂)이다. 이때 세상과의 연결고리를 차단하는 장치가 술이다. 술에 취하면 그런 것쯤은 쉽게 잊을 수 있다. 첫째 시에서 술을 배치한 것은 이런 까닭에서였다.

　1610년에 곽재우는 중국 사신 접대를 잘못한 통사와 원접사를 벌하지 않는 시폐(時弊)를 지적하고 가야산으로 들어갔다. 이때 지은 시가 (가)의 「경술 늦가을 가야산에 머물 때 동구에 이르러(庚戌季秋栖伽倻到洞口)」이다.

(가) 가을 산 어딘들 송백이 없으랴만　　　　秋山何處無松栢

---

44) 『전서』권2 「疏」. 「討逆疏」, 「斥全恩疏」, 「救永昌大君疏」 등이 대표적이다. 임해군 무리의 역모설에 가담자를 베야 한다고 하고, 광해군의 대답에 다시 전은에 반대하는 입장을 개진하였다. 그리고 초야에 있으면서도 영창대군을 구하기 위하여 소를 올리기도 하였다.

유독 풍골 있는 가야산을 좋아해   爲愛伽倻獨有骨

고운은 아직 신선 되어 계시는가   孤雲猶在度人否

묵묵히 정신 모아 물과 돌에 물어 보네.   黙黙凝神問水石

(나) 산중은 고요하여 속세보다 좋은데   山中寥寂勝塵間

고요 속의 건곤은 신선되기 알맞아   靜裏乾坤合做仙

그로부터 와전된 말이 남의 귀를 놀라게 해 從他訛語驚人耳

가야산을 돌아보며 홀로 슬퍼하노라.   回首伽倻獨悵然

―「가야산을 내려오며(下伽倻)」

   (가)와 (나)는 모두 가야산에서 지은 시이다. 곽재우는 가야산에 대해 풍골이 갖추어져 있고 고요해서 신선에 부합하는 산이라고 하였다. 달리 표현하면 선계(仙界)로 인식하고 있는 것이다. 특히 (가)에서는 아직 최치원이 신선으로 남아 있는지를 물음으로써 그에 대한 호기심과 함께 자신의 지향점을 드러내었다. 그래서 결련에서 마음을 모아 물과 돌이라는 자연에서 그 답을 구하고 있다. 최치원의 자취를 밟고 싶은 자신의 심정을 절제하여 드러내었다. (나)는 기구와 승구에서 도교지향적인 태도를 보이고 있다. 승구에서의 건곤은 『주역』의 건·곤괘로서, 다른 뭇 괘를 낳는 부모이고 음양변화의 시초가 된다. 사람에게 있어서는 금단대약(金丹大藥)이라 하고, 단을 만드는 솥(爐鼎)이라 한다.[45] 즉 건곤을 자연으로 보면 우주적인 음양변화를 말하고, 몸으로 보면 시인의 노정(爐鼎)이 되므로 신선이 되기에 적합한 곳이다. 그러나 전구에서 도리어 세상에서 와전된 말이

---

45) 최창록(1995), 『參同契이야기』, 살림, 46쪽.

그를 놀라게 하므로, 결구에서 어쩔 수 없이 가야산을 내려가야 하는 아쉬운 심정을 토로하였다. 세상과 부합하지 않아 선계로 들어갔으나 속계는 그에게 온갖 말을 하므로 다시 세상으로 나가야 하는 고민이 나타났다.

(2) 양성심정하는 모습

양성(養性)의 심정(心定)은 성(性)을 길러 정(情)을 제어함으로써 사람의 정신·인식을 자연·사회변화에 온전하게 이입하여 인의와 예악에 얽매이지 않고 자연에 합일시킨 상태를 말한다.

다음 시에서 심정의 모습을 살필 수 있다.

마음 밭에 잡초 없이	心田無草穢
본성에 먼지 쓸고 깃들어 사니	性地絶塵栖
고요한 밤 달 밝은 곳에서	夜靜明月處
산새 울음만 들려오네.	一聲山鳥啼

―「감회를 읊다(詠懷)」 3수 중 둘째 시

기구에서 마음 밭은 단전(丹田)인데 거기에 잡초가 없으니, 승구에서 깨끗한 본성이 드러난다. 전구의 달은 본성을 비유한 말로서 밝게 빛남을 표현하고 있다. 이런 표현은 도교 수련요결인 『성명규지(性命圭旨)』에 나타나 있다.

단전은 해의 심중에, 원성(元性)은 달에 비유된다.# 햇빛이 스스로 반사하여 달에 비치니, 대개 서로 모인 뒤에 귀한 몸이 금단을 낳는다.46)

이것은 본성을 기르는 방법을 시적으로 나타낸 것이다. 그 첫걸음으로 마음 밭을 깨끗하게 해야 하니, 마음 밭이 깨끗하면 본성이 밝게 드러나는데 이때 산새·자연과 하나됨을 느낄 수 있다.

심정의 모습은 자연에 은거하여 마음을 고요히 하는 모습에서 찾을 수 있다.

속세를 떠나와서 강호에 은거하여	出塵離世栖三返
말없이 납을 뽑고 수은을 더하는데	黙黙抽鉛汞自添
절벽 앞뒤엔 비단 같은 꽃이 있고	斷崖後前花似錦
긴 강 아래위엔 쪽풀 같은 물이로다.	長江上下水如藍
빈 바위 울림이 문득 두 소리를 이루고	巖空響捷聲成二
달 밝고 물 맑으니 그림자가 셋이로다.	月白水澄影便三
세상 사람들아, 신선 없다 하지 마라	俗子莫言仙不在
이 마음은 종일토록 고요하고 맑다네.	此心終日静湛湛

―「강사에서 우연히 읊다(江舍偶吟)」 3수 중 셋째 시

시의 수련(首聯)에서 납을 뽑고 수은을 더 한다는 말은 도교 수련서 『금벽고문용호경(金碧古文龍虎經)』에 나온다. 이 책에서는 "달은 수(水)이고 해는 화(火)이며, 금(金)은 납이고 사(砂)는 수은이다. 밖에서는 수화(水火)가 오르내리고 안에서는 납과 수은이 서로 맺히니, 이것 말고는 특별히 다른 것이 들어가지 않는다"[47]라고 하여, 내련(内煉)하는 방법을 기(氣)로서는 수화(水火)로, 단(丹)으로서는 납과 수은으

---

46) 尹眞人, 『性命圭旨』「盡性了命說」, "丹田, 喩日心中, 元性, 喩月. 日光自返照月, 盖交會之後, 寶體, 乃生金也."

47) 최창록(1995), 『參同契이야기』, 살림, 254~255쪽.

로 비유하였다. 함련(頷聯)에서는 꽃과 물로 대비되는 자연 속에서 양성(養性)하는 모습을 나타내었다. 경련(頸聯)에서 바위틈을 지나는 바람 소리는 마음에서 일어나는 소리와 다른 소리를 이루고, 달은 공중과 물과 마음에 떠서 셋이 된다. 미련(尾聯)에서 이미 마음이 맑고 고요하여 신선이 되었기 때문에 다른 소리로 들리고, 마음에 달빛이 비칠 수 있었다. 이런 모습은 사람이 자연과 합치된 상태를 나타낸다.

(3) 양성연단하는 모습

연단(煉丹)은 양성(養性)하여 정(情)을 제어하면서 조식(調息)·조기(調氣)·조신(調身)의 방법으로 연정(煉精)·연기(煉氣)·연신(煉神)을 하는 내단법이다. 내단은 외물로 단을 이루려는 방법 대신 몸을 솥으로 삼아 정기신(精氣神)을 수련해서 단을 이루려는 방법이다. 다음 시를 보자.

넓은 들판엔 푸른 풀 가득하고　　　　　　　廣野盈靑草
긴 강엔 맑은 물결 넘실거리네.　　　　　　　長江淸綠波
근심을 잊으니 마음이 저절로 고요한데　　　忘憂心自靜
불을 피워 단사를 제조하노라.　　　　　　　調火煉名砂

—「우연히 읊다(偶吟)」

기구와 승구에서는 푸른 들판과 맑은 강물이 펼쳐져 있다. 둘 다 맑고 푸른 자연의 순수함을 나타내고 있다. 전구에서 세상의 근심을 잊고 마음을 고요하게 갖추어, 결구에서 단(丹)을 제조하노라고 하였다. 세상의 소리나 잡념을 끊고 단에 몰입하는 모습이 연상된다. 따라서 연단하는 모습의 시라고 할 수 있다.

다음은 단전호흡으로 조식하며 연단하는 모습이다.

내가 벽곡함을 벗이 불쌍히 여겨	朋友憐吾絶火煙
낙동강 가에 함께 정자를 지어 주었네.	共成衡宇洛江邊
배고프면 오로지 솔잎을 씹고	無飢只在啗松葉
목마르면 침 삼켜 해갈했네.	不渴惟憑飮玉泉
고요히 거문고를 타니 마음이 맑아지고	守靜彈琴心湛湛
창문 닫고 조식하니 뜻이 깊어진다.	杜窓調息意淵淵
이룬 일 없이 한평생 지난 뒤에	百年過盡亡羊後
나를 비웃던 이 도리어 나를 신선이라 부르리라.	笑我還應稱我仙

　　　　　　　　　　　　　　—「강사에서 우연히 읊다(江舍偶吟)」 3수 중 첫째 시

이 시에 나타난 수련 방법은 곡식을 먹지 않는 '벽곡', 솔잎 먹기, 옥천48) 마시기, 조식 등 다양하다. 단을 부정하는 사람의 입장에서는 신선이 가소로운 일이나, 곽재우는 섣부른 판단으로 때가 아닌 세상에 나아가 단명(短命)을 하는 어리석음을 버리고 벽곡을 하여 장생구시(長生久視)의 뜻을 펼치는 것이 신선답다고 생각하고 있다.

복식과 연단의 모습이 나타난 시도 있다.

지난날 말을 몰며 만 번이고 죽으려던 몸이	昔日驅馳萬死身
지금은 일없는 한가한 인간이로다.	如今無事一閒人

---

48) 『黃庭經』에서는 '침'을 玉泉, 玉液이라고 하여 뱉지 않고 섞어서 삼키는 수련을 한다.

밥그릇이 비어도 곡식 안 먹으니 걱정 없고	簞空無惱休糧粒
늘그막에 속세를 끊으니 근심을 잊었다.	年老忘憂絶世塵
종일 한가롭게 원기(元氣)를 조식하고	鎭日閒居調祖氣
밤중에 홀로 앉아 원신(元神)을 함양한다.	中宵獨坐養元神
구름 타고 학을 모는 것은 기약하기 어렵겠지만	乘雲駕鶴雖難必
정기신(精氣神)을 도모하여 백 년을 누리리라.	擬做三全閱百春

─「감회를 읊다(詠懷)」 2수 중 첫째 시

수련에서는 과거와 현재의 사실을 드러내었다. 함련에서는 벽곡과 복식을 하면서 세상의 근심을 잊었다고 하였다. 세상의 근심을 잊었기 때문에 경련에서 조식을 하고 정기신(精氣神)을 함양할 수 있었다. 이것은 연단하는 모습이다. 미련에서는 연단을 함으로써 비록 구름이나 학을 타고 승천할 수는 없다 할지라도 백 살까지 장생구시 하는 지선(地仙)은 될 수 있을 것이라고 하였다.

연단의 내용을 소개한 작품으로 또 「생각나는 대로 짓다(漫成)」가 있다.

사람이 만약 장생법을 배우고자 한다면	時人若要學長生
먼저 밤낮으로 단전호흡을 행하라.	先是樞機晝夜行
황홀한 가운데 뜻과 기를 오로지 하고	恍惚中間專志氣
텅 빈 마음으로 원정을 굳게 하라.	虛無裏面固元精
용호 교전을 세 차례 마치고	龍交虎戰三周畢
토끼와 까마귀가 내달도록 아홉 번을 이루어	兎走烏飛九轉成
한 화로 신성한 단약을 만들어 내면	煉出一爐神聖藥
오색구름 걷히고 갈 길이 밝아지리라.	五雲歸去路分明

수련 원문의 추기(樞機)는 단학의 중추인 단전호흡을 말한다. 그러므로 단전호흡을 하고 뜻과 기를 지키고 원정을 튼튼히 지키는 것은 모두 내단에서 행하는 수련 순서이다. 경련의 용호(龍虎)는 『주역참동계』에서 음과 양을 뜻하는데,[49] 음양 운기를 세 번 한다. 까마귀와 토끼는 해와 달을 뜻하므로 여기서는 세월이 가는 것을 나타냈다. 즉, 오랜 세월 동안 단을 아홉 번 연성하면 오색구름이 걷히면서 신선이 되어 가는 길이 밝아짐을 나타냈다. 이 시는 단을 이루는 전 과정을 요약적으로 제시하고 있어 곽재우의 단학(丹學)에 대한 이해를 가능케 한다.

곽재우의 단학에 대한 이해는 유묵이나 잠언에 더 잘 드러난다.

(가) 혼이 순수함을 생각하면 음이 사라지고, 인연을 환상으로 여기면 양이 자란다. 음이 다하고 양이 순수해지면 단법이 익숙해지며, 단법이 익숙해지면 신선의 경지로 날아가게 되리라. (『金丹大要』)

(나) 비움을 극진히 하고 고요함을 돈독하게 하면 마음이 고요하고 맑아지며, 생각을 그치고 근심을 끊으면 아득한 가운데 느낌이 있으리라. 물이 솟아야 끌어댈 수 있고, 불이 피어나야 그을리고 찔 수 있듯이, 신(神)과 기(氣)가 혼합되어야 안정된 속에 단이 이루어진다. (「調息箴」)

(다) 생명을 회복하는 도는 기를 떨치고 근본으로 돌아가는 데 있다. 진공(眞空)과 극허(極虛)로 본원(本元)에 돌아가야 한다. 항아리 속의 천지는 고요함 속의 건곤이니, 심식이 서로 의지해야 자연히 단을 이룬다. (「養生

---

49) 최창록(1995), 『參同契이야기』, 살림, 193쪽.

銘」)

　(가)는 곽재우가 친필로 남긴 유묵 중에 있는 『금단대요』의 일부로서, 『전서』 권1의 뒷부분에 수록되어 있다. 이 책은 원대(元代)의 도사 상양자(上陽子) 진치허(陳致虛)가 전진교 북파의 단법을 총괄하여 16장으로 정리한 내단 이론서이다. 신선이 되기 위해서 모은 인연을 끊고 음을 제거하여 순양으로 단을 이루어야 한다고 했다. 이 내용은 곽재우가 『금단대요』의 중심 내용을 발췌한 것이어서 독서를 통한 그의 도교적 관심을 엿볼 수 있다. (나)와 (다)는 본래 유고에 있던 내용이 아니라, 곽재우가 직접 쓴 책의 끝부분에 있던 유묵에서 옮긴 것이다. 이 내용으로 곽재우가 조식과 양생을 하였음을 알 수 있다. (나)에서는 조식을 통하여 몸속의 정기(鼎器)에 불을 피워서 기(氣)와 신(神)을 혼합하여 단을 이룬다고 하였고, (다)에서는 마음과 조식을 조화시켜 반본환원(反本還元)해야 함을 밝혔다. 이 내용으로 보면 곽재우의 연단은 상당히 깊은 이론적 탐구와 수련이 병행되고 있었음을 보여준다.

(4) 연형복식하는 모습

　연형복식(煉形服食)은 곡식을 끊고(辟穀) 약초·풀뿌리·솔잎을 먹는 섭생의 모습을 나타낸 작품을 말한다. 특히 벽곡은 존신(存神)의 방법으로 절립(絶粒)이라고도 한다. 도교에서는 사람 몸에 삼시충(三尸蟲)이 있는데 오곡을 먹으면 생겨난다고 한다. 그래서 오곡을 끊으면 삼시충을 죽이고 장생불사할 수 있다고 하였다.[50] 아래 「소명이 있어(有召命)」에서는 당시 상황이 나타난다.

9년이나 곡식 끊고 밥을 짓지 않았는데	九載休糧絶鼎煙
어찌 왕명이 대궐에서 내려왔는가.	何如恩命降從天
몸을 편히 하자니 군신 의리 저버릴까 두렵고	安身恐負君臣義
세상을 제도하려니 신선되기 어렵다.	濟世難爲羽化仙

세상을 떠나 벽곡을 하고 있으니 왕명을 내려 불러내려 하고, 몸을 편하게 하려니 군신 의리를 배반할까 두렵다고 했다. 또 세상에 나가려니 신선을 수련하기가 어렵다. 당시 세상이 시인을 가만히 두지 않는 정황을 나타내고 있다. 그럼에도 스스로는 벽곡을 통한 복식을 하고 있음을 밝혔다.

이런 작품으로 분류할 수 있는 시가 또 있다.

현인도 지자(智者)도, 참선자도 아니면서	非賢非智又非禪
강가에 깃들어 살며 벽곡을 하고 있다.	栖食江干絶火煙
무슨 일 이루었냐고 뒷사람이 물으면	後人若問成何事
종일 하는 일 없으니 이게 바로 신선이라고.	鎭日無爲便是仙

―「제목 없이(無題)」 2수 중 첫째 시

승구에서 곽재우는 벽곡을 하고 있다. 본래 벽곡은 삼시충을 없애기 위한 것이나, 기구의 태도를 보면 반드시 벽곡을 위한 것은 아니었다는 생각도 든다. 결구에서 종일 하는 일 없는 사람이 신선이라고 함으로써 다소 자조적인 어조를 드러내고 있기 때문이다. 그러나

---

50) 中國道敎協會(1994), 『道敎大辭典』, 970쪽, "道敎謂人體有三尸虫, 靠五穀而生, 危害人體. 若經過辟穀修煉, 可除三尸, 以達到長生不死."

오랫동안 벽곡·복식하는 모습이 나타나고 있어[51] 복식으로 분류할 수 있다.

연단과 복식을 하는 모습이 같이 나타나는 시도 있다.

젊었을 땐 진평(陳平)의 여섯 기계(奇計)를 훌륭히 여겼더니

年少嘗奇六出奇

늘그막에 조식하며 스승 없음을 한탄한다.　　　　晚來調息恨無師

진공(眞空)은 삼천 날에 이루고 싶고　　　　　　　眞空欲就三千日

정정(靜定)은 종일 있어도 흐트러지지 않는다.　　　靜定無虧十二時

달 보고 바람 쐬니 이것이 내 부귀요　　　　　　　對月臨風便富貴

솔잎 씹고 잣 먹으니 가난과 배고픔을 잊겠네.　　餌松啗栢忘貧飢

세상일일랑 귀에 들리지 않게 하게나　　　　　　休將時事聞吾耳

밤중에 홀로 턱 괴고 앉았다.　　　　　　　　　獨寤中宵手支頤

—「상사 곽진의 운자를 빌려(次郭上舍山晉#韻)」

수련에서의 조식(調息)은 연단을 하는 모습이다. 그러나 스승 없음을 한탄한다고 했는데, 이때 스승이란 김영휘를 말하는 듯하다. 곽재우는 66세에 타계하였고 김영휘는 60세가 못 되어 죽었으니, 김영휘가 먼저 타계했을 가능성이 있다. 함련의 진공(眞空)과 정정(靜定)은 불교와 도교의 공부이나 모두 연단과 복식에서 수행해야 할 내련(內煉)이다. 경련에서 복식을 하는 자신의 모습을 드러내었고, 미련에서는 세상을 잊고자 하나 잊지 못하여 잠 못 이루고 턱을 괴고 앉아 고뇌하고 있다. 이 시에서는 연단의 모습과 복식의 모습, 그리고 세

---

51) 『전서』 「年譜」, 59·60세조에는 여러 해 벽곡과 복식을 한다는 내용이 보인다.

상과의 연결고리를 끊지 못하는 고뇌의 모습이 나타난다.

이런 현실과 양생 사이의 갈등은 임란 초기 초유사 학봉 김성일에게 다시 올린 편지에서도 잘 나타난다.

진실로 군사를 버리고 멀리 명산에 숨어 벽곡양생을 하면서 학을 타고 하늘을 날고 싶을 뿐입니다. 그러나 제가 의병을 모아 군대를 조직한 것은 임금을 위한 일이었을 뿐 합하를 위한 일이 아니었고, 적을 토벌하여 원수를 갚음은 국가를 위한 일이었을 뿐 합하를 위한 일이 아니었습니다. 그렇다면 합하의 한마디 말씀이 어찌 저의 뜻을 막을 수 있겠습니까?52)

왜적이 쳐들어오는데 경상도관찰사 김수가 적과 대적하지 않고 번번이 달아나자 그를 목 베야 한다고 「통유내열읍문(通諭內列邑文)」을 띄우면서 사건이 발단되었다. 김성일이 중재를 하는 편지를 보내어 곽재우를 나무라자 그 답장으로 41세(1592) 때 보낸 편지이다. 여기서 곽재우는 이미 전란 이전부터 도교적 관심이 있었으며, 벽곡을 하려는 마음이 있었음을 알 수 있다.

곽재우가 57세(1608) 때 쓴 「사소명소(辭召命疏)」에서 "곡식을 먹지 않은 지 8년이 지났다"고 했는데, 8년 전이라면 49세(1600) 때 대간의 탄핵을 받아 영암으로 유배되었을 때이다. 그 무렵 광주의 김영휘를 만나 양생술을 배웠음이 다시 확인된다. 이러한 벽곡의 모습은 『전서』 권4에 수록된 홍만조가 지은 「시장(諡狀)」, 허목이 지은 「묘지명(墓誌銘)」, 곽세구의 「망우서(忘憂序)」 등에도 나타난다. 그리고 김석주의 「전(傳)」에서는 벽곡법뿐만 아니라 도인법을 배웠다고 소개하

---

52) 『망우당전서』 권1 「上招諭使書」조.

고, 한쪽 귀에 술을 부으면 다른 쪽 귀로 흘러나왔다는 기담도 소개하고 있다.

(5) 양심선취의 모습

양심(養心)의 선취(仙趣)는 좌망(坐忘)이나 존신(存神)을 통하여 신선의 풍취를 드러내는 모습을 말한다.

강 위의 맑은 바람 뜨락을 지나가고	江上淸風過戶庭
산속 밝은 달은 창문을 찾아드네.	山間明月入窓櫺
주인이 이를 취함은 다름이 아니라	主人取用無他事
장생술을 연마하지 않아도 몸이 절로 편해서지.	不待修生身自康

—「강에서 우연히 읊다(江上偶吟)」 전문

시에서 움직이는 것은 기구의 맑은 바람, 밝은 달뿐이다. 오로지 자연만이 움직이고, 시인은 부동의 자세를 유지하고 있다. 사물을 관찰하는 사람은 움직임이 없고 객체만 움직이는 관계에서, 시인은 결구에서 스스로 몸이 편안하다고 하였다. 이것은 좌망(坐忘)을 하는 모습이다. 사방은 고요하고 정자 주인은 부동으로 앉아 있다. 스스로를 잊으려 하나 자연의 미미한 움직임이 포착되는 모습이다. 이런 모습을 또 다른 관찰자가 본다면 영락없는 신선의 모습이리라. 그래서 이 시는 선취라고 할 수 있다.

다음 시에서는 선취의 모습과 심정의 모습이 같이 나타난다.

뜻이 높고 마음이 결백한 이 몸	落落磊磊斷斷身

세상 밖에 소요하니 참 신선이로다.	逍遙物外是眞人
천금을 흩어서 나라를 근심했고	千金散盡心憂國
석 자 검을 휘둘러 적을 쓸어냈지.	三尺提揮手掃盡
만족할 줄 알고 기미를 알아 분수를 따르며	知足知幾隨命分
기미도 잊고 근심도 잊고 정과 신을 기르리라.	忘幾忘慮養精神
강사의 창에 해 길어도 이 몸은 할 일 없어	江窓日永身無事
검은 대 푸른 솔과 이 봄을 함께 하네.	烏竹蒼松共一春

— 「감회를 읊다(詠懷)」 2수 중 둘째 시

수련에서 높고 훤칠한 기절을 나타낸 뜻과 세상 밖을 소요하는 모습에서 신선의 도골(道骨)을 연상케 한다. 미련에서 강사에서 오죽(烏竹)·창송(蒼松)과 함께 봄을 누리는 모습 역시 세상의 영욕에 얽혀 숨 가쁘게 살아가는 모습과는 다른 선취가 나타난다. 함련은 가산(家産)을 기울여 창의를 하고 나라를 위해 근심했던 과거 회상인데, 이 부분에 대하여 경련에서 "만족할 줄 알고 세상에서 발호하는 무리들의 기미를 알아 분수를 따르면서, 오로지 세상의 기미와 근심을 잊고 정신수양을 하겠다"라고 함으로써, 정과 신을 기르며 선취의 모습을 견지하겠다는 의도를 표시하였다.

이런 선취는 김석주가 지은 「전(傳)」에서 "기강(岐江) 가에 초옥을 엮어 정자를 지어 기거하면서 스스로 즐거워하였다"라고 한 말에서도 찾아볼 수 있다.

이상에서 곽재우의 도교사상은 다섯 가지 양상으로 표출되고 있음을 보았다. 그것은 성정수련의 문학으로서 연정(煉情)에 해당하는 유선(遊仙)하는 모습(4편), 양성(養性)에 해당하는 연단(煉丹)의 모습(4편)과 심정(心定)의 모습(1편)이고, 심신수련의 문학으로서 연형(煉形)

에 해당하는 복식(服食)의 모습(3편), 양심(養心)에 해당하는 선취(仙趣)의 모습(2편)이다. 『망우당전서』에서 언급된 내용을 살펴보면 연형에 해당하는 복식의 모습이 가장 강조되고 있다. 이는 곽재우가 복식에 주로 관심을 두었음을 보여준다. 그리고 유선과 연단에도 집중하는 태도를 보였다. 그러나 현언·도인·도속의 모습은 보이지 않는다. 이것은 곽재우가 양생사상에 대하여 관념적으로 이해한 데 그친 것이 아니라, 유선·연단·심정·복식 등 실제적인 심신·성정 수련을 했음을 뜻한다.

2. 도교사상 인식

곽재우에게 도교 내지 양생술은 무엇이었을까? 정치적 위협으로부터 명철보신하려는 방편이었을까, 아니면 도교적 이상을 추구하려는 목적이 있어서였을까? 곽재우의 도교 인식을 그 자신과 지인의 견해를 통하여 살펴보면 서로 상반되는 방편론과 목적론이 나타난다.

1) 방편론

방편론의 단서를 제공한 사람은 곽재우 자신이다. 그의 시 여러 곳에서 이런 관점이 보인다.

(가) 망우신선이 근심 잊고 누웠으니　　　　　　忘憂仙子忘憂臥
　　　밝은 달 맑은 바람에 한가로이 마주하네.　　明月淸風相對閒
　　　　　　　　　　　—「강사에서 우연히 읊다(江舍偶吟)」 2수 중 둘째 시

(나) 산중은 고요하여 속세보다 좋은데　　　　山中寥寂勝塵間
　　　고요 속의 건곤은 신선되기 알맞아　　　　靜裏乾坤合做仙
　　　그로부터 와전된 말이 남의 귀를 놀라게 해　從他訛語驚人耳
　　　가야산을 돌아보며 홀로 슬퍼하노라.　　　回首伽倻獨悵然

　　　　　　　　　　　　　　　　　　　　　　　　—「가야산을 내려오며(下伽倻)」

(다) 무슨 일 이루었냐고 뒷사람이 물으면　　　後人若問成何事
　　　종일 하는 일 없으니 이것이 바로 신선이라고.　鎭日無爲便是仙

　　　　　　　　　　　　　　—「제목 없이(無題)」 2수 중 첫째 시 일부

(라) 세상일일랑 귀에 들리지 않게 하게나　　　休將時事聞吾耳
　　　밤중에 홀로 앉아 턱 괴고 앉았다.　　　　獨寤中宵手支頤

　　　　　　　　　　　—「상사 곽진의 운자를 빌어서(次郭上舍山晉#韻)」 일부

(마) 강사 창에 해 길어도 이 몸은 할 일 없어　江窓日永身無事
　　　검은 대 푸른 솔과 이 봄을 함께하네.　　　烏竹蒼松共一春

　　　　　　　　　　　　　—「감회를 읊다(詠懷)」 2수 중 둘째 시 일부

　　(가) 시를 보면, 시인은 술 꾸러미를 갖다 두고, 강과 산 사이의 망우정에 누워 세상근심을 잊은 채 달과 바람을 한가로이 마주하였다. 그러나 그 강과 산이 세상과 연결되었기에 관계를 끊을 수가 없다. 자호를 망우(忘憂)로 지은 것은 스스로 세상근심을 잊으려고 지은 것인데, 세상과 단절되지 않으니까 술로 세상을 잊으려는 모습을 보였다.

　　(나) 시에서도, 속세를 떠나 자연에 있으면서도 귀는 세상에 열어

두고 있다. 그래서 세상의 와전된 말에 놀라게 된다.

(다) 시에서 곽재우는 종일 하는 일 없는 자신의 모습을 자조적으로 바라보고 있다. 하는 일 없는 것이 신선이라는 발상은 그가 신선을 완전히 믿은 것이 아니라는 근거가 된다.

(라) 시에서는 세상일이 귀에 들려오니까 밤에 잠을 못 이루고 턱을 괴고 앉을 수밖에 없는 모습을 나타냈다. 진정으로 신선을 추구했다면 세상 소리가 들리지 않는 곳으로 갔을 것이라는 추론이 가능하다.

(마) 시에서 곽재우는 해가 길어도 할 일이 없으니 대나무와 솔처럼 절개와 기개를 생각하며 봄날을 지내겠다고 했다. 얼핏 보면 현실에 만족하는 것 같으나 사실은 패기만만한 장수이자 기이함을 좋아하는 선비에게는 따분함으로 느껴질 수 있다.

이처럼 곽재우는 세상과의 연결고리를 끊으려고 해도 쉽지 않았다. 이것을 쉽게 차단하는 장치가 술이었다. 그래서 강사에서 늘 술을 즐겨 마셨다. 술에 취하면 그런 것쯤은 쉽게 잊을 수 있기 때문이다. 그 밖에도 『전서』에는 관직을 버리고 속세를 떠나 신선을 핑계하고도[53] 세상으로 귀를 열어 수차례 소(疏)를 올리고 관심을 보인 일이 기록되어 있는데, 이는 곽재우의 도교에 대한 방편적 인식과 무관하지 않다. 단지 현실을 피하기 위한 방편이었다는 것이다.[54]

방편론은 곽재우의 출처관과 맥락이 닿아 있다. 그는 일찍이 1610년 59세 때 올린 「청죄통사원접사소(請罪通事遠接使疏)」에서 자신의

---

53) 아래 논문에서는 도교를 믿는 것이 아니라 그럴듯하게 신선을 핑계하였다는 생각을 피력하였다.

　　김현룡(1979), 『국문학과 신선』, 평민사, 77쪽; 김동협(1982), 「망우당 곽재우의 문학' 연구 1」, 『文學과 言語』 3, 문학과언어학회, 81쪽.

54) 조종업(1993), 「忘憂堂의 詩研究」, 『伏賢漢文學』 9, 복현한문학회, 12쪽.

출처관을 분명히 밝힌 적이 있다.

> 삼가 생각하옵건대, 임금이 신하에 대해서 계책을 따르지 않으면 (신하를) 물리쳐야 마땅하고, 신하가 임금에 대해서 말을 들어주지 않으면 (관직을) 버리고 가는 것이 옳습니다.[55]

이런 출처관은 춘추대의(春秋大義)에서 영향을 받은 것이다. 굳이 임금이 자신의 건의를 받아들이지 않는데 자리에 연연할 필요가 없다는 것이다. 이런 모습은 『전서』 권4 부록의 「시장(諡狀)」(洪萬朝)에도 나타난다. "상소문에 대한 임금의 회답이 없자 이로부터 출입을 금하고 생활하여 세상을 초월하고자 하는 뜻을 굳히게 되었다"라는 언급은 곽재우의 출처관을 분명히 읽을 수 있는 대목이다. 이를 두고 김우옹은 "왜적이 평정되지 아니한 때에 곽재우가 전원의 초막으로 돌아가 숨어 살면서 체찰사의 부름에 응하지 않은 것은 신하가 황급히 요구하는 뜻이 무엇인지 알아주지 않기 때문이었다."고 하였다.

이런 생각의 바탕에는 1580년대로 접어드는 16세기 조선의 정치 현실이 자리 잡고 있다. 점점 격심해지는 당쟁을 보면서 일찍감치 현실정치 상황이 자신의 지향점과 조화를 이루지 못함을 알고는[56] 출사하여 뜻을 펼 생각을 접었던 것이다. 구조적으로 조선사회는 곽재우 같은 인물을 받아들일 수 없는 정치풍토였기 때문이다.[57] 그러나 왜적의 침입에는 분연히 떨치고 일어서 가산을 다 뿌려 의병을 모으고 적의 간담을 서늘하게 하였으니, 나가고 물러남의 출처가

---

55) 『전서』 권2 「請罪通事遠接使疏」.

56) 최석기(1996), 「忘憂堂 郭再祐의 節義精神」, 『南冥學硏究』 6, 105쪽.

57) 신태수(1985), 「郭再祐傳承의 樣相과 意味」, 한국정신문화연구원 석사논문, 90쪽.

분명하였다.

그러나 곽재우를 가까이서 지켜봤던 지인(知人)의 증언은 다르다. 일찍이 허균(許筠, 1569~1618)은 『성소부부고(惺所覆瓿藁)』에서 이렇게 언급하였다.

곽공 재우는 도가의 수련설에 깊이 들어가 속세의 일을 사절하고 산에 살면서 벽곡한 지 여러 해였다.…… 옛날 장량이 한(漢)을 도와 공을 이룬 다음 물러가서 벽곡을 하였는데, 그가 참으로 신선이 되고 싶어서였겠는 가?…… 공은 대체로 '공적이 너무 높으면 그에 상당한 상을 줄 수 없다' 는 이치를 알았기 때문에 일찌감치 떠나고자 하였다. 떠나가기 위한 명분을 세우기 곤란해서 벽곡한다는 핑계를 하고 자취를 감춘 것이다.58)

한나라 고조의 모사였던 장량(張良)이 토사구팽(兎死狗烹)의 교훈을 떠올리고 공을 이룬 뒤 물러나 벽곡했던 일과 곽재우의 벽곡을 허균은 동일한 것으로 이해하였다. 그가 이렇게 생각한 근거는 곽재우의 시이다.

이룬 일 없이 한평생 지난 뒤에　　　　　　　　百年過盡亡羊後
나를 비웃던 이 도리어 나를 신선이라 부르리라.　笑我還應稱我仙
　　　　　　　—「강사에서 우연히 읊다(江舍偶吟)」 3수 중 첫째 시

여기서 곽재우는 환로에 나가 비명횡사하지 않고 자연에서 벽곡하며 오래 사는 것이 신선이라는 생각을 내보였다. 주변의 몇몇 사람

---

58) 許筠, 『惺所覆瓿藁』 권12 「辟穀辨」.

이 곽재우를 장량과 동일시하자 뜻밖에도 많은 사람들이 그 생각에 동조하고 나섰다. 『망우당전서』의 별집 권5에 수록되어 있는 다음 자료들을 보자.

(가) 벽곡을 한 것은 세상을 잊기 위한 것이 아니고/신선을 담론한 것은 명철보신(明哲保身)을 위해서였네. (李厚慶의 「輓詞」)

(나) 솔잎을 먹음이 어찌 선도(仙道)의 효험을 배우고자 함일까? (李道純의 「輓詞」)

(다) 벽곡을 하고 솔잎을 드신 것은 신선이 되기 위함이 아니었고/높은 관직을 가볍게 보기를 가을 매미 날개처럼 여기셨다. (郭弘章의 「詠忘憂先生」)

(라) 앞에는 장량이 있었고 뒤에는 공이 있었도다./한신(韓信)·팽월(彭越)은 젓 담겨 죽고 도제(道濟)도 무너졌으니/새가 다 죽었는데 활 감추지 않을 이 어디 있으랴/의령에 지은 집이 됫박 같이 좁아도/바람 구름 불러 들여 가슴속에 채웠었네. (金昌翕의 「過遺虛作」)

위에 인용한 (가)~(라)의 내용은 공을 크게 세우면 무엇을 받을 것인가에 대한 질문으로 곽재우의 행동을 이해하려 하고 있다. 이런 관점에서 도교적 양생은 아무 명철보신을 위한 수단 그 이상도 이하도 아니다. 다만 (다)에서는 신선을 추구하는 것은 아니나 권력과 명예에 욕심 없이 자연으로 돌아가기 위해서였다는 동기로 해석될 여지는 있다. 그러나 (라)는 허균의 생각과 완전히 부합하는 내용이다. 홍우흠도 곽재우는 "한신의 길을 단념하고 장량의 길을 선택했다"[59]라고 하여 허균의 생각을 지지하고 있다.

이로 보건대 당시 지인이나 후인들은 곽재우의 벽곡양생을 적어도 현실과 조화를 이루지 못하거나 장량의 지혜를 배웠기 때문에 현실과 거리를 두는 방편으로 삼았다고 인식하였다.

2) 목적론

목적론은 곽재우 자신이 도교 수련을 목적으로 벽곡·도인·조식을 했고, 그 결과 문학작품에도 도교사상을 표출하여 자신의 도교적 이상을 추구하려는 일면이 있다는 주장을 말한다.

앞서 살펴본 방편론들은 곽재우와 직·간접적으로 관련되었던 사람의 추론에 근거한다. 그런데 이런 방편론에 대하여, 곽재우가 장량처럼 왕에게 토사구팽당하지 않고 명철보신하기 위해 신선술을 흉내 낸 것이었다고 추론하는 것은 전후 사정과 부합하지 않을 수도 있다.

처음 장량 추종설을 제기한 이는 사관史官이었다. 선조 40년(1607) 3월 6일 곽재우가 경주부윤으로 임명된 것을 두고 사관은 "벽곡하며 선도를 배우더니 역시 적송자를 따라 노닐겠다는 뜻인가?"라고 하였고,[60] 광해군 원년(1608) 9월 18일에는 광해군이 곽재우를 적송자의 자취를 따르는 사람이라고 하였으며,[61] 이해에 이항복은 곽재우

---

59) 홍우흠(1994), 「論忘憂堂郭再祐文學中所現之義氣精神」, 『大東漢文學』 6, 대동한문학회, 239쪽.

60) 『선조실록』 40년(1607) 3월 6일조.

61) 『광해군일기』 원년(1608) 9월 18일조.

에게 보낸 편지에서 "적송자처럼 자신의 안전만을 보존할 수 있는 가?"라고 지적하여 허균과 같은 세인(世人)들이 곽재우를 장량으로 판단하는 데 영향을 주었다.

그러나 실상은, 선조 40년(1607) 5월 4일과 5일에 사헌부가 곽재우를 도인·벽곡을 하는 인물이라 단정하고 죄주기를 잇따라 청하자 선조는 오히려 "벽곡하고 밥을 먹지 않는 것을 죄줄 수는 없다."고 하면서 곽재우를 두둔하였고,[62] 광해군 역시 누차 벼슬을 제수하며 곽재우에게 우호적인 태도를 보였다. 그보다 앞서 선조 37년(1604)에는 곽재우가 찰리사로 부임하여 산성보수계획을 보고하기도 하였다.[63] 국왕이 보호하고 두둔하는 마당에 장량을 흉내 내어 목숨을 건지려고 했다는 추론을 전적으로 수긍하기는 어렵다. 곽재우는 다만 춘추대의에 따라, 출사해서는 유학사상을 강하게 드러내어 나라와 민족을 위해 멸사봉공하였고, 뜻이 맞지 않아 물러나서는 도교적 양생의 세계를 추구했던 것이다.

이처럼 도교사상을 추구하려 했던 생각은 광해군 원년(1608) 9월 18일자 상소에 단서가 나타난다.

신이 음식을 먹지 않은 지 이미 팔 년이 지나 피부는 마르고 몰골은 시들어 결코 세상일을 감당하지 못하옵니다. 또 조식의 내공을 쌓은 지 오래도록 폐하지 않아 지금은 먹지 않아도 배고프지 않고 마시지 않아도 목마르지 않습니다. 신의 어리석은 생각으로는 생명을 연장할 수도 있고 신선이 될 수도 있으나…… 지금 만약 양생의 도를 버리고 죽음을 무릅쓰

---

62) 『선조실록』 40년(1607) 5월 4일·5일조.
63) 『선조실록』 37년(1604) 4월 14일.

고 관직을 맡아 잘하지 못하는 것을 억지로 하여 마침내 큰일을 망치게 되면, 전하에게 죄를 얻게 될 뿐 아니라 장차 후세에 비웃음을 남길 것입니다.64)

이 상소에서 곽재우가 선택할 수 있는 길은 임금이 내린 관직을 맡아 임무를 수행하는 것과 양생의 도를 추구하는 길이었다. 그런데 광해군이 갓 즉위한 무렵, 곽재우에게 아직 정치적인 불만이 없던 시기에도 이미 양생의 도를 취하고 있었다면 그것이 명철보신을 위한 방편이 아닌 것은 분명하다. 이미 조정 사헌부 관원들이 그를 도류(道流)로 인식하고 있던 터에 스스로 상소를 통해 양생의 도를 선택했음을 밝히는 것은 명철보신의 논리와 맞지 않기 때문이다. 다음은 『선조실록』 40년(1607) 5월 6일조 기사이다.

사헌부에서 아뢰었다. "삼척부사 허균은 유가의 자제로서 도리어 이교(異敎)에 빠져 승복을 입고 예불을 외고 있으니, 몸은 조정에 의탁하고 있으나 사실은 하나의 중이고, 전 우윤 곽재우는 토납·도인하고 벽곡하면서 밥을 먹지 않으며 괴벽한 일을 행하여 중외에서 그것을 본받는 자의 창도가 되고 있으니, 이름은 재상의 반열에 있으나 역시 하나의 도류(道流)입니다."

당시 사헌부에서는 허균은 중이고 곽재우는 도류(道流)라고 단정하였다. 이런 기사는 『선조실록』 40년(1607) 5월 4일자 기사에서도

64) 『망우당전서』권2 「辭召命疏」(戊申九月)조. "臣之絶粒, 已經八載, 肌消形枯, 決不堪人世之事. 且做調息之功, 久而不廢, 今則不食而不飢, 不飮而不渴. 臣之愚意, 以爲生可延仙可做……今若棄養生之道, 而冒死官任, 强其所未能, 卒償大事, 則不但獲罪於殿下."

나타난다. 이것은 앞에서 방편론으로 인식하던 것과는 전혀 다른 관점에서 곽재우를 보고 있는 것이다. 이러한 타인의 인식 근거에 곽재우의 양생수련이 자리하고 있음은 말할 나위도 없다.

곽재우는 벽곡·도인·조식 수련을 양생의 목적으로 하였다. 특히 저술『양심요결(養心要訣)』은 방편적 수련이 아니라 후학에게까지 양생의 목적을 전수하기 위한 것이었다. 곽재우가 복기조식의 방법을 남긴 것은 그것이 배울 만한 것이란 인식을 가지고 있었다는 증거가 된다. 요결의 첫 부분을 살펴보자.

[說備結] ○ 凡人服中三處有備, 初學服氣者, 但覺心下胃中……

[初學訣法] ○ 初學時, 必須安身閒處, 定氣澄心細意, 行之久而不已. ……

여기서 '설비결'과 '초학결법' 모두 초학자를 위한 설명으로 시작되고 있다. 이는 자신만 내단을 공부하려는 목적이 아니라 남에게도 적극 알리려는 목적을 지녔다는 뜻이다. 만약 그것이 배울 만한 것이 못 되거나 하나의 명철보신의 방편이었다면 굳이 책을 저술하여 남길 필요가 없었을 것이다. 이 점 역시 목적론의 근거가 된다.

이런 목적론적 인식은 당시 선비 박민수(朴敏修)에게서도 찾을 수 있다.

시대를 바로잡으려고 했으나 시대가 이미 옳지 못함에 차라리 거두어 마음속에 되새기며 자신의 성명(性命)을 온전히 하고자 하였으니……65)

---

65)『망우당전서』 별집 권5 「祭文」(朴敏修).

곽재우가 서거하자 그를 위해 제문을 지은 박민수는 시대가 옳지 못함을 보고 차라리 자신의 성명(性命)을 온전히 하려 했다고 말한다. 성명을 온전히 하는 방법은 양생수련이다. 즉 박민수는 곽재우의 도교적 수련을 목적론으로 보았던 것이다. 곽재우는 관직에서 물러나 세상의 근심을 잊고(忘憂) 도교적 양생의 세계에 몰입하였다. 비록 신선이나 불로장생은 기대하지 못할지라도 초야에 은거하여 오랫동안 장생구시 하기를 기대했던 것으로 보인다. 이것은 "망우당의 『양심요결』은 제가(諸家)의 기법(氣法)을 인용했으나, 복기조식을 위해서 벽곡을 전제로 하고 솔잎을 먹는 방법을 병행하면 선도(仙道)의 길이 멀지 않다는 생각을 드러내고 있다"[66]라는 양은용의 해석과도 궤를 같이한다.

당시 유학일변도의 사회·문화적 맥락 아래서 자신을 표현하기 어려웠을 것이다. 그럼에도 곽재우가 시문에 그의 도교사상을 표현할 수 있었던 것은 실록[67]에서 지적한 것처럼 곽재우가 '소박하고 직선적인 사람'이었기 때문이다. 다음 시를 다시 살펴보자.

유가는 성리를 밝혔고	儒家明性理
부처는 견고한 공空)을 깨쳤도다.	釋氏打頑空
신선되는 술법이야 모르지만	不識神仙術
금단은 금방 이루리로다.	金丹頃刻成

—「감회를 읊다(詠懷)」 3수 중 셋째 시

66) 양은용(1991), 「忘憂堂 郭再祐의 養生思想」, 『韓國道教와 道家思想』(한국도교사상연구총서 V), 아세아문화사, 234~235쪽.
67) 『광해군일기』 2년(1610) 9월 14일조.

전구와 결구는 곽재우의 도교적 인식을 살펴볼 수 있는 자료이다. 전·결구에서 신선술은 확신하지 않으나 금단은 금방 이룰 수 있다고 하여, 양생과 연단을 긍정하고 있다. 다음 시를 보자.

종일 한가롭게 원기(元氣)를 조식하고	鎭日閒居調祖氣
밤중에 홀로 앉아 원신(元神)을 함양한다.	中宵獨坐養元神
구름 타고 학을 모는 것은 기약하기 어렵겠지만	乘雲駕鶴雖難必
정기신(精氣神)을 도모하여 백 년을 누리리라.	擬做三全閲百春

—「감회를 읊다(詠懷)」 2수 중 첫째 시

이 시에서는 수련으로 정기신(精氣神)을 길러서 백 년쯤 장생구시(長生久視)하겠다고 했다. 곽재우의 수련 목적이 장생구시로 나타난다. 또 아래 두 시에서는 단약을 만든다고 하였다.

근심을 잊으니 마음이 저절로 고요한데	忘憂心自靜
불을 피워 단사를 제조하노라.	調火煉名砂

—「우연히 읊다(偶吟)」

용호교전을 세 차례 마치고	龍交虎戰三周畢
토끼와 까마귀가 내닫도록 아홉 번을 이루어	兎走烏飛九轉成
한 화로 신성한 단약을 만들어 내면	煉出一爐神聖藥
오색구름 걷히고 갈 길이 밝아지리.	五雲歸去路分明

—「생각나는 대로 짓다(漫成)」 일부

여기서 곽재우는 연단수련을 통한 장생술을 거침없이 표현하고

있다. 장량처럼 명철보신하고자 했다면 굳이 자신에게 해가 될 시를
표면적으로 드러낼 필요가 없었을 것이다.

이러한 복기조식 수련에 대한 긍정적 기대는 곽재우의 환경적 영
향과 기질적 특성에서 연유한 것으로 보인다. 우선 곽재우가 어려서
부터 무예를 익혀 정시(庭試)에 급제를 했고,[68] 자신의 처외조부인
조식의 학문이 도가(道家)의 수련법에서 나온 것이라는 실록의 기
사[69]가 있고 보면, 조식에게 학문을 익힌 곽재우가 도교적 경향을
가지는 것은 어쩌면 당연한 일이었을 것이다. 유교 중심의 사회에서
복기조식에 관심을 가지고 저술까지 남긴 것은 조선 중기 선도에
관심을 보였던 정렴(鄭磏)이나 정작(鄭碏)과 같은 단학파의 기질적
호기심과 같은 맥락일 수 있다.

그렇다면 곽재우의 도교사상적 인식은 무엇인가. 우선 그는 절의
정신에 입각한 유학적 출처관에 바탕을 둔 유학자였다. 유교는 조선
의 사회·문화적 맥락이기 때문에 결코 저버릴 수 없는 사상이다.
그러나 곽재우는 이미 조식과 김영휘를 통해 도교의 자유로운 세계
를 보았고, 기질적으로 최치원을 닮으려는 양태를 수차례 드러내었
다. 이런 도교지향적 태도가 '출사 ↔ 안빈낙도'를 반복하는 대부분
의 조선 선비들과 달리 '출사 ↔ 양생'의 태도를 반복하게 했던 것이
다. 이는 유자이면서 도교사상을 추구하는 곽재우의 기질적 한계라
고 하겠다.

곽재우의 도교사상이 방편론과 목적론으로 나타나는 것은 당시
그를 본 사람들의 인식이 양면으로 갈렸기 때문이고, 곽재우 자신

---

68) 『선조실록』 25년(1592) 11월 25일조.
69) 『광해군일기』 3년(1611) 3월 26일조.

역시 모호한 도교적 태도를 보였기 때문이다. 그러나 분명한 사실은 그가 도교사상을 지녔으나 신선을 추구한 것이 아니라 장생을 목적으로 한 양생수련을 했다는 점이다.

제3부 영보필법 원문

靈寶畢法 原序

〈正陽眞人鐘離權雲房序〉

道不可以言傳, 不可以名紀, 曆古以來, 升仙達道者不爲少矣。僕志慕前賢, 心懷大道, 不意運起刀兵, 時危世亂, 始以逃生, 寄跡江湖岩穀, 退而識性, 留心惟在淸淨希夷。曆看丹經, 累參道友, 止言養命之小端, 不說眞仙之大道。因於終南山石壁間, 獲收《靈寶經》三十卷: 上部《金誥書》, 元始所著; 中部《玉書錄》, 元皇所述; 下部《眞源義》, 太上所傳: 共數千言。予宵衣旰食, 遠慮深省, 乃悟陰中有陽, 陽中有陰, 本天地升降之宜, 氣中生水, 水中生氣, 亦心腎交合之理, 比物之象, 道不遠人。配合甲庚, 方驗金丹有准; 抽添卯酉, 自然火候無差。紅鉛黑鉛, 徹底不成大藥; 金液玉液, 到頭方是還丹。從無入有, 嘗懷征戰之心; 自下升高, 漸入希夷之域。抽鉛汞, 致二八之陰消; 換骨煉形, 使九三之陽長。水源淸濁, 辨於旣濟之時; 內景眞虛, 識於坐忘之日。玄機奧旨, 難以盡形方冊; 靈寶妙理, 可用入聖超凡。總而為三乘之法，名《靈寶畢法》。大道聖言，不敢私於一己，用傳洞賓足下，道成勿秘，當貽後來之士。

上卷小乘安樂延年法四門

匹配陰陽 第一

≪玉書≫曰: 大道無形, 視聽不可以見聞; 大道無名, 度數不可以籌算。資道生形, 因形立名, 名之大者, 天地也。天得乾道而積氣以覆於下, 地得坤道而托質以載於上, 覆載之間, 上下相去八萬四千里。氣質不能相交, 天以乾索坤而還於地中, 其陽負陰而上升; 地以坤索乾而還於天中, 其陰抱陽而下降, 一升一降運於道, 所以天地長久。

≪真源≫曰: 天地之間, 親乎上者為陽, 自上而下四萬二千里, 乃曰陽位; 親乎下者為陰, 自下而上四萬二千里, 乃曰陰位。既有形名, 難逃度數, 且一歲者, 四時、八節、二十四氣、七十二候、三百六十日、四千三百二十辰。十二辰為一日, 五日為一候, 三候為一氣, 三氣為一節, 二節為一時, 四時為一歲。一歲以冬至節為始, 是時也, 地中陽升, 凡一氣十五日, 上升七千里, 三氣為一節, 一節四十五日, 陽升共二萬一千里, 二節為一時，一時九十日，陽升共四萬二千里，正到天地之中，而陽合陰位，是時陰中陽半，其氣為溫，而時當春分之節也。過此陽升而入陽位，方曰得氣而升，亦如前四十五日立夏。立夏之後，四十五日夏至，夏至之節陽升，通前計八萬四千里以到天，乃陽中有陽，其氣熱，積陽生陰，一陰生於二陽之中。自夏至之節為始，是時也，天中陰降，凡一氣十五日，下降七千里，三氣為一節，一節四十五日，陰降共二萬一千里，二節為一時，一時九十日，陰降共四萬二千里，以到天地之中，而陰交陽位，是時陽中陰半，共氣為涼，而時當秋分之節也。過此陰降而入陰位，方曰得氣而降，亦如前四十五日立冬，立冬之後，四十五冬至，冬至之節陰降，通前計八萬四千里以到地，乃陰中有陰，其氣寒，積陰生陽，一陽生於二陰之中。自冬至之後，一陽復生，如前運行不已，周而復始，不失於道。冬至陽生，上升而還天，夏至陰生，下降而還地。夏至陽升到天，而一陰來至，冬至陰降到地，而一陽來至，故曰夏至、冬至。陽升于上，過春分而入陽位，以離陰位，陰降於下，過秋分而入陰位，以離陽位，故曰春分、秋分。凡冬至陽升之後，自上而下，非無陰降也，所降之陰乃陽中之餘陰，止于陽位中消散而已，縱使下降得位，與陽升相遇，其氣絕矣；凡夏至陰降之後，自下而上，非無陽升也，所升之陽乃陰中之餘陽，止于陰位中消散而已，縱使上升得位，與陰降相遇，其氣絕矣。陰陽升降，上下不出於八萬四千里，往來難逃於三百六十日，即溫涼寒熱之四氣而識陰陽，即陽升陰降之八節而知天地。以天機測之，庶達天道之緒餘。若以口耳之學，較量於天地之道，安得籌算而知之乎？

《比喻》曰：道生萬物，天地乃物中之大者，人為物中之靈者。別求於道，人同天地，以心比天，以腎比地，肝為陽位，肺為陰位。心腎相去八寸四分，其天地覆載之間比也。氣比陽而液比陰。子午之時，比夏至、冬至之節；卯酉之時，比春分、秋分之節。以一日比一年。以一日用八卦，時比八節，子時腎中氣生，卯時氣到肝，肝為陽，其氣旺，陽升以入陽位，春分之比也, 午時氣到心, 積氣生液, 夏至陽升到天而陰生之比也; 午時心中液生, 酉時液到肺, 肺為陰, 其液盛, 陰降以入陰位, 秋分之比也, 子時液到腎, 積液生氣, 冬至陰降到地而陽生之比也。周而復始, 日月迴圈, 無損無虧, 自可延年。

《真訣》曰: 天地之道一得之, 惟人也, 受形于父母, 形中生形, 去道愈遠。自胎元氣足之後, 六欲七情, 耗散元陽, 走失真炁, 雖有自然之氣液相生, 亦不得如天地之升降, 且一呼元氣出, 一吸元氣入, 接天地之氣, 既入不能留之, 隨呼而複出, 本宮之氣, 反為天地奪之, 是以氣散難生液, 液少難生氣。當其氣旺之時, 日用釘卦, 而於氣也, 多入少出, 強留在腹, 當時自下而升者不出, 自外而入者暫住, 二氣相合, 積而生五臟之液, 還元愈多, 積日累功, 見驗方止。

《道要》曰: 欲見陽公長子, 須是多入少出。從他兒女相爭, 過時求取真的。

此乃積氣生液, 積液生氣, 匹配氣液相生之法也。行持不過一年, 奪功以一歲三百日為期。旬日見驗, 進得飲食, 而疾病消除, 頭目清利, 而心腹空快, 多力少倦, 腹中時聞風雷之聲, 餘驗不可勝紀。

解曰: 陽公長子者, 乾索於坤, 如氣升而上也。兒日氣, 自腎中升; 女是液, 自心中降。相爭, 兒女上下之故。閉氣而生液, 積液而生氣, 匹配兩停, 過時自得真水也

真解曰: 此乃下手之初, 于卯卦陽升氣旺之時, 多吸天地之正氣以入, 少呼自己之元氣以出, 使二氣相合, 氣積而生液, 液多而生氣, 乃匹配陰陽, 氣液相生之法也。

聚散水火 第二

《金誥》曰: 所謂大道者, 高而無上, 引而仰觀, 其上無上, 莫見其首; 所謂大道者, 卑而無下, 俛而俯察, 其下無下, 莫見其基。始而無先, 莫見其前; 終而無盡, 莫見其後。大道之中而生天地, 天地有高下之儀; 天地之中而有陰陽, 陰陽有始終之數。一上一下, 仰觀俯察, 可以測其機; 一始一終, 度數推算, 可以得其理。以此推之, 大道可知也

《真源》曰: 即天地上下之位, 而知天地之高卑; 即陰陽終始之期, 而知天道之前後。天地不離於數, 數終於一歲; 陰陽不失其宜, 宜分於八節。科至一陽生, 春分陰中陽半, 過此純陽而陰盡, 夏至陽太極而一陰生, 秋分陽中陰半, 過此純陰而陽盡, 冬至陰太極而一陽生, 升降如前, 上下終始, 雖不能全盡大道, 而不失大道之本, 欲識大道, 當取法於天地, 而審於陰陽之宜也。

《比喻》曰: 以心腎比天地, 以氣液比陰陽, 以一日比一年。日用艮卦比一年, 用立春之節, 乾卦比一年, 用立冬之節。天地之中, 親乎下者為陰, 自下而上四萬二千里, 乃曰陰位, 冬至陽生而上升, 時當立春, 陽升于陰位之中二萬一千里, 是陽難勝於陰也; 天地之中, 親乎上者為陽, 自上而下四萬二千里, 乃曰陽位, 夏至陰生而下降, 時當立秋, 陰降于陽位之中二萬一千里, 是陰難勝於陽也。時當立夏, 陽升而上, 離地六萬三千里, 去天二萬一千里, 是陽得位而陰絕也; 時當立冬, 陰降而下, 離天六萬三千里, 去地二萬一千里, 是陰得位而陽絕也。一年之中, 立春比一日之時, 艮卦也, 腎氣下傳膀胱, 在液中微弱, 乃陽氣難升之時也; 一年之中, 立冬比一日之時, 乾卦也, 心液下入, 將欲還元, 複入腎中, 乃陰盛陽絕之時也。人之致病者, 惟陰陽不和, 陽微陰多, 故病多。

《真訣》曰: 陽升立春, 自下而上, 不日而陰中陽半矣; 陰降立冬, 自上

而下, 不日而陽中陰半矣。天地之道如是, 惟人也, 當退卦氣微, 不知養氣之端, 乾卦氣散, 不知聚氣之理, 日夕以六欲七情耗散元陽, 使真氣不旺, 走失真氣, 使真液不生, 所以不得如天地之長久, 故古人朝屯暮蒙, 日用二卦, 乃得長生在世。朝屯者, 蓋取一陽在下, 屈而未伸之義, 其在我者, 養而伸之, 勿使耗散; 暮蒙者, 蓋取童蒙求我, 以就明棄暗, 乃陰間求陽之義, 其在我者, 昧而明之, 勿使走失。是以日出當用艮卦之時, 以養元氣, 勿以利名動其心, 勿以好惡介其意, 當披衣靜坐, 以養其氣, 絕念忘情, 微作導引, 手腳遞互伸縮三五下, 使四體之氣齊生, 內保元氣上升, 以朝於心府, 或咽津一兩口, 搓摩頭面三二十次, 河出終夜壅聚惡濁之氣, 久而色澤棄美, 肌膚光潤。又於日入當用乾卦之時, 以聚元氣, 當入室靜坐, 咽氣搐外腎, 咽氣者是納心火於下, 搐外腎者是收膀胱之氣於內。使上下相合腎氣之火, 三火聚而為一, 以補暖下田, 無液則聚氣生液, 有液則炬液生氣, 名曰聚火, 又曰太乙含真氣也。早朝咽津摩面, 手足遞第一線伸縮, 名曰散火, 又名曰小煉形也。

≪道要≫曰: 花殘葉落深秋, 玉人懶上危樓。欲得君民和會, 當時宴罷頻收。

此納心氣而收膀胱氣, 不令耗散, 而相合腎氣, 以接坎卦氣海中新生之氣也。必以立冬為首, 見驗方止, 行持不過一年, 奪功以一歲三百日為期。旬日見驗, 容顏光澤, 肌膚充悅, 下田溫暖, 小便減省, 四體輕健, 精神清爽, 痼疾宿病, 盡皆消除。如惜歲月, 不倦行持, 只於匹配陰陽功內, 稍似見驗, 敘入此功, 日用添入艮卦, 略行此法, 乾卦三元用事, 應驗方止。

解曰: 花殘葉落深秋者, 如人氣弱, 日暮之光, 陽氣散而不升, 故曰"懶上危樓"。樓者, 十二重樓也。心為君火, 膀胱民火, 咽氣搐外腎, 使心與外腎氣聚而為一, 故曰"和會"。宴乃咽也, 收乃搐也。早晨功不絕者, 此法為主本也。

真解曰：艮卦陽氣微，故微作導引伸縮，咽津摩面，而散火於四體，以養元氣。乾卦陽氣散，故咽心氣，擂外腎，以合腎氣，使三火聚而為一，以聚元氣，故曰"聚散水火"，使根厚牢固也。

交媾龍虎 第三

《金誥》曰：太元初判而有太始，太始之中而有太無，太無之中而有太虛，太虛之中而有太空，太空之中而有太質，太質者，天地清濁之質也。其質如卵而玄黃之色，乃太空之中一物而已。陽升到天，太極而生陰，以窈冥抱陽而下降；陰降到地，太極而生陽，以恍惚負陰而上升。一程式一降，陰降陽升，天地行道，萬物生成。

《真源》曰：天如覆盆，陽到難升；地如磐石，陰到難入。冬至而地中陽升，夏至到天，其陽太極而陰生，所以陰生者，以陽自陰中來，而起於地，恍恍惚惚，氣中有水，其水無形，夏至到天，積氣成水，是曰"陽太極而陰生"也；夏至而天中陰降，冬至到地，其陰太極而陽生，所以陽生者，以陰自陽中來，而出於天，杳杳冥冥，水中有氣，其氣無形，冬至到地，積水生氣，是曰"陰太極而陽生"也。

《比喻》曰：以身外比太空，以心腎比天地，以氣液比陰陽，以子午比冬夏。子時乃曰坎卦，腎中氣生；午時乃曰離卦，心中液生。腎氣到心，腎氣與心氣相合，而太極生液，所以生液者，以氣自腎中來，氣中有真水，其水無形，離卦到心，接著心氣，則太極而生液者如此；心液到腎，心液與腎水相合，而太極複生於氣，所以生氣者，以液自心中來，液中有真氣，其氣無形，坎卦到腎，接著腎水，則太極而生氣者如此。可比陽升陰降，至太極而相生，所生之陰陽，陽中藏水、陰中藏氣也。

216

≪真訣≫曰: 腎中生氣, 氣中有真水; 心中生液, 液中有真氣。真水真氣, 乃真龍真虎也。陽到天而難升, 太極生陰; 陰到地而難入, 太極生陽: 天地之理如此。人不得比天地者, 六欲七情, 感物喪志, 而耗散元陽, 走失真氣。當了卦腎氣到心, 神識內定, 鼻息少入遲出, 綿綿若存, 而津滿口咽下, 自然腎氣與心氣相合, 太極生液; 及坎卦心液到腎, 接著腎水, 自然心液與腎氣相合, 太極生氣。以真氣戀液, 真水戀氣, 本自相合, 故液中有真氣, 氣中有真水, 互相交合, 相戀而下, 名曰交媾龍虎。若火候無差, 抽添合宜, 三百日養就真胎, 而成大藥, 乃煉質焚身, 朝元超脫之本也。

≪道要≫曰: 一氣初回元運, 真陽欲到離宮, 捉取真龍真虎, 玉池春水溶溶。

此恐泄元氣而走真水於身外也。氣散難生液, 液少而無真氣, 氣水不交, 安成大藥? 當此年中用月, 以冬至為始, 日中用時, 以離卦為期。或以晚年奉道, 根元不固, 自度虛損而氣不足之後, 十年之損, 一年用功補之, 名曰采補還丹。補之過數, 止行此法, 名曰水火既濟可以延年益壽, 乃曰人仙, 功驗不可備紀。若補數足, 而口生甘津, 心境自除, 情欲不動, 百骸無病, 而神光暗中自現, 雙目時若驚電。以冬至日為始, 謹節用法, 三百日脫其真胎, 名曰胎仙。

解曰: 在外午時為離卦, 太陽為真陽, 在人心為離宮, 元陽為真龍也。真虎乃腎氣中之水, 真龍乃心液中之氣, 口為玉池, 津為春水。

直解曰: 一氣初回元運, 以冬至為始, 即子月也。真陽欲到離宮, 以離卦為期, 即午時也。真龍者, 心液中之氣; 真虎者, 腎氣中之水。氣水相合, 乃曰龍虎交媾也。

燒煉丹藥 第四

《金誥》曰: 天地者, 大道之形; 陰陽者, 大道之氣。寒熱溫涼, 形中有氣也; 雲霧雨露, 氣中有象也。地氣上升, 騰而為雲, 散而為雨; 天氣下降, 散而為霧, 凝而為露。積陰過則露為雨、為霜、為雪, 積陽過則霧為煙、為雲、為霞。陰中伏陽, 陽氣不升, 擊搏而生雷霆; 陽中伏陰, 陰氣不降, 凝固而生雹霰。陰陽不諧合, 相對而生閃電; 陰陽不匹配, 亂交而生虹霓。積真陽以成神, 而麗乎天者星辰; 積真陰以成形, 而壯乎地者土石。星辰之大者日月, 土石之貴者金玉, 陰陽見於有形, 上之日月、下之金玉也。

《真源》曰: 陰不得陽不生, 陽不得陰不成。積陽而神麗乎天, 而大者日月也, 日月乃真陽, 而得真陰以相成也; 積陰而形壯於地, 而貴者金玉也, 金玉乃真陰, 而得真陽以相生也。

《比喻》曰: 真陽比心液中真氣, 真陰比腎氣中真水。真水不得真氣不生, 真氣不得真水不成。真水真氣, 比於離卦, 和合於心上肺下, 如子母之相戀, 夫婦之相愛。自離至兌, 兌卦陰旺陽弱之時, 比日月之下弦, 金玉之在晦, 不可用也。日月以陰成陽, 數足生明; 金玉以陽生陰, 氣足成寶。金玉成寶者, 蓋以氣足而進之以陽; 日月生明者, 蓋以數足而受之以魂。比於乾卦進火, 煉陽無衰, 火以加數, 而陽長生也。

《真訣》曰: 離卦龍虎交媾, 名曰采藥。時到乾卦, 氣液將欲還元, 而生膀胱之上, 脾胃之下, 腎之前, 臍之後, 肝之左, 肺之右, 小腸之右, 大腸之左。當時脾氣旺而肺氣盛, 心氣絕而肝氣弱, 真氣本以陽氣相合而來, 陽氣既弱, 而真氣無所戀, 徒勞用工。百采合必於此時, 神識內守, 鼻息綿綿, 以肚腹微脅, 臍腎覺熱太甚, 微放輕勒, 腹臍未熱, 緊勒, 漸熱即守常, 任意放志, 以滿乾坤, 乃曰勒陽關而煉丹藥。使氣不上行, 以固真水, 經脾宮, 隨呼吸而搬運于命府黃庭之中。氣液造化時, 變而為精, 精變而為珠, 珠變而為汞, 汞變而為砂, 砂變而為金, 乃曰金丹, 其功不小矣。

≪道要≫曰: 采藥須憑玉兔, 成親必藉黃婆。等到雍州相見, 奏傳一曲陽歌。

此乃與采藥日用對行, 凡以晚年補完十損一補之功, 此法名曰煉汞補丹田。補之數足, 止於日用離卦采藥, 乾卦燒煉勒陽關。春冬多采少煉, 乾一而離二, 倍用功也; 秋夏少采多煉, 離一而乾二, 倍用功也。隨年月氣旺, 采煉之功效在前, 可延年住世而為人仙。若以補數既足, 見驗進功, 亦謹節用功。采藥一百日藥力全, 二百日聖胎堅, 三百日真氣生而胎仙完。凡藥力全而後進火加數, 乃曰火候; 凡聖胎堅後, 火候加至小周天數, 乃曰小周天; 凡胎圓真氣生, 火候加至大周天數, 乃曰周天火候。采藥而交媾龍虎, 煉藥而進火, 方為入道, 當絕跡幽居, 心存內觀, 內境不出, 外境不入, 如婦之養孕, 龍之養珠, 雖飲食痊瘥之間, 語默如嬰兒, 舉止如室女, 猶恐有失有損, 心不可暫離於道也。

解曰: 藥是心中真氣, 兔是腎中真水, 黃婆是脾中真液, 和合氣水而入黃庭。雍州, 乾卦。勒陽關, 脅腹也。

右小乘法四門, 系人仙。

中卷中乘長生不死法三門

肘後飛金晶 第五

《金誥》曰：陰陽升降，不出天地之內，日月運轉，而在天地之外。東西出沒，以分晝夜；南北往來，以定寒暑。晝夜不息，寒暑相推，積日為月，積月為歲。月之積日者，以其魄中藏魂、魂中藏魄也；歲之積月者，以其律中起呂、呂中起律也。日月運行，以合天地之機，不離乾坤之數，萬物生成雖在於陰陽，而造化亦資於日用。

《真源》曰：天地之形，其狀如卵，六合之內，其圓如球。日月出沒，運行於一天之上，一地之下，上下東西，周行如飛輪。東生西沒，日行陽道，西生東沒，月行陰道，一日之間，而分晝夜。冬至之後，日出自南而北，夏至之後，日出自北而南，冬之夜乃夏之日，夏之夜乃冬之日，一年之間，峆定寒暑。日月之狀，方圓八百四十裏，四尺為一步，三百六十步為一裏。凡八刻二十分為一時，十二時為一日，一月三十日，共三百六十時，計三千

刻, 一十八萬分也。且以陽行乾, 其數用九, 陰行坤, 其數用六。魄中魂生,
本自旦日, 蓋九不對六, 故三日後魄中生魂。凡一晝夜, 一百刻六十分, 魂
於魄中一進七十裏, 六晝夜, 進四百二十裏, 而魄中魂半, 乃曰上弦。又六
晝夜, 進四百二十裏, 通前共進八百四十裏, 而魄中魂全, 陽滿陰位, 乃曰
月望。自十六日為始, 魂中生魄, 凡一晝夜, 一百刻六十分, 魄於魂中一進
七十裏, 六晝夜, 共進四百二十裏, 而魂中魄半, 乃曰下弦。又六晝夜, 進
四百二十裏, 通前共進八百四十裏, 而魂中魄全, 陰滿陽位, 月中尚有餘光
者, 蓋六不盡九, 故三日後月魄滿宮, 乃曰月晦。月旦之後, 六中起九, 月
晦之前, 九中起六, 數有未盡, 而生後有期, 積日為月, 積月為歲。以月言
之。六律六呂, 以六起數, 數盡六位, 六六三十六, 陰之成數也; 以日言之,
五日一候, 七十二候, 八九之數, 至重九以九起數, 數盡六位, 六九五十四,
陽之成數也。一六一九, 合而十五, 十五, 一氣之數也, 二十四氣當八節之
用, 而見陰陽升降之宜。一六一九, 以四為用, 合四時而倍之, 一時得九十,
四九三百六, 變為陽之數二百一十六, 陰之數一百四十四, 計三百六十數,
而足滿周天。

《比喻》曰: 陰陽升降在天地之內, 比心腎氣液交合之法也; 日月運轉
在天地之外, 比肘後飛金晶之事也; 日月交合, 比進火加減之法也。陽升
陰降, 無異於日月之魂魄; 日往月來, 無異於心腎之氣液。冬至之後, 日出
乙位, 沒庚位, 晝四十刻, 自南而北, 凡九日東生西沒, 共進六十分, 至春
分晝夜停停, 而夏至為期, 晝六十刻; 夏至之後, 日出甲位, 沒辛位, 晝六
十刻, 自北而南, 凡九日東生西沒, 共退六十分, 至秋分晝夜停停、而冬至
為期, 晝四十刻。晝夜分刻, 准前後進退, 自南而北, 月旦之後, 三日魂生
於魄, 六日兩停, 又六日魂全, 其數用九也; 月望之後, 魄生於魂, 六日兩
停, 又六日魄全, 其數用六也。歲之夏至, 月之十六日, 乃曰用離卦之法,
人之午時也; 歲之冬至, 月之旦日, 乃曰用坎卦之法, 人之子時也。天地陰

陽升降之宜，日月魂魄往來之理，尚以數推之，交合有序，運轉無差，人之心腎氣液、肝肺魂魄，日用雖有節次，年月豈無加減乎？

《真訣》曰：坎卦陽生，當正子時，非始非終，艮卦腎氣交肝氣。未交之前，靜室中披衣握固盤膝，蹲下腹肚，須臾升身，前出胸而微偃頭於後，後閉夾脊雙關，肘後微扇一二，伸腰，自尾閭穴，如火相似，自腰而起，擁在夾脊，慎勿開關，即時甚熱氣壯，漸次開夾脊關，放氣過關，仍仰面腦後緊偃，以閉上關，慎勿開之，即覺熱極氣壯，漸次開關入頂，以補泥丸髓海，須身耐寒暑，方為長生之基。次用還丹之法，如前出胸伸腰，閉夾脊，蹲而伸之，腰間火不起，當靜坐內觀，如法再作，以火起為度，自醜行之，至寅終而可止，乃曰肘後飛金晶，又曰抽鉛，使腎中氣生肝氣也。且人身脊骨二十四節，自下而上三節，與內腎相對，自上而下三節，名曰天柱，天柱之上，名曰玉京，天柱之下，內腎相對，尾閭穴之上，共十八節，其中曰雙關，上九下九，當定一百日，遍通十八節而入泥丸，必于正一陽時，坎卦行持，乃曰肘後飛金晶，離卦采藥，乾卦進火燒藥，勒陽關，始一百日飛金晶入腦，三關一撞，直入上宮泥丸，自坎卦為始，至艮卦方止。自離卦采藥，使心腎氣相合，而肝氣自生心氣，二氣純陽，二八陰消，薰薰於肺，而得肺液下降，包含真氣，日得黍米之大，而入黃庭，方曰內丹之材，即百日無差藥力全。凡離卦采藥用法，依時內觀，轉加精細，若乾卦進火燒藥，勒陽關，自兌卦為始，終在乾卦，如此又一百日，肘後飛金晶，自坎卦至震卦方止，離卦采藥之時，法如舊以配，自坤至乾卦行持，即二百日無差聖胎堅。勒陽關法，自坤卦至乾卦方止，如此又一百日足，泥丸充實，返老還童，不類常人，采藥就，胎仙完，而真氣生，形若彈圓，色同朱橘，永鎮丹田，而作陸地神仙。三百日後行持，至離卦罷采藥，坤卦罷勒陽關，即行玉液還丹之道，故自冬至後，方曰行功，三百日胎完氣足，而內丹就，真氣生。凡行此法，方為五行顛倒，三田返覆。未行功以前，先要匹配陰陽，使氣液相生，見驗方止; 次要聚散水火, 使根源牢固, 而氣行液住, 見驗方止; 次要交媾龍虎, 燒煉丹藥, 使采補還丹, 而煆煉鉛汞, 見驗方止。十損一補之數足, 而氣液相生, 見驗方止。上項行持, 乃小乘之法, 自可延年益壽。若以補完堅固, 見驗方止, 方可年中擇月, 冬至之節, 月中擇日, 甲子之日, 日中擇時, 坎、離、乾卦三時為始, 一百日自坎至艮, 自兌至乾, 二百日後, 自坎至震, 自坤至乾。凡此下功, 必於幽室靜宅之中, 遠婦人女子, 使雞犬不聞聲, 臭穢不入鼻, 五味不入口, 絕七情六欲, 飲食多少, 寒熱有度, 雖寐寐之間, 而意恐損失。行功不勤, 難成乎道。如是三百日, 看應驗如何。

真解曰: 此乃三元用法; 謂坎卦飛金晶; 下田返上田也; 離卦采藥, 下田返中田也, 乾卦勒陽關, 中由返下由也。亦曰三田返覆。

《道要》曰: 日月並行複卦, 蹲升數日開關。貪缶揚揚州聚會, 六宮火滿金田。

解曰: 日月並行複卦者, 一陽生時; 在日為子時, 在年為冬至也, 所謂月中擇日、日中擇時也。蹲升, 說已在前。數日, 是定一百日。開關, 是先開中關, 次開上關。貪向揚州聚會, 揚州者, 在人為心, 在日為午時, 在卦為離。聚會者, 真陰真陽交橫, 故曰采藥。乾為六官, 火是氣也。勒陽關而聚氣, 以肺氣為金, 而下腎之丹田, 故曰"火滿金田", 乃行乾卦而勒陽關, 聚火下丹田也。

直解曰: 日月並行複卦者, 冬至甲子時也。蹲升數日開關者, 蹲腹升身以起火, 至百日開關也。此乃自坎至艮, 飛金晶之法。揚州聚會者, 離卦采藥交陰陽也。六宮火滿丹田, 則乾卦勒陽關, 聚肺氣于下田, 自兌至乾者也。

終南路上逢山, 升身頻過三關。貪向揚州聚會, 爭如少女燒天。

解曰: 終南者, 聖人隱意在中男也, 中男即坎卦。艮為山, 山是勢, 飛金晶至巽卦方止, 第二百日下功之時也。升身頻過三關、貪向揚州聚會, 說已在前。爭如少女燒天者，少女是兌卦也，勒陽關至乾卦而方止也。

兗克州行到徐州，起來走損車牛。為戀九州歡會，西南火入雍州。

解曰：艮州，艮卦；徐州，巽卦。自艮卦飛金晶，至巽卦方止也。起來走損車牛，車為陽，牛為陰，"是夾脊一氣飛入泥丸也。九州，在人為心，在日為午時，與前來藥園也。西南，坤卦也。雍州，乾卦也。勒陽關，自坤至乾方止，第三百日下功之時也。

直解曰：此乃第三百日之功，飛金晶之法，起艮而止巽也。九州歡會，采藥如前。勒陽關；則自坤至乾酉止也。

此是日用事，乃日三元用法。飛金晶入腦，下田返上田；采藥，下田返中田；燒藥進火，中田返下田：乃曰三元用事。中乘之法，已是地仙，見驗方止。始覺夢寐多有驚悸，四肢六腑有疾，不療自愈，閉目暗室中，圓光如蓋，周匝圍身，金關玉鎖，封固堅牢，絕夢泄遺漏，雷鳴一聲，關節氣通，夢寐若抱嬰兒歸，或若飛騰自在，八邪之氣不能入，心境自除，以絕情欲，內觀則朗而不昧，晝則神采清秀，夜則丹田自暖，上件皆是得藥之驗。改既正當，謹節用功，以前法加添三百日胎仙圓，胎圓之後，方用後功。

玉液還丹 第六 附玉液煉形

《玉書》曰：真陰真陽，相生相成；見於上者，積陽成神，神中有形而麗乎天者，日月也；見於下者，積陰成形，形中有形而麗乎地者，金玉也。金玉之質；隱于山川秀媚之氣，浮之於上，與日月交光，草木受之以為禎祥，鳥獸得之以為異類。

《真源》曰：陽升到天，太極生陰，陰不足而陽有餘，所以積陽生神；陰降到地，太極生陽，陽不足而陰有餘，所以積陰生形。上之日月，下之金玉，真陽有神, 真陰有形, 其氣相交, 而上下相射, 光盈天地, 則金玉可貴者, 良以此也。是知金玉之氣凝於空, 則為瑞氣祥煙, 入於地; 則變醴泉芝草, 人民受之而為英傑, 鳥獸得之而生奇異。蓋金玉之質, 雖產于積陰之形; 而中抱真陽之氣, 又感積陽成神之日月, 真陽之下射而寶凝矣。

≪比喻≫曰: 積陰成形, 而內抱真陽, 以為金玉, 比為金玉, 比於積藥而抱真氣, 以為胎仙也。金玉之氣入於地, 而為醴泉芝草者, 比於玉液還丹田也。金玉之氣凝於空, 而為瑞氣樣煙者, 比於氣煉形質也。凡金玉之氣沖於天, 隨陽升而起, 凡金玉之氣入於地, 隨陰降而還, 既隨陰陽升降, 自有四時, 可以液還丹田, 氣煉形質, 比於四時加減, 一日改移也

≪真訣≫曰: 采補見驗, 年中擇月; 月中擇日, 日中擇時, 三時用事, 一百日藥力全, 二百日聖胎堅, 三百日真氣生, 胎仙圓。謹節用功, 加添依時, 三百日數足之後, 方行還丹煉形之法。凡用艮卦飛金晶入腦, 止於巽卦而自, 此言飛金晶三百日後也。離卦罷采藥, 坤卦罷勒陽關, 只此兌卦下手, 勒陽關, 至乾卦方止。既罷離卦, 添入咽法煉形。咽法者, 以舌攬上齶兩凳之間, 先咽了惡濁之津, 次退舌尖以滿玉池, 津生不漱而咽。凡春三月, 肝氣旺而脾氣弱, 咽法日用離卦; 凡耀三月, 心氣旺而肺氣弱, 咽法日用巽卦; 凡秋三月, 肺氣旺而胖氣弱; 咽法日用艮卦; 凡冬三月, 腎氣旺而心氣弱。咽法日用震卦, 凡四季之月, 脾氣旺而腎氣弱, 人以腎氣為根源, 四時皆有衰弱, 每四時季月之後十八日, 咽法日用兌卦, 仍與前咽法並用之; 獨於秋季止用兌卦咽法, 而罷艮卦之功。以上咽法, 先依前法而咽之。如牙齒玉池之間而津不生, 但以舌滿上下而閉玉池、收兩頷, 以虛咽而為法, 止於咽氣, 氣中自有水也。咽氣如一年, 三十六次至四十九次為數; 又次一年, 八十一次; 又次一年, 一百八十一次為見驗: 乃主液還丹之法。行持不過三年; 灌溉丹田, 沐浴胎仙, 而真氣愈盛。若行此, 玉液還丹之法, 而於三百日養就內丹, 真氣才生, 艮卦飛金晶, 一撞三關, 上至泥丸, 當行金

按還丹之法自頂中前下金水一注, 下還黃庭, 變金成丹, 名曰金丹。行金液還丹, 當於深密幽房, 風日凡人不到之處, 燒香, 疊掌盤膝坐, 以體蹲而後升, 才覺火起, 正坐絕念, 忘情內觀, 的確艮卦飛金晶入頂, 但略昂頭偃項, 放令頸下如火, 方點頭向前, 低頭曲項; 退舌央進後以抵上齶, 上有清冷之水, 味若甘香, 上徹項門, 下遺百脈, 鼻中自聞一種真香, 舌上亦有奇味; 不漱而咽, 下還黃庭, 名曰金液還丹。春夏秋冬, 不拘時候, 但于飛金晶入腦之後, 節次行此法, 自艮至巽而已; 晚間勒陽關法, 自兌至乾而已。凡行此法, 謹節勝前, 方可得成, 究竟止於煉形住世, 長生不死而已, 不能超脫也。

《道要》曰: 識取五行根蒂, 方知春夏冬秋。時飲瓊漿數盞, 醉歸月殿邀遊。

解曰: 識取五行根蒂者, 為倒五行相生相剋, 而用卦時不同, 以行咽法。方知春夏冬秋, 改移有時候也。瓊漿, 玉液也。月殿, 丹田也。醉歸, 咽多也。

東望扶桑未曉, 後升前咽無休。驟馬邀遊宇宙, 長男只到揚州。

解曰: 東望扶桑未曉者, 日未出, 艮卦之時也。後升, 飛金晶也。前咽, 玉液還丹也。驟馬, 起火, 玉液煉形也。邀遊宇宙, 遍滿四肢也。長男, 震卦也。只到揚州, 離卦也。玉濃煉形, 自震卦為始, 至離卦方止也。

直解曰: 玉液, 腎液也, 上升到心, 三氣相合而過重樓, 則津滿玉池, 謂之玉液。若咽之, 自中田而入下田, 則曰還丹: 若升之, 自中田而入四肢, 則日煉形, 其實一物而已。此系來藥三百日數足胎圓, 而飛金晶減一卦, 勒陽關如舊, 罷采藥, 添入咽法, 咽法隨四時而已。此系煉形法, 用卦後, 添入煉形, 自震卦為始, 離卦為期, 不限年月日, 見驗方止, 體色光澤, 神氣秀媚, 漸畏腥穢以沖口腹, 凡情凡愛心境自除, 真氣將足而似常飽, 所合不多, 飲酒無量, 塵骨已更而變神識, 步趨走馬, 其行如飛, 目如點漆, 體

226

若凝脂, 紺髮再生, 皺臉重舒, 老去永駐童顏, 仰視百步而見秋毫, 身體之間, 舊痕殘, 自然消除, 涕淚涎汗, 亦不見有, 聖丹生味, 靈液透香, 口鼻之間, 常有眞香奇味, 漱津成酥, 可以療, 人疾病, 遍體皆成白膏, 上件皆玉液還丹煉形之驗。見驗即止, 當謹節用功, 依法隨時, 而行後事。

金液還丹 第七 附金液煉形

《金誥》曰: 積陽成神, 神中有形, 形生於日, 日生於月; 積陰成形, 形中有神, 神生於金, 金生於玉。隨陰陽而生沒者, 日月之光也, 因數生光, 數本於乾坤; 隨陰陽而升降者, 金玉之氣也, 因時起氣, 時本於天地。

《眞源》曰: 日月之光, 旦後用九, 晦前用六, 六九乾坤之數; 金玉之氣, 春夏上升, 秋冬下降, 升降天地之時。金生於玉, 玉生於石, 石生於土, 見於形而在下者如此; 中金烏, 月中玉兔, 月待日魂而光, 見於神而在上者如此。

《比喻》曰: 日月, 比氣也, 腎氣比月, 而心氣比日; 金玉, 比液也, 腎液比金, 而心液比玉。所謂玉液者, 本自腎氣上升而到於心, 以合心氣, 二氣相交而過重樓, 閉口不出而津滿玉池, 咽之而曰玉液還丹, 升之而曰玉液煉形。是液本自腎中來而生於心, 亦比土中生石、石中生玉之說也。所謂金液者, 腎氣合心氣而不上升, 薰蒸於肺, 肺爲華蓋, 下罩二氣, 即日而取肺液, 在下田自尾閭穴升上, 乃曰飛金晶入腦中, 以補泥丸之宮, 自上複下降而入下田, 乃曰金液還丹, 既還下田複升, 遍滿四體, 前複上升, 乃曰金液煉形, 是亦金生於土之說也。凡欲煉形飛金晶者, 當在靜室中, 切禁風日, 遙焚香, 密啓三清上聖: "臣所願長生在世, 傳行大道, 演化告人, 當先自行煉形之法, 欲得不畏寒暑, 絕淡穀食, 逃於陰陽之外。"咒畢, 乃咽之。

《真訣》曰: 背後尾閭穴曰下關, 夾脊曰中關, 腦後曰上關。始飛金晶以通三關, 腎比地, 心比天, 上到頂以比九天。玉液煉形, 自心至頂以通九天。三百日大藥就, 胎仙圓, 而真氣生, 前起則行玉液煉形之舊道, 後起則行飛金晶之舊道, 金晶玉液, 行功, 見驗, 自坎卦為始, 後起一升入頂, 以雙手微閉雙耳, 內觀如法, 微咽於津, 乃以舌抵定牙關, 下閉玉池, 以待上齶之津下而方咽, 咽畢複起, 至艮封為期。春冬兩起一咽, 秋夏五起一咽, 凡一咽數, 秋夏不過五十數, 春冬不過百數。自後咽罷升身前起, 以滿頭面、四肢、五指, 氣盛方止, 再起再升, 至離卦為期。凡此後起咽津, 乃曰金液還丹, 還丹之後而複前起, 乃曰金液煉形。自艮卦之後, 煉形至離卦方止, 兌卦勒陽關, 至乾封方止, 以後起到頂, 自上而下, 號曰金液還丹, 金丹之氣前起, 自下而上, 號曰金液煉形, 形顯琪樹金花。若以金液還丹, 未到下元而前後俱起, 乃曰火起焚身。此是金液還丹煉形, 既前後俱起, 兼了焚身。凡行此等, 切須謹節苦志而無懈怠, 以見驗為度也。

《道要》曰: 起後終宵閉耳, 隨時對飲金液。宴到青州方住, 日西又聽陽歌。

解曰: 起後終宵閉耳者, 為行金液還丹, 須是肘後飛金晶, 一撞三關, 其氣才起, 急須雙手閉耳, 耳是腎波之門, 恐泄腎氣於外, 而不入腦中也。隨時對飲金波者, 既覺氣入腦中, 即便依前法, 點頭曲項, 退舌尖近抵上齶, 請甘之水, 有奇異之驗, 甘若蜜味之甜也。當艮卦飛金晶一咽, 至震卦方止。青州, 震卦也。日西, 兌卦也。又聽陽歌者, 自兌勢勒陽關, 直到乾卦, 不必采藥也。

飲罷終宵火起, 前升後舉焚身。雖是不拘年月, 日中自有乾

解曰: 此一訣是金液煉形之法也。飲罷終宵火起者, 依前法金液還丹; 而艮卦煉形是起火也。前升後舉, 飛金晶而起火也。凡玉液煉形之法, 先後起金晶入頂, 次還丹而複前升之以煉形, 是比金液煉形之法不同也。當

其飛金晶而起火入頂, 便前起而煉形, 前後俱起, 名曰焚身, 火起而行還丹, 須依四時加減之數行之。此法不拘年月日時, 但以謹節專一, 幽居絕跡可也。日中自有乾坤, 蓋午前燒乾, 午後燒坤, 以人身前後言之, 肚腹為坤, 而背後為乾。午前燒乾者, 為肘後飛金晶, 前起煉形也; 午後燒坤者, 自兌卦勒陽關, 至乾卻方止也。

直解曰: 金液, 肺液也。含龍虎而入下田, 則大藥將成, 謂之金液; 肘後抽之入腦, 自上複降下田, 則曰還丹; 又複前升, 遍滿四體, 自下而上, 則曰煉形, 亦謂之煉形成氣。此須於玉液還丹煉形見驗, 正當以謹節幽居焚香而行此法。金液還丹而相次煉形勒陽關, 如是一年外, 方得焚身, 焚身即是坎卦前煉形。以人身前後言之, 肚腹為坤, 背後為乾, 焚身午前燒乾為金晶, 午後燒坤勒陽關。凡燒乾自下而上, 前後俱起, 冬夏三日或五日, 而行既濟之法, 以防太過, 使金丹之有潤, 乃焚身起火中咽也。見驗方止, 內志清高以合太虛, 魂神不遊以絕夢寐, 陽精成體; 神府堅固, 四時不畏寒暑, 神采變移容儀, 常人對面, 雖彼富貴之徒, 亦聞腥穢, 益其幾骨俗體也。功行滿足. 密授三語真陽陽變化, 人事災福, 神靈皆能預知, 觸目塵凡, 心絕萬境, 賓氣充滿, 口絕飲飡, 異氣透出金色, 仙肌可比玉蕊, 去留之處, 當所神抵自來相見, 驅用招呼, 一如己意, 真氣純陽, 可幹外汞。上件皆金液還丹之後, 金液煉形之驗也。

右中乘三門, 系地仙。

下卷大乘超凡入聖法三門

朝元煉氣 第八

《金誥》曰：一氣初判，大道有形而列二進位儀，二儀定位，大道有名而分五帝。五帝異地，各守一方，五方異氣，各守一子。青帝之子，甲乙受之，天真木德之九炁；赤帝之子，丙丁受之，天真火德之三炁；白帝之子，庚辛受之，天真金德之七炁；黑帝之子，壬癸受之，天真水德之五炁；黃帝之子，戊己受之，天真土德之一炁。自一炁生真一，真一因土出，故萬物生成在土，五行生成在一。真元之道，皆一炁而生也。

《玉書》曰：一三五七九，道之分而有數；金木水火土，道之變而有象；東西南北中，道之列而有位；青白赤黃黑，道之散而有質。數歸於無數，象反於無象，位至於無位，質還於無質。欲道之無數，不分之則無數矣欲道之無象，不變之則無象矣；欲道無無位，不列之則無位矣；欲道之無質，不散之則無質矣。無數，道之源也；無象，道之本也；無位，道之真也；無質，道之妙也。

《真源》曰: 道源既判, 降本流末。悟其真者, 因真修真, 內真而外真自應矣; 識其妙者, 因妙造妙, 內妙而外妙自應矣。天地得道之真, 其真未應, 故未免乎有位; 天地得道之妙, 其妙未應, 故未免乎有質。有質則有象可求, 有位則有數可推。天地之間, 萬物之內, 最貴惟人, 即天地之有象可求, 故知其質氣與水也, 即天地之有數可推, 故知其位遠與近也, 審乎如是, 而道亦不遠於人也。《比喻》曰: 天地有五帝, 比人之有五臟也。育帝甲乙木, 甲為陽, 乙為陰, 比肝之氣與液也; 黑帝壬癸水, 壬為陽, 癸為陰, 比腎之氣與液也; 黃帝戊己土, 戊為陽, 己為陰, 比脾之氣與液也; 赤帝丙丁火, 丙為陽, 丁為陰, 比心之氣與液也; 白帝庚辛金, 庚為陽, 辛為陰, 比肺與液也。凡春夏秋冬之時不同, 而心肺肝腎之旺有月。

《真訣》曰: 凡春三月肝氣旺, 肝旺者, 以父母真氣, 隨天度運而在肝, 若遇日, 甲乙克土, 於辰戌醜未之時, 依時起火煉脾氣, 徐日兌卦時, 損金以耗肺氣, 是時不可下功也, 坎卦時, 依法起火煉腎氣, 震卦時入室, 多入少出, 息住為上, 久閉次之, 數至一千息為度, 當時內觀如法, 一在冥心閉目, 青色自見, 漸漸升身以入泥丸, 自冥至辰, 以滿震卦。凡夏三月心氣旺, 心旺者, 以父母真氣, 隨天魔運而在心, 若遇火日, 丙丁克金, 于兌卦時, 依法起火煉肺氣, 餘日坎卦時, 損水以耗腎氣, 是時不可下功也, 震卦時, 依法起火煉肝氣, 離卦時入室, 依前行持, 赤色自見, 漸漸升身以入泥丸, 月巳至未, 以滿離卦。凡秋三月肺氣旺, 肺旺者, 以父母真氣, 隨天度運而在肺, 若遇金月, 庚辛克木, 于震卦時, 依法起火煉肝氣, 徐日離卦時, 損火以耗心氣, 是時不可下功也, 巽卦時, 依法起火煉脾氣, 兌卦時入室, 依前行持, 白色自見, 漸漸升身以入泥丸, 自申至戌, 以滿兌卦。凡冬三月腎氣匝, 腎旺者, 以父母真氣, 隨天度運而在腎, 若遇水日, 壬癸克火, 于離卦時, 依法起火煉心氣, 餘日辰戌醜未時, 損土以耗脾氣, 是時不可下功也，兌卦時，依法起火煉肺氣，坎卦時入室，依前行持，黑色自見，漸漸升身以入泥丸，自亥至醜，以滿坎卦。

解曰：春煉肝千息青氣出，春末十八日，不須依前行持，於定息為法，終日靜坐，以養脾而煉己之真氣，乃可坎卦起火煉腎，恐耗其真氣。夏煉心千息赤氣出，夏末十八日，不須依前行持，止於定息為法，終日靜坐，養煉如前，乃可震卦時起火如前。秋煉肺千息白氣出，秋末十八日，不須依前行持，止於定息為法，終日靜坐，養煉如前，乃可巽卦時起火如前。冬煉腎千息黑氣出，冬末十八日，不須依前行持，止於定息為法，終日靜坐，養煉如前，乃可兌卦時起火如前，以至黃氣成光，默觀萬道，周匝圍身。凡定息之法，不在強留而緊閉，但綿綿若存，用之不勤，從有入無，使之自住。采藥之法，食津提固以壓心，使真氣不散。凡入室須閉戶，孤幽靜館，遠雞犬女子、一切厭觸之物，微開小竅，使明能辨物，勿令風日透氣，左右有聲。當灰心息慮，事累俱遣，內外凝寂，不以一物介其意。蓋以陽神初聚，真氣方凝，看如嬰兒，尚未及老，日夕焚香，跪拜稽首，一祝天，二祝天仙，三祝地仙，三禮既畢，靜坐忘機，以行此法，仍須前法節節見驗。若以此便為道，但恐徒勞，終不見成，止于陰魄出殼而為鬼仙。

《道要》曰：凡行此法，不限年月日時，一依前法，以至見驗方止。其氣自見，須是謹節不倦，棄絕外事，止於室中用意，測其時候。用二個純陽小子，或結交門生，交翻往復，供過千日，可了一氣。一以奪十，一百日見功，五百日氣全，可行內觀，然後聚陽神以入天神，煉神合道，入聖超凡。煉氣之驗，但覺身體極暢，常仰升騰，丹光透骨，異香滿室，次靜中外觀，紫霞滿目，頂中下視，金光罩體，奇怪證驗，不可備紀。

內觀交換 第九

《金誥》曰: 大道本無體, 寓於氣也, 其大無外, 無物可容; 大道本無用, 運於物也, 其深莫測, 無理可究。以體言道, 道始有外內之辨; 以用言道, 道始有觀見之基。觀乎內而不觀乎外, 外無不究而內得明矣, 觀乎神而不觀乎形, 形無不備而神得見矣。

《真源》曰, 以一心觀萬物, 萬物不謂之有徐; 以萬物撓一氣, 一氣不謂之不足。一氣歸一心, 心不可為物之所奪; 一心運一氣, 氣不可為法之所役。心源清澈, 照萬破, 亦不知有物也; 氣戰剛強, 萬感一息, 亦不知有法也。物物無物, 以還本來之象; 法法無法, 乃全自得之真。

《比喻》曰: 以象生形, 因形立名。有名則推其數, 有數則得其理。蓋高上虛無, 無物可喻, 所可比者, 如人之修煉, 節序無差, 成就有次, 沖和之氣, 凝而不散, 至虛真性, 恬淡無為, 神合乎道, 歸於自然。當此之際, 以無心為心, 如何謂之應物以無物為物, 如何謂之用法? 真樂熙熙, 不知己之有身, 漸入無為之道, 以入希夷之域, 斯為入聖超凡之客。

《真訣》曰: 此法合道, 有如常說存想之理, 又如禪僧入定之時, 當擇福地置室, 跪禮焚香, 正坐盤膝, 散髮披衣, 握固存神, 冥心閉目, 午時前微微升身, 起火煉炁, 午時後微微斂身, 聚火煉丹, 不拘晝夜, 神清氣合, 自然喜悅。坐中或聞聲莫聽, 見境勿認, 物境自散, 若認物境, 轉加魔障。魔障不遲, 急急向前, 以身微斂, 斂而伸腰, 後以胸微幅, 偃不伸腰, 少時前後火起, 高升其勿動, 名曰焚身, 火起魔障自散於軀外, 陰邪不入於殼中。如此三兩次已, 當想遍天地之間, 皆是炎炎之火, 火畢清涼, 了無一物, 但見車馬歌舞, 軒蓋繡羅, 富貴繁華, 人物歡娛, 成隊成行, 五色雲升, 如登天界, 及到彼中, 又見樓臺聳翠, 院宇徘徊, 珍珠金玉, 滿地不收, 花果池亭, 莫知其數, 須臾異香四起, 妓樂之音, 嘈嘈雜雜, 賓朋滿坐, 水陸陳, 且笑且語, 共賀太平, 珍玩之物, 互相獻受, 當此之際; 雖然不是陰鬼魔軍, 亦不得認為好事。益修真之人, 棄絕外事, 甘受寂寞, 或潛跡江湖之地, 或遁身隱僻之隅, 絕念忘情, 舉動有戒, 久受劬勞, 而歷瀟灑, 一旦功成法立, 遍見如此繁華; 又不謂是明魔, 格謂實到天宮, 殊不知脫凡胎, 在頂中自己天宮之內; 因而貪戀, 認為實境, 不用超脫之法, 止於身中, 陽神不出, 而胎仙不化; 乃曰出昏衢之上, 為陸地神仙, 僅可長生不死而已, 不能脫質升仙, 而歸三島, 以作仙子, 到此可惜! 學人自當慮超脫雖難, 不可不行也。

《道要》曰: 不無盡法已減省故也。

超脫分形 第十

《金誥》曰: 道本無也, 以有言者, 非道也; 道本虛也, 以實言者, 非道也; 既為無體, 則問應俱不能矣; 朗為無象, 則視聽俱不能矣。以玄微為道; 玄微亦不離問答之累; 以希夷為道, 希憲亦未免視聽之累。希夷玄微尚未為道, 則道亦不知其所以然也。

《玉書》曰: 其來有始, 而不知大道之始, 何也其去有盡, 而不知大道之終; 何也? 高高之上雖有上, 而不知大道之上無有窮也深深之下雖有下, 而不知大道之下無有極也。杳杳莫測名曰道, 隨物所得而列等殊, 無為之道, 莫能窮究也。

《真訣》曰: 超者, 超出凡軀而入聖品; 脫者, 脫去俗胎而為仙子; 是神入氣胎, 氣全真性, 須是前功節節見驗正當, 方居清靜之室; 以入希夷之境, 內觀認陽神, 次起火降魔, 焚身聚氣, 真氣升在天宮, 殼中清靜, 了無一物。當擇幽居, 一依內觀, 三禮既畢, 平身不須高升, 正坐不須斂伸, 閉目冥心, 靜極朝元之後, 身軀如在空中, 神氣飄然, 難為制禦, 默然內觀,明朗不昧, 山川秀麗, 樓閣依稀, 紫氣紅光, 紛紜為陳, 祥鸞彩鳳, 音語如簧, 異景盟華, 可謂壺中真趣, 而洞天別景, 追逐自在, 冥然不知有塵世之累, 是真空之際, 其氣自轉, 不須用法依時。若見靑氣出東方, 笙簧嘹亮, 旌節車馬, 左右前後, 不知多少, 須臾南方赤氣出, 西方白氣出, 北方黑氣出, 中央黃氣出, 五氣結聚而為彩雲, 樂聲嘈雜, 喜氣熙熙, 金童玉女, 扶擁自身, 或跨火龍, 或乘玄鶴, 或路彩鸞, 或騎猛虎, 升騰空中, 自上而下。所過之處, 樓臺現宇, 不能盡陳, 神抵官吏, 不可備說, 又到一處, 女樂萬行, 宮撩班列, 如人間帝王之儀, 聖賢畢至, 當此之時, 見之傍若無人, 乘駕上升, 以至一門, 兵衛嚴肅, 而不可犯, 左右前後, 官僚女樂, 留戀不已, 終是過門不得, 軒蓋覆面, 自上而下, 複入舊居之地, 如此上, 不厭其數, 是調神出殼之法也。積日純熟, 一升而到天宮, 一降而還舊處, 上下絕無礙滯, 乃自下而上, 或如登七級寶塔, 或如上三層瓊樓, 其始也‘級而複一級, 七級上盡, 以至頂中, 輒不得下視, 恐神驚而戀軀不出, 既至七級之上, 則閉目便跳, 如寐如脂, 身外有身, 形如嬰兒, 肌膚鮮潔, 神采瑩然, 回視故軀, 亦不見有, 所見之者, 乃如糞堆, 又如枯木, 憎愧萬端, 輒不可頓棄而遠遊。盆其神出未熟, 聖氣凝結而成, 須是再入本軀, 往來出入, 一任遨遊, 始乎一步二步, 次二裏三裏, 積日純熟, 乃如壯士展臂, 可千里萬里, 而形神壯大, 勇氣堅固, 然後寄凡骸於名山大州之中, 從往來應世之外, 不與俗類等倫, 或行滿而受天書, 駿鸞乘鳳, 跨虎騎龍, 自東自西, 以入紫府, 先見太微真君, 次居下島, 欲升洞天, 當傳道積行於人間, 受天書而升洞天, 以為天仙。凡行此法, 古今少有成者, 盆以功不備而欲行之速, 便為此道; 或功驗未證, 止事靜坐, 欲求超脫; 或陰靈不散, 出為鬼仙, 人不見形, 來往去任, 終無所歸, 止於投胎就舍, 而奪人軀殼, 複得為人; 或出入不熟, 往來無法, 一去一來, 無由再入本軀, 神魂不知所在, 乃釋子之坐化、道流之屍解也。故行此道, 要在前功見驗正當仍擇地築室, 以遠一切腥穢之物、臭惡之氣、往來之聲、女子之色，不止於觸其真氣，而神亦厭之。既出而複入，入而不出，則形神俱妙，與天地齊年，而浩劫不死；既入而複出，出而不入，如蟬脫蛻，遷神入聖，此乃超凡脫俗，以為真人仙子，而在風塵之外，寄居三島十洲者也。

《道要》曰：不無盡法已滅息矣。右大乘三門，系天仙。

제4부 입약경 원문

入藥鏡

至一眞人崔希範著

混然子王道淵注解

滄溟 李攀龍注釋

一壑居士彭好古注解

〈崔希範入藥鏡紹介〉

道家养生功之道家气功崔希范入药镜功诀之崔希范介绍, 号至一真人, 唐末五代气功学家, 著有≪入药镜≫丛书。据≪道藏≫收载有四种: ≪天元入药镜≫、≪入药镜上篇≫、≪入药镜中篇≫、≪解注崔公入药镜≫。在民间流传最广, 影响最大的是以歌诀形式出现的≪崔公入药镜≫。所谓"药", 是指维持人体生命活动的最基本的物质精、气、神。所谓"入药", 按持一定程序炼养梢气神, 其逐步炼养的过程就叫"入药"。所谓"镜", 指人心如镜之明。要求心神一尘不染, 莹净内明。因此, "入药镜"就是讲"内丹"气功。现将≪崔公入药镜≫歌诀录此, 并参照元代内丹大师王道渊的注解, 浅释其含义, 以便爱好者掌握。

崔希範是八仙之一呂純陽的老師, 大約在唐僖宗廣明元年(880), 呂純陽巧遇崔希範, 面授≪入藥鏡≫. 純陽以詩爲證: "因看崔公≪入藥鏡≫,

令人心地轉分明."《入藥鏡》在內丹學修煉者心目中是一部修煉指南.

〈崔公入药镜注解序〉

神仙之学, 岂凡夫俗子之可闻。必是大根大器决烈丈夫、明眼高士之可为也。且夫学者为者何事? 外则穷天地施化之理, 内则明身心运用之机。然虽如是, 宣尼若不遇老子亲授, 故无犹龙之叹。瞿昙不是古圣再来, 岂有出世之见。所以学者如牛毛, 达者如麟角。此无他, 在乎得传与不得传耳。神仙之学, 不过修炼性命, 返本还源而已。采先天一炁以为丹母, 运后天之气以行火候。以火炼性, 则金神不坏。以火炼其命, 则道气长存。换尽阴浊之躯, 变成纯阳之体, 神化自在, 应运无穷, 岂不奇哉。余见其今之学仙者纷纷之多, 及至与其辩论真诀, 人各偏执一见, 不合先师正传之道。观其《崔公入药镜》八十二句, 言简而意尽, 贯穿诸丹经之骨髓。予不愧管窥之见, 逐将吾师所授口诀, 每四句下添一注脚, 剖露玄机, 作人天眼目。后之来者与我同志, 试留心玩诵, 断断有神告心悟之效无疑也。或者有云吾注不足为信, 而崔公之言当以为实, 依而行之, 信而从之, 运炼一身, 则学仙之能事毕矣。

修江 混然子 序

〈滄溟詩〉

滄溟詩曰:

先天一炁金丹祖，虛無又是先天母。

一炁產時生陰陽，汞是龍兮鉛是虎。

聚之一炁為元精，散則金木水火土。

若知萬物憑虛生，始信陰陽無定所。

1. 先天炁, 后天炁。得之者, 常似醉。

混然子曰, 先天炁者, 乃元始祖炁也。此祖炁在人身天地之正中, 生门密户悬中高处, 天心是也。神仙修炼, 止是采取先天一炁, 以为丹母。后天炁者, 乃一呼一吸, 一往一来, 内运之炁也。呼则接天根, 吸则接地根; 呼则龙吟而云起, 吸则虎啸而风生。绵绵若存, 归于祖炁, 内外混合, 结成还丹。自觉丹田火炽, 畅于四肢, 如痴如醉, 美在其中。此所以得之者常似醉也。《道德经》云: 谷神不死, 是谓玄牝。玄牝之门, 是为天地根。绵绵若存, 用之不勤。《易·坤卦》云: 黄中通理, 正位居体, 美在其中, 而畅于四肢, 如斯之谓也。

一龢居士曰, 人之未生, 混混沌沌。惟臍中一點眞炁, 與母命蒂相通。母呼亦呼, 母吸亦吸。及囝的一聲, 而炁落丹田矣。呼接天根, 吸接地軸。而先天元始祖炁, 未嘗不充溢於其中。非後天之氣, 無以見先天一炁之流行。非先天之炁, 無以爲後天一炁之主宰。此炁在人身天地之中, 生門密戶。藏則爲炁, 形則爲氣。崔公入藥鏡以炁爲藥, 故首欲人得此炁。然果何由而得哉。先天之學, 自虛化炁。後天之學, 以神馭氣。先天之炁, 採之先庚。後天之氣, 採之後甲。一得此氣, 二六時中, 如鷄抱卵, 如龍養珠, 綿綿若存, 勿忘勿助。自覺丹田火煖, 美在其中, 暢於四肢, 而如痴如醉矣。學道者, 甚哉, 不可不講於得之理也。

滄溟先天炁後天氣詩曰,

先天一炁即真鉛, 產在虛無太極前。

恍惚窈冥中有象, 方知造化極玄玄。

後天之氣為真汞, 本與先天一竅生。

伹得汞鉛歸一處, 自然頃刻產真精。

注曰, 此言大藥物, 真鉛汞也。先天一炁, 無極也、無中有也。後天之氣, 太極也、有中無也。即此便是金丹大藥, 真鉛真汞之祖父母。未生以前即有先天之炁。既生之後, 後天之氣, 即與先天之炁, 混合而為一也。太上教人採取先天靈父聖母之炁, 合而煉為大藥, 無中生有, 返本還源, 即與先天之炁混合為一也。此外更無覓真鉛真汞處也。鉛汞歸一竅之中, 修煉成九轉之藥, 金液還丹之妙盡在其中矣。先後二字, 必有次第, 悟者自得之矣。

得之者常似醉詩曰,

金丹大道極玄微, 學者紛紛達者誰。

一得須知為永得, 便宜下手立根基。

昏昏默默太虛中, 有有無無妙莫窮。

方寸壺中傾不盡, 自家無日不春風。

注曰,

此言得藥之後景象也。大道易成, 至人難遇, 既遇至人, 則一得永得矣。
既已得之, 苟不下手植立根基, 是為自棄大道矣。金液還丹, 既吞入腹, 點
化凡軀以成真人, 便有自然景象。參同契云, 淫淫若春澤, 液液象解冰。從
頭流達足, 究竟復上升。往來洞無極, 怫怫被谷中。顏色浸以潤, 骨節益堅
強。是皆美在其中, 而晬於面, 盎於背, 暢於四肢, 達於四體。四體不言而
喻, 是皆自然效證也。

2. 日有合, 月有合。穷戊己, 定庚甲。

混然子曰, 日月者, 太阳太阴也。天有黄道为度, 三百六十五度四之一。
其运转也, 一日一周。日月行乎其间, 往来上下, 迭为出入, 此所以分昼夜
而定寒暑也。当冬至之节, 一阳生于复, 日从北行, 月从南行。夏至之节,
一阴生于姤, 日从南行, 月从北行。日行一日一度, 至三十度, 与太阴会。
月本无光, 借日之光。月行一日十二度有零, 至三十日, 行满周天之度。每
月晦朔, 与太阳同会所行之宫, 日月合璧, 晦象年终, 朔象岁首, 会而复离,
离而复还。月因日以受其明, 阳魂渐长, 阴魄渐消。至初八日夜, 阳半阴半
为上弦; 至十五日夜, 与日对照为望, 故圆。圆满之极, 其理当亏, 于是阴

魄渐长，阳魂渐消。至二十三日夜，阴半阳半为下弦；至三十日夜为晦，又复与日同会。此天之日有合，月有合也。反求于身，吾身一天地，亦有日月也。以身为乾坤，以坎离为药物，以日月运行为火候。百姓日用而不知，岂知行之。吾身与天地日月无不同也。当作丹之时，运日月之双轮，簇阴阳于一息，日月归鼎，阴阳构精，烹之炼之，结成圣胎。此吾身日有合、月有合也。了真子曰：玉池常滴阴阳髓，金鼎时烹日月精是也。既明日月之合，必穷戊己之源。戊己者，中央土也。水火分为上下，木金列于东西。木为火母，金为水母，若非戊己之功，水火不能既济，金木不得归并。当施化之际，是用戊土从坎起，进之以阳火，己土从离降，退之以阴符，摄回四象而同炉，此戊己之功也。既穷戊己之理，必定庚甲之方。庚西方，金也、情也、虎也。甲东方，木也、性也、龙也。言人之情，好于驰骋，见物即逐，如虎昌狂，故每伤于性。性被情迷，不能为主，如龙奔腾，故二物间膈。大修行人，制之不难。遇此时正好下手施功，须仗黄婆媒合，旋斗柄之机，一息之间即得金木归并，情性合一，龙虎入鼎，心虚湛然，此所以定庚甲也。家妙用，宜乎生甲生庚，学者不可不知也。

滄溟日有合月有合詩曰，
日魂陽髓出東方，為吸陰精酉位藏。
金水兩平逢二八，自然合璧有重光。
月魄陰精照兗川，為含陽髓及東旋。
後弦前共前弦後，一月相交一次圓。

注曰，此言大丹藥物法象之妙用也。日月為金丹之功用大矣。日出東方，月出西位。月自初三日生魄，與大陽之光相近，日近一日，故近日光而生光。至於初八日，上弦恰受太陽之光一半明月，至此，上弦平如繩，而上

244

弦金半斤也。自初八日以後，直至十五日，則受盡太陽之光，與日相望，則月魄光明圓滿，照於東方。至此，則日月對照也。自十六日以後，月與太陽相遠，日遠一日，故退日魂而無光。至於二十三日，下弦恰退太陽之光一半明，月至此，下弦平如繩，而下弦水半斤也。自二十三日以後，直至二十九日，則退盡太陽之光，與日不相見，則月魄晦而光滅，乃東北喪朋之時也。至初三日，則復如初，而一月一合璧也。故藥物則而象之。修煉大丹，不過按日月盈虧之象，則陰陽消長之機。苟能悟此，則藥物在此矣、冬至在此矣、下手在此矣、採取在此矣、火候在此矣、抽添在此矣、沐浴在此矣、凝結在此矣。元哉妙哉，必須口授，非楮筆之所敢泄也，天譴可不畏乎？

窮戊己定庚甲詩曰，
戊為真土中宮數，癸是天元真一精。
窮取兩般能制伏，丹基從此可經營。
甲為卯位青龍木，庚是西方白虎金。
能使虎龍歸一處，黃芽白雪不難尋。

注曰，金丹之道，全仗五行、四象、八卦，相資以成也。甲乃青龍之木；庚乃白虎之金。蓋金木常有間隔之患。戊為真土中宮之數，癸乃天元真一之水，乃大丹之基也。還丹之本，莫大乎金水。金水必藉戊土以相制伏，然後丹道立矣。故定庚甲，則知金木有混融之妙；窮戊己，則知水土有制伏之功。造化玄微，天機深遠，誰敢輕議？窮定二字，乃在我之機也。

3. 上鹊桥，下鹊桥。天应星，地应潮。

混然子曰，人身夹脊，比天之银河也。银河阻隔，而有灵鹊作桥，故有鹊桥之说。人之舌亦言鹊桥也。凡作丹之时，以黄婆引婴儿上升泥丸，与姹女交会，名曰上鹊桥也。黄婆复徘徊，笑引婴儿姹女同归洞房，必从泥丸而降，故曰下鹊桥也。黄婆、婴儿、姹女非真有也，乃譬喻之说，无出乎身心意三者而已。默运之功，内仗天罡斡运，外用斗柄推迁。起火之时，觉真气腾腾上升，如潮水之初起，直上逆流，故曰天应星、地应潮也。丹经云：工夫容易药非遥，拨动天轮地应潮是也。

滄溟上鵲橋下鵲橋詩曰，

高駕虛空峻接天，金烏玉兔自盤旋。

分明横駕秋江曲，只在平分上下弦。

真土根基疊砌成，蟾光到處水金平。

只教嬰姹常來往，此外誰堪向上行。

注曰，上鵲橋，指上弦而言也；下鵲橋，指下絃而言也。即此二弦，共合金水二八之數。蓋上鵲橋之下，下鵲橋之上，其中乃金水混融之地也。前弦之後，後弦之前，其中，乃金水氣旺之時也。金丹之妙，不過合二八兩弦，金水之氣而成，故有上下前後之別。嬰兒居甲乙之鄉，姹女處庚辛之地。北限壬癸之水，南隔丙丁之火。兩情相慕，瞻望弗及，如牛女阻隔天河也。若欲聚會，必假橋梁，以濟往來。故牛女相會，必假鵲橋。而呂祖有云，曲江上見月華瑩，淨有箇烏飛。』亦是喻上不兩弦，月如鵲橋之形象也。既得聚會，則兩情相戀，結為夫婦，變化玄珠成象矣。或者，指鵲橋之中，為玄關一竅，亦是一說。上下兩弦，原出於此也。

246

天應星地應潮詩曰，

天上三奇日月星，斗樞晝夜咛旖浽

毫釐進退無差忒，正應金丹火候靈。

中秋月魄十分圓，金旺潮洪出海門。

內外與潮相應處，自家頁氣正朝元。

注曰，此言修煉大丹，造化之妙。上稽天文，則應乎星辰，下察地理，則應乎潮候。天罡一曜，隨月建以指方。斗樞一星，逐時辰而轉位。如亥時則指西北，子時則在正北。四七二十八宿，環列於天河之上。三百六十五度，經行於分野之中。流輕無窮，周而復始，故能成陰陽、界寒暑、定四時，而成歲功也。海潮，一日兩次往回，隨日月之出沒，定子午之消長。自初三日，月生為始，起水日盛一日。至月半，則極其盛大。自十六日，月缺為下岸，日減一日。至月晦，則極其小矣。毫釐不差，時刻不易，故曰潮信也。此言人之一身，元氣周流，往來上下，與天星海潮，同一造化。修煉金丹，進退符火，苟能法天星之轉動，體海潮之消長，不差不忒，則金液還丹立可成矣。元樞歌云，地下海潮天上月。至哉言乎！而廬山皇甫真人，觀潮一詞，尤為看破天地造化端的，併錄於此，以為證據。

百字令云，鑿開混沌，見錢塘南空，長江銀壁。今古英雄吟此景，誰解推原端的。歲去年來，日庚月甲，因甚無差忒。而今說破，要知天地來歷。道散有一強名，五行顛倒，互列乾坤。歷坎水逆流，朝丙戶，隨月盈虧消息。氣到中秋，金能生水，倍湧千重雪。神仙妙用，與潮無箇分別。

4. 起巽风，运坤火。入黄房，成至宝。

混然子曰，作丹之法，乃炼吾身中真铅真汞也。铅遇癸生之时，便当鼓动巽风，搧开炉鞴，运动坤宫之火，沉潜于下，抽出坎中之阳，去补离中之阴，成乾之象，复归坤位而止，片饷之间，发火煅炼，铅清汞洁，结成空岳金胎，历劫不坏，此所以入黄房成宝也。《度人经》云：中理五岳，混合百神，十转回灵，万岳齐仙。萧廷芝云：大药三般精气神，天然子母互相亲，回风混合归真体，煅链工夫日日新。是也。

滄溟起巽風運坤火詩曰：
採得真鉛入鼎中，更須烹煉虎和龍。
玄關欲運坤宮火，橐籥須憑巽位風。
西南真土是坤宮，大藥根源產在中。
運用自然文武火，一時凝結聖胎紅。

注曰：
東南為巽，西南為坤。巽屬木，財能生風；坤屬土，故有真火。然火無風則不能自擄仨延儋泪Ｌ以吹嘘之。蓋東南與西南對，其為吹嘘易矣。鍾離祖師云：『煉藥憑巽風。』而杏林亦曰：『吹嘘藉巽風。』杏林之說，其雲房之意與。

入黃房成至寶詩曰：
天然真土是黃房，採得真鉛此內藏。
固濟更須行火候，煉成一塊紫金霜。
真汞真鉛煉得成，黍珠一粒重如金。

此般至寶身中有, 莫把旁門向外尋。

注曰: 黃房, 神室也、金鼎也、玉爐也、玄關也、玄牝也、真土也、鄞鄂也。總而言之, 修煉金液還丹之鼎器也。既能採取先天鉛汞之藥, 入黃房之中。起以巽風, 咭岳せ積依準符候煉成至寶。大如黍米, 既得此丹, 可以長生久視, 返老還童, 點化凡軀, 遠游輕舉, 豈非天地至寶乎。黃房神室, 須要認得, 端的分曉, 方可下手修煉。或者, 鑄金刻玉, 皆非自然, 安能氣類相感哉。而龍虎上經, 論至鼎器, 則有磁石吸鐵, 隔礙潛通之說, 可以默會於胸中矣。須要認得造化生成之巧, 切不可以人為而得之。此竅無內無外, 大包天地, 細無不納。蓋不可執於內有, 亦不可必於外無也。識造化者, 必於真土中求其根蒂焉。得此, 則丹道立矣。以真土之色黃, 故曰黃房, 有曲密深邃之義也。

5. 水怕干, 火怕寒。差毫发, 不成丹。

混然子曰, 修真内炼之要, 鼎中之水不可干, 炉内之火不可寒。≪丹经≫所谓: 金鼎常留汤火煖, 玉炉不要火教寒是也。以外丹言之, 凡作丹之时, 行武炼文烹之功, 大要调和火力。若用之太过, 则火燥水溢, 不及则水干火寒。务在行之停匀, 一刻周天, 水火既济, 鼎内丹结, 自然而然也。若差之毫发不成丹矣。仙师云: 药有老嫩, 火有斤两, 学者不可不知。了真子有云乎: 七返九还须识主, 工夫毫发不容差。悟真篇≫云: 大都全藉修持力, 毫发差殊不作丹。是也。

滄溟水怕乾火怕寒詩曰:

坎內天元真一精，須知丹向此中成。

常教融液無枯涸，竚看黃芽旋旋生。

汞鉛無火不成丹，要識抽添造化難。

鼎內溫溫常著意，莫教焰滅與灰殘。

注曰：此乃造化自然之理也。修丹之要，實在水火。水性潤下，故怕乾；火性炎上，故怕寒。須要調停，無令有枯涸灰殘之患，自然既濟升降而成功矣。水火之用，其大矣哉。

差毫髮不成丹詩曰：

毫髮差殊煉不成，怎教龍虎媾真精。

龜飛蛇舞乖張盛，欲覓長生返害生。

鉛飛汞走不相投，火自炎空水自流。

不得一珠成黍米，更於何處結丹頭。

注曰：採取藥材，調停水火，全在功夫。準繩造化，差之毫釐，謬以千里。反掌，有鉛飛汞走之患；撚指，有虎鬭龍爭之險。嬰而遠去，姹女逃亡；欲要返還，霄壤殊絕。

故契云：『飛龜舞蛇，愈見乖張，不知何處，可以結丹頭也。』修煉之士，其可忽諸。

6. 铅龙升，汞虎降。驱二物，勿纵放。

混然子曰，铅者，坎中一点真阳，谓之龙也。汞者，离中一点真阴，谓之虎也。凡作丹之时, 飞戊土抽坎中之铅, 木生火而炎, 上升泥丸, 龙从火裹出, 故曰铅龙升也。用己土摄离中之汞, 金生水而流, 下降丹田, 虎向水中生, 故曰汞虎降也。擒捉之功, 非加武火之力, 则铅龙不升; 非用文火之力, 则汞虎不降。一息周流妙在坚刚, 著力擒龙虎入鼎, 烹炼化为玉浆, 故曰驱二物勿纵放也。张紫阳云: 西山白虎性猖狂, 东海青龙不可当, 两手捉来令死斗, 炼成一块紫金霜。是也。

一螯居士曰, 鉛本沈重, 而下墜爲白虎。因坎宮眞一之精, 原自乾宮泄來, 鉛因得汞, 發擧眞一之水而上騰, 故曰鉛龍升。汞本飛揚, 而上騰爲靑龍。因離宮正陽之氣, 原自坤宮換去, 汞因得鉛, 變化純陽之氣而下墜, 故曰汞虎降。西山之虎, 猖狂難擒。東海之龍, 獰惡難制。惟驅龍就虎, 驅虎降龍, 二物和合, 勿使縱放, 則龍虎兩弦之氣, 同歸一穴而成丹。

滄溟鉛龍升汞虎降詩曰:

鉛象如龍法最靈, 窈冥恍惚本無形。

要知採取無中有, 只是先天炁上升。

汞本西方白虎精, 與龍相會便交併。

壺中景象般般有, 升降陰陽自準繩。

注曰:

鉛先天也, 其升如龍; 汞後天也, 其降如虎。

龍升虎降, 相遇於中宮, 須臾作吟嘯之聲, 頃刻, 有交媾之象。

龍吞虎髓, 虎吸龍精, 故能於恍惚窈冥中, 產成玄珠之寶。

古歌曰:『五行不順行, 虎向水中生。五行顚倒術, 龍從火裏出。』此乃是造化至妙之機。修煉之士, 必先洞明此理, 則金液自然返還矣。

驅二物勿縱放詩曰：

一物無非汞與鉛，一時採取向先天。

擒來手內明生殺，虎伏龍降軟似綿。

擒得來時要謹持，莫教容易落危機。

龍獰虎惡牢拴繫，鉛汞同爐永不飛。』

注曰：此接上文言也。當其龍虎升降，交媾之時，便當依時採取，以為藥物。二物，即鉛汞也。既擒入手龍虎，其可以縱放哉。然後閃入黃房之中，牢加拘繫，密以隄防，使之相吞相啖於玄關之中，而自然降伏。

故紫陽云：『西山白虎正猖狂，東海青龍不可當。兩手捉來令死鬪，化成一塊紫金霜。』

又云：『既驅二物歸黃道，爭得金丹不解生。』正謂此爾。

7. 産在坤，種在乾。但至诚，法自然。

混然子曰，张紫阳云：要知产药川源处，只在西南是本乡。此所以言吾身西南方，乃坤位也。人腹为坤，人首为乾，坤居下为炉，乾居上为鼎。金丹大药产在坤，种在乾。凡作丹采药之时，必从坤位发端，沉潜尾穴温养。见龙当加武火，逼逐真阳之气，逆上乾宫交姤，复还坤位而止，猛烹极煅，结成至宝。故曰产在坤，种在乾。其中复有先天产药之时，观心吸神，握定不泄，皆助火侯之力。古仙往往秘而不言，此最上机关，人谁知之。行持之间，唯在存诚。野战防危，法天象地，应化自然。故曰：但至诚法自然也。

一壑居士曰，金液大丹，本是先天乾金。而先天坤土，又生乾金。及乾體破而爲離。坤體逐實而爲坎。坎中一點先天眞一之炁，雖居北方，而産水之源, 則在西南之坤方。故曰産在坤。取坎中之一, 補離中之二, 復還乾體, 即爲金丹。故曰種在乾。但至誠無息, 一升一降, 法天地之自然。一往一復, 法日月之自然而丹結矣。

滄溟産在坤種在乾詩曰:

藥産西南正在坤, 一輪明月照崑崙。

金精壯盛時須採, 烏兔從教自吐吞。

大藥金丹本不難, 全憑鉛汞入玄關。

分明採取坤家種, 種向乾宮結大還。

注曰: 坤位西南, 乾居西北, 此乾坤對立生成之象也。藥物産於坤宮真土之鄉, 而坤乃水土長生之地。以坤宮真水, 種向乾家老金之宮, 而金乃水母, 而金又能生水, 金水相生, 而成藥祖也。夫乾, 陽也、父也、天也; 坤, 陰也、母也、地也。吾身未生以前, 而乾父一點先天之炁, 已産於坤母腹內。既生之後, 又與我同生於一身之中, 即是寄種乾宮矣。吾身即乾父也。但能於身求母腹內元得一點先天之炁, 復種於吾身交感之宮, 此乃返本還源之妙道也。

紫陽云: 『依他坤位生成體, 種向乾家交感宮。』其造化深矣, 元妙矣。

但至誠法自然詩曰:

萬般作用謾施功, 總與金丹事不同。

但要至誠無間斷, 自然大道在其中。

大道虛無法自然, 自然之外更無玄。

致柔專氣嬰兒樣, 饑即求湌困即眠。

注曰: 大藥還丹, 非天下至誠者, 其孰能與於此哉。道本無為, 有為則非道矣。此喻修丹之士, 在主乎一至誠不息而行, 但取法自然之造化而已。且日月之盈虧, 寒暑之來往, 星辰之轉運, 是孰使之然哉。此乃自然之造化耳。學者體此, 則大道自然成矣。

8. 盗天地, 夺造化。攒五行, 会八卦。

混然子曰, 提挈天地, 握定阴阳, 攒簇五行, 合会八卦, 此神仙之学也。天地者, 即乾坤也。造化者, 即阴阳也。五行者, 金木水火土也。八卦者, 乾坤坎离震巽艮兑是也。且夫天地之大, 造化之深, 五行分布, 八卦环列, 以何术能盗之夺之、攒之会之? 盗者, 窃也。夺者, 取也。攒者, 簇也。会者, 合也。此言丹家之法, 妙在口传。凡作丹真诀, 只在些儿消息。待时至气化, 药产神知, 便当闭风关, 塞艮户, 斡天罡, 旋斗柄, 运符火之一息, 簇三千六百之正罡, 回七十二侯之要津, 颠倒五行, 会合八卦, 总归土釜, 牢固封闭, 须臾调燮火发, 武炼猛烹, 结成圣胎。所以一刻工夫, 夺一年之节候。《丹经》云: 人心若与天心合, 颠倒阴阳只片时。此即一呼一吸能夺造化。人一日有一万三千五百呼, 一万三千五百吸。一呼一吸为一息, 则一息之间, 潜夺天运一万三千五百年之数。一年三百六十日四百六十八万, 潜夺天运四百八十六万年之数。于是换尽阴浊之躯, 变成纯阳之体, 神化自在, 聚则成形, 散则成风, 出有入无, 隐显莫测, 岂不奇哉。

一壑居士曰, 凡作丹要訣, 只在些兒消息。大修行人, 入室下功, 閉風關, 塞兑戶, 斡天罡, 旋斗柄, 猛烹極煉, 結成聖兒, 則一息之火符, 盜天地一萬三千六百之正氣。一時之工夫, 奪造化一年七十二候之要津。陰陽變合為五行, 攒金木水火於戊己二土之內。坎離周流於六卦, 會震兑巽艮於乾坤相括之中。而天地造化, 五行八卦, 合而爲一矣。

滄溟盜天地奪造化詩曰:

竊取乾坤日月精, 煉成大藥片刻靈。

其機鬼神難窺測, 妙在陰符一卷經。

時中有刻最元元, 一刻功夫應一年。

奪得真鉛歸掌握, 方知我命不由天。

注曰:

黃帝陰符經云:『天地, 萬物之盜; 萬物, 人之盜; 人, 萬物之盜。』

又曰:『其盜機也, 天下莫能知, 君子得之固躬, 小人得之輕命。』

而崔公乃曰:『盜天地, 奪造化』何哉?

蓋人為萬物之靈, 故能若是也。

夫修煉金丹, 全藉天地造化, 以成其功。

採日月之精華, 法乾坤之爐鼎, 按周天之星象, 行卦氣之符火。

準日月之弦望, 接陰陽之子午, 故能年中取月, 月中取日, 日中取時, 時中取刻, 蹙一年造化於一日之內, 乃於一刻之內, 行一年之功。

盜天地, 奪造化, 孰有大於此者。

神聖哉! 玄妙哉!

攢五行會八卦詩曰:

青龍白虎定東西, 北坎南離造化齊。

水火木金并四象, 共歸真土屬刀圭。

先把乾坤作鼎爐, 坎離藥物定錙銖。

更將震兌分龍虎, 艮巽剛柔合火符。

注曰: 攢簇五行, 會合八卦, 此大藥之法象也。五行以土德為宗; 八卦以乾神為祖。東木西金南火北水, 皆藉中宮之土, 以成其用。坎離藥物, 震兌龍虎, 艮巽火符, 皆會於乾坤一鼎之內, 此造化歸中之妙也。而紫陽云:『東三南二同成五, 北一西方四共之; 戊己自居生數五, 三家相見結嬰兒。』知此, 則攢簇五行, 會合八卦之理明矣。

9. 水真水, 火真火。水火交, 永不老。

混然子曰, 水居北方, 在卦为坎, 在身为肾。火居南方, 在卦为离, 在身为心。水中藏火, 火中藏水。人心中一点真液, 乃真水也。肾中一点真阳, 乃真火也。水火分于上下, 何由而交之? 必假戊己真土擒制逼逐, 得其真火上升, 真水下降, 同归土釜。水火既济, 结成金丹, 一炁纯阳与天齐寿。故曰水火交, 永不老也。

滄溟水真水火真火詩曰:
乾坤真水不離身, 總在先天著意尋。
採得來時元不遠, 分明坎內一爻金。
真火無根本自如, 初非鑽木費吹噓。
陰符陽火皆由此, 坎內陽爻是復初。

注曰:
坎, 水也; 離, 火也。皆非真水也、非真火也。
坎中藏一畫之陽, 離中藏一畫之陰。
坎水之陽真火也, 離火之陰真水也。

256

斯為真火真水之源。初非鑽木而求，方諸而取者。

紫陽云:『取將坎位中心實，點化離宮腹內陰。從此變成乾健體，潛藏飛躍盡由心。』

水火之妙，皆是陽中陰陰中陽也。

水火交永不老詩曰:

水升火降入黃庭，交媾真精結窈冥。

若得玄珠如黍米，龜蛇自是合其形。

水火端然合聖機，刀圭入腹壽無期。

縱教滄海桑田變，自在壺中總不知。

注曰: 火性炎上，水性潤下，天地造化，生成不易之理也。今離中之水却在上，而坎中之火却在下，此乃顛倒陰陽之妙也。火升水降，自然交合。蓋陽氣上升而為火，陰氣下降而為水，故能交媾二氣，而煉鉛汞之丹。譬之，地氣上升而為霧，天氣下降而為露，故能滋生萬物，而成造化之功。太上曰:『天地交合，以降甘露。』驗之人身，水火周流於一己之內，得其交媾，則龜蛇合形，神氣歸穴，返老還童，與天地同其長久。

莊子所謂:『長生上古，而不老者』是也。

10. 水能流，火能焰。在身中，自可验。

混然子曰，水在上，故能流润于下; 火在下，故能炎焰于上，此天地水火升降自然之理。人身作丹，运用之时，亦复如是。故曰: 在身中自可验也。

一壼居士曰，水在上，能流而潤下。火在下，能燄而炎上。此天地水火升降自然之理。金丹之道，水本下，而壬水上行，反在於上，故能流。火本上，而丙火下行，反在於下，故能燄。其流其燄，在身中，自可驗也。

滄溟水能流火能燄詩曰：
水性能流北坎鄉，隄防失節致懷襄。
能求真土相擒制，滋養元芽漸漸長。
南離真火妙無形，真水相須道乃成。
制伏若無顛倒術，汞鉛燒竭煮空鐺。

注曰：水流火燄，自然性也。水無土而制之，則濫；
火無水而制之，則燥。使之無太過不及之患，則在。
修煉之士，調停爾。而易曰：『水流濕，火就燥，雲從龍，風從虎。』『本乎天者親上，本乎地者親下，亦各從其類也。』能知水火相類相濟之妙，則金液還丹之道備矣。崔公至此，重疊發明，水火之秘。蓋欲使學者，深切究竟其根源也。

在身中自可驗詩曰：
水火周流在一身，若於外假總非真。
却如貧愛他人寶，不識吾家無價珍。
人身各有一乾坤，動靜無非合自然。
毫髮不差還可驗，不須天外更求天。

注曰：此承上文言也。真水真火，不離一身之中，初非外而求之，苟不洞明其源，則將有錯認之患。夫人一身，自有天理。耳目之視聽，手足之呲校

258

鮒畩蠨恚鎮庵担Z默之動靜，無非真水真火之妙用存焉，驗之一身，盡在其中矣。

11. 是性命，非神气。水乡铅，只一味。

混然子曰，性即神也，命即气也。性命混合，乃先天之体也；神气运化，乃后天之用也，故曰：是性命非神气也。修炼之士欲得其性灵命固，从下手之初，必是采水乡之铅。水乡铅者，坤因乾破而为坎，坎水中而有乾金，金为水母，母隐子胎，一点真阳居于此处，遇身中子时阳动之际，急急采之。紫阳所谓铅遇癸生须急采，采时须以徘徊之。意引火逼金，正所谓火逼金行颠倒转，自然鼎内大丹凝。只此一味，为大道之根。云房云：生我之门死我户，几个惺惺几个悟，夜来铁汉细寻思，长生不死由人做。指此一味，直欲世人于此寻之，方是炼丹之本。丹经云：好把真铅着意寻，华池一味水中金。是也。

一壑居士曰，性即神。命即氣。性中之神，在天爲電光，在地爲水光，在日爲陽光，在月爲金光，在人爲神光。此神光乃先天乾金之光。無極之始，鴻濛未判，混混沌沌，止知其爲乾。及動而生陽，靜而生陰，始知其爲乾，又知其爲坤。乾坤交媾之後，破乾爲離，破坤爲坎。而先天之乾，走入坎中。坎中之一，原自乾中泄來眞種子。在天者成性，在地者立命，遂有性命之分。故金花眞種子。是性亦是命。何者爲神。何者爲氣。若不能見此坎中眞一之命，必不能見此離中本來之性。乾金即水中金。金即鉛。鉛即水。可見能留得性命，只是水鄉鉛一味而已。

雲房丹訣云：鉛鉛水鄉靈源。庚辛室爲屬乾。嘗居坎戶。隱在兌邊。生

天生地, 生人生萬物, 皆不能外此先天之鉛。修金丹者, 豈可外此先天之
鉛而立性命哉。今人不知性命一原之理, 執定修性一邊, 自謂明心見性。
不知非金丹之道性。先離幻軀而逝矣。將何由而得見乎?

滄溟是性命非神氣詩曰:
性命初非是二門, 當知性命互為根。
若能修命兼修性, 方合金丹大道真。
真鉛真汞採先天, 妙用分明在目前。
神氣若將為藥物, 蟾光何事照西川。

注曰: 性火也, 命水也。性命, 水火之本源也。或者以氣為水, 以神為火,
似是而實非也。當知性命之理雖約兩途, 其實本同一處。命無性則何以
生, 性無命則何以立。須要性命雙修打成一片, 則混合而為一物。性命即
鉛汞, 鉛汞即性命。性命即神氣, 神氣即性命。但覺可聚而不可散, 可合而
不可離。或者, 指禪家為性宗, 指金丹為命宗。性命本一, 強分為二, 惑矣。
但看紫陽悟真一書, 則知性命有不可偏廢之理。其要, 只在採取真鉛、真
汞, 以為藥祖, 其非神氣也必矣。妙用分明, 只在眉毛眼睫之邊, 人不知耳。
蟾光, 即是藥物。西川, 乃金之本鄉。藥物所產之地也。近世李王谿, 丹房
致語, 最說得性命神氣之理的當, 學者其味之。

水鄉鉛只一味詩曰:
用鉛須用水鄉鉛, 只要身中藥物全。
流入黃房成至寶, 更須火候合周天。
真鉛一味結丹頭, 玉汞金砂莫外求。
若用其他形象物, 自然氣類不相投。

注曰:

一點先天真炁, 即真鉛也。產於坎宮真水之中。坎, 水鄉也。而坎中一畫之陽, 真鉛是也。蓋於坎中採取真鉛, 入於黃房之內, 煉成還丹, 故曰金液大丹。只此一味而已, 更無其他外求, 非類別物也。若用丹砂水銀, 五金八石, 灰霜草滷之類, 則與天地相遼絕矣。糸同契云:『植禾當以穀, 覆雞用其卵。燕雀不生鳳, 狐兔不乳馬。水流不炎上, 火動不潤下。欲作服食仙, 宜以同類者。』乃知, 水鄉一味真鉛, 只在一身之中, 初非求於一身之外也。

海蟾云:『煉丹須用水鄉鉛。』只此一味, 乃還丹之根蒂也。

12. 归根窍, 复命关。贯尾闾, 通泥丸。

混然子曰, 作丹妙用, 要明玄关一窍一性正位, 万化归根复命之道, 必由三关而转。故曰归根窍, 复命关也。当复命之时, 飞神海底, 存火燻蒸, 精化为气, 拨动顶门关捩, 从尾闾徐徐提起, 直上泥九, 交姤炼气, 化为神。神居泥丸为本宫, 则有万神朝会。故曰贯尾闾, 通泥丸也。火师汪真君奥旨云: 夹脊三关透顶门, 衔花骑鹿走如云, 捉花骑鹿踏云去, 霍地牛车前面迎。≪黄庭经≫云: 子欲不死修昆仑。≪还元篇≫云: 悟道显然明廓落, 闲闲端坐运天关。≪道德经≫云: 归根曰静, 静曰复命。其说是矣。

一壑居士曰, 作丹妙用, 全在元關一竅。而問何者爲關, 何者爲竅, 則無一人能明者, 此仙學之所以難也。崔公直指關竅爲二。果有二乎。太上云: 歸根曰靜。靜曰復命。歸根復命無二理, 則關竅亦無二矣。又云: 谷神不死, 是謂玄牝。玄牝之門, 是爲天地根。人之一呼一吸, 呼接天根, 吸接地軸。息息歸根爲歸根。而玄牝之門, 爲歸根竅。息息歸根, 豈入身來, 謂之生。自能復命。知歸根竅。則知復命關矣。蓋自發氣之源，則曰竅。自氣由此而升降，則曰關。自升氣上傳，則曰玄關一竅。非竅自竅，關自關也。關竅之路有二。一由夾脊過雙關，透頂門，此督脈所行之路。一由王池過重樓，入絳宮，此任脈所行之路。知此關竅，則任督二脈河車之路可通。當歸根復命之時，飛神海底，存火薰蒸，煉精化氣，撥動頂門關振子，從尾閭徐徐提起，直上泥丸，而煉氣化爲神矣。泥丸，神之本宮。神居泥丸，則萬神朝會。子欲不死修崑崙。正此之謂也。

沧溟归根窍复命关诗曰:

一窍之中两窍存，金丹还返是归根。

其间空洞元无物，虎髓龙精自吐吞。

修錬须知復命关，不知此窍亦如闲。

大包天地无边际，细纳乾坤黍米间。

注曰: 归根窍，复命关。卽天地根，玄牝门也。夫此一窍，在人身中，视之不见，聽之不闻，搏之不得，恍恍惚惚，窈窈冥冥，至亲至近，动静语默，常与人俱，而人自不知也。此一窍实分二窍。故曰玄，又曰牝焉。此乃人身中虚灵不昧之地，先天圣父圣母之灵根繫焉。蓋採先天一点眞铅，实自此出錬而成丹，復归在内，故曰归根窍，复命关。其中空洞无物可容，但有眞龙眞虎，自相吞吐眞精于其内尔。修錬之士，于此采先天造化之根以为药祖。錬一粒黍米之宝以成还丹。使之复归其根，卽是返本还元之妙。既归其根，则可复其命矣。太上曰，夫物芸芸，各归其根。归根曰静。

贯尾闾通泥丸诗曰:

眞气周流贯尾闾，曹溪何必用牛车。

262

三关直上皆通透，不是旁门转辘轳。

泥丸一窍达天门，直上虚皇玉帝尊。

此是眞人来往路，时时跨鹤去朝元。

注曰：此言人身中眞气周流，下贯尾闾，上通泥丸，循环而毂转也。三宫升降，上下往来，无穷不息，与造化同流转。此乃眞铅上升之景象。既知此时，便可采取。过此以往，药物无用。泥丸一穴，即天门也。黄庭经云：天中之宅精谨修，灵宅玉帝既清游，此言脱胎神化，必自此窍而出入也。

13. 真橐籥，真鼎爐。無中有，有中無。

混然子曰，橐者，虚器也，韛也。籥者，其管也，窍也。言人昼夜一呼一吸之气，气为之风，如炉韛之抽动，风生于管，炉火自炎，久久心息相依，丹田如常温暖，此吾身有真韛籥也。《道德经》云：天地之间，其犹橐籥乎，虚而不屈，动而愈出。是也。鼎者，乾也，性也。炉者，坤也，命也。既鼓动吾身之橐籥，必采药物以入鼎。采药之时，加武火之功，以性斡运于内，以命施化于外，片饷之间乾坤合一，神炁交会，结成还丹，以为圣胎。故曰真鼎炉也。既得还丹成象，以文火温养，虚心以守其性，实腹以养其命，恍惚杳冥之中，无中生有，有中生无，此即静极复动，动极复静。故曰无中有，有中无也。

一壑居士曰，无底曰橐。橐者，虚器也，韛也。橐之管曰籥。籥者，行气之具也，窍也。自天地论。地为炉，天为鼎。自人身论。腹为炉，首为鼎。自外丹论。下为炉，上为鼎。自内丹论。坎为炉，离为鼎。眞铅无体，而水中生金，无中有也。眞汞有形，而见火则飞，有中无也。言人一呼一吸之气，息息归根，如炉鼎中鞲之抽动，风生于管，其火自炎。丹田之中，时常温暖，是为眞橐籥，眞鼎炉。有此眞橐籥，眞鼎炉，将见眞铅自无而成於有，眞汞自有而化於无。以有制无，以无制有，而药自生，丹自结矣。

沧溟眞橐籥眞鼎炉诗曰：
玄牝之门自阖开，须凭橐籥运风雷。
若将呼吸为关键，怎得黄房结聖胎。
眞鼎眞炉内外通，有根有蒂有无中。
须寻造化生成巧，死户生门总不同。

注曰：橐籥，陶铸炉冶开阖风火之具也。鼎炉，修鍊金丹大药之神室也。人身之中，岂有眞橐籥鼎炉焉。乃玄关一窍是也。铅汞之源，造化之根，玄牝之门，尽在此矣。橐则开，而籥则阖。譬之儿在母腹中，随母之气。母呼亦呼，母吸亦吸。分明如橐籥自然开阖也。鼎炉有根有蒂，无象无形。不可以外求，不可以内取。须认得自然生成之功，则易於用力矣。修鍊之要，岂外乎此哉？此言金液还丹，在鼎炉之中，自升自降，上下往来，随玄牝之开阖，如橐籥之运用，自然成象矣。又当知药物根源，在乎内，安炉立鼎，却在外。抽添运用在乎外，玄珠成药在乎内，此处不可不参究也。

无中有有中无诗曰：
先天一炁本无虚，采得来时结黍珠。
此是金丹玄妙处，无中有有是眞无。
大药灵源妙更玄，用之不见卽先天。
有中无有为眞有，只是些兒汞與铅。

264

注曰: 此言先天铅汞之妙也。大药产于虚无空洞之中, 求其朕兆无有焉。及其成丹, 则能飞腾变化而不可测, 即无中有, 有中无之妙。则知无中有, 乃为眞有。有中无, 乃为眞无。

紫阳云: 见之不可用。用之不可见。此皆造化至玄之理, 不可以言传, 而可以心悟也。

14. 託黃婆, 媒姹女。輕輕地, 默默擧。

混然子曰, 黄婆姹女, 皆强名也。黄婆者, 坤土也, 即戊己土也, 又言意也。姹女, 兑金也。兑为少女, 金隐水中。凡作丹必托黄婆为媒, 通姹女之情, 以戊土藏火, 火逼金行。当起火之初, 受炁且柔, 要当拨转顶门关捩, 从尾穴轻轻地默默而举, 须臾火力炽盛, 河车不可暂停, 运入南宫复还元位, 嫁与金公而作老郎。崔公苦口叮咛, 以谓世人不达还丹之旨, 故喻托以黄婆媒于姹女, 直欲世人晓此理也。《悟真篇》云: 姹女游行自有方, 前行须短后须长, 归来却入黄婆舍, 嫁个金公作老郎, 是也。

一壑居士曰, 黄婆者, 坤土也。土色黄, 坤为老阴, 故曰黄婆。姹女者, 离宫地二火也。离为中女, 乃宅中之女, 故曰姹女。而婴儿则坎中之一也。姹女阳中之阴, 其性尝恋婴儿。婴儿阴中之阳, 其情尝恋姹女。为水火间隔不能相交。惟坎水藏戊, 戊土化火, 得此戊土, 火逼金行, 婴儿方能上升离宫。又得离宫已土下行, 姹女与婴儿相会, 结为夫妇, 同归黄庭土釜之中, 而金丹结矣。总之婴儿者, 金也, 水也, 情也。姹女者, 木也, 火也, 性也。黄婆者, 戊也, 已也, 意也。不过运吾之意, 使金之情, 归木之性。水之情, 归火之性而已。当起火之时, 受气尚柔。太急恐伤阳。太缓恐伤阴。只宜轻轻用意而不著意。调息绵绵, 随其上下往来, 默默而举可也。

沧溟托黄婆媒姹女诗曰:

牛郎织女渡银河, 间隔恩情岁月多。

夫妇欲期欢会处, 只须媒合托黄婆。

姹女妖娆性最灵, 婴兒二八正青春。

黄婆媒合为夫妇, 产出明珠无價珍。

注曰: 婴兒居北, 骑白虎以东旋。姹女处南, 驾青龙而西转。中被木金间隔, 两情相慕, 不能自为聚会。必托黄婆媒合, 始得男女同居。阴阳相恋, 合成夫妇, 故得相生, 变化无穷。黄婆, 卽眞土也。以其色黄, 故名焉。学者切不可泥此, 而妄自揣量, 向外求也。言眞铅眞汞上升之时, 必须用意, 以法采取, 而归之黃房中, 至宝成矣。

轻轻地默默举诗曰:

汞结铅凝受气初, 无为无作是功夫。

轻轻不可分毫力, 夺得骊龙颔下珠。

默默无为只守中, 周天火候合参同。

无为还自有为得, 举动无非合聖功。

注曰: 此言得丹之后, 进退符火之妙法也。以日论之, 朝屯暮蒙, 以终旣未。以月论之, 子复亥坤, 运用无穷, 周而复始。及其抽添进退之时, 沐浴刑德之际, 虽鬼神不能测其機, 天地不能出其外也。轻轻运动, 默默举行, 自然成功。无为无作, 动合天地之妙。与其他旁门小法, 吐纳存想之类, 大有迳庭矣。

15. 一日内, 十二时。意所到, 皆可为。

混然子曰, 意者, 性之用, 即真土也。一日之内十二时辰, 有一年之节侯, 自子时至辰巳六时属阳, 自午时至戌亥六时属阴。一阳来复, 身中子时也。一阴生姤, 身中午时也。且夫水火间于南北, 木金隔于东西, 此四象何由而合, 必假意以通消息。是以天地造化一刻可夺。一日之内十二时中, 无昼无夜, 念兹在兹, 常惺惺地。动念以行火, 息念以温养火。此所以意所到, 皆可为也。

沧溟一日内十二时诗曰:

一日功夫一岁同, 晨昏符火定屯蒙。

须知更有时中妙, 不在全行百刻功。

一日平分十二时, 阴符阳火莫差池。

若能悟得时中刻, 片饷功夫立聖基。

注曰一日之内, 十二时辰, 自子至巳为阳, 自午至亥为阴。修錬之妙, 攒一年造化于一日之内。以十二月归于十二辰之时, 分毫不差。春夏秋冬, 二分二至, 无不共焉。故曰年中取月不用年。月中取日月徒然。日中取时易日(此上一句疑有脫字)时中有刻而玄玄。乃知采取只在片时。玄妙无过半句。此须盟授。不可妄传。

意所到皆可为诗曰:

此意分明即念头, 念头动处便堪修。

超凡入圣皆由我, 正是归根复命秋。

人人有分无差别, 个个缘成总不殊。

若向此中能用意，神仙都不择贤愚。

注曰：此言一日之内，十二时中，皆可修为也。盖一日之中，自有一年之造化。每日一阳初生之时，皆可下手修炼。阳生，非独指子时也。

道光曰：炼药不用寻冬至。身中自有一阳生。马自然曰，不刻时中分子午。无爻卦内别乾坤。此乃圣人盗天地夺造化至妙之機。故阴符经云，知之修煉，谓之聖人。乃知子午乾坤，周天火候，皆在一日一时一刻之中。故一年三百六十日，计四千三百二十时，除卯酉沐浴共七百二十时，止有三千六百时，迺所以应三百六十日，则是簇三千六百之正气，应乾之策二百一十有六，坤之策一百四十有四，除牝牡四卦以为六十卦之作用，故乾坤二卦之策，合三千六百。每一时準二十铢，为一两之火，一月除卯酉合七千二百铢，一年合八万六千四百铢，準二百二十五斤之火，大而包之，小而乘之，则夺八十六万四千之正气，计二千二百五十斤之火而大丹成矣。然后换尽凡躯，自然神化。故能与三气合德，九气齐并，而与天地相为终始也。乃知人人有分，个个元成。苟悟此機，立跻圣地。岂有贤愚间哉。

16. 飲刀圭，窺天巧。辨朔望，知昏曉。

混然子曰，饮者，宴也。刀者，水中金也。圭者，戊己真土也。言作丹采药之时，必采水中之金，金不得自升，必假戊土化火，逼逐金行，度上泥九。金至此化为真液，如琼浆甘露，一滴落于黄庭，宴之味之，津液甘美。故曰饮刀圭也。窥者，观也。言能观天道运化之功，逐执天而行，旋吾身斗柄之机，一刻之间能夺天地造化。故曰窥天巧也。《阴符经》所谓观天之道，执天之行，尽矣。纯阳诗曰：纵横北斗心机巧，颠倒南辰胆气雄。是也。辨

朔望者, 以一岁言之, 冬至为朔, 夏至为望; 以一月言之, 初一为朔, 十五日
为望; 以一日言之, 子时为朔, 午时为望; 以一时言之, 初一刻为朔, 正四刻
为望; 以六十四卦言之, 复卦为朔, 姤卦为望。以一身言之, 尾穴为朔, 泥
丸为望; 子宫进火为朔, 午位退符为望。既明此理, 又要知其晓昏。昏者,
暮也。晓者, 朝也。于卦有朝迍暮蒙之理, 一卦六爻, 颠倒用之, 逐为两卦。
朝迍一阳生于下, 暮蒙一阴生于上, 一阳一阴, 一进一退, 人身运化, 与天
地同也。达此理者, 可以长生久视, 与钟吕并驾, 同日而语矣。有何疑哉。

沧溟饮刀圭窥天巧诗曰:
一粒刀圭煉入神, 大如黍米值千金。
只消半盏鸿蒙酒, 饮处何须更鼓琴。
丹成金鼎灿云霞, 不比丹砂长汞芽。
天巧岂容窥窍妙, 成功元不离黄家。

注曰: 刀圭卽金丹也。刀圭一粒, 大如黍米, 结于浑沌之中, 鸿蒙之内。
火候既足, 玄珠成象, 於是凿开浑沌, 擘裂鸿蒙, 方见金丹, 无中生有之妙。
饮之入腹, 变化无方。

参同契云, 巨胜尚延年。还丹可入口。金性不败朽。故为万物宝。术士
服食之。壽命得长久。土游于四季。完界守规矩。金砂入五内。雾散若风
雨。薰烝达四肢。颜色悦泽好。发白皆变黑。齿落生旧所, 老翁复丁壮。
耆妪成姹女。改形免世厄。號之曰眞人。则知金液还丹。不同凡药。苟不
凿开浑沌, 擘裂鸿蒙, 则何以窥见天地之至宝, 无中生有之象哉。

紫阳云: 敲竹唤龟吞玉芝。鼓琴招凤饮刀圭。近来透体金光现。不與凡
人话此规。翠虚篇云, 更将一盏鸿蒙酒。饵此刀圭壮颜色。则知服饵之深
妙矣。然天之所祕, 而非人莫泄也。

辨朔望知昏晓诗曰：

朔望功夫要辨明，须防金水有危倾。

履霜必至坚水渐，谨守新阳一脉生。

周天火候极玄微，昏晓抽添要得知。

始起屯蒙终既未，自然运转合天时。

注曰：辨朔望。则知日月盈亏之妙。知昏晓，则知符火进退之时。朔日月丧明。望日月圆满。望后渐渐虧。至晦则复灭矣。朝屯暮蒙，以迄既未。周而复始，循环无端。此则周天火候之造化。毫发差殊，不作丹矣。

17. 識浮沉，明主客。要聚会，莫间隔。

混然子曰，浮者，汞也。沉者，铅也。离汞居上曰浮，坎铅居下曰沉。修丹之诀，沉者必使其升，浮者可使其降。故曰识浮沉也。既识浮沉，须明主客。主者，命也。客者，性也。有身则有命，有命则有性。性依命立，命从性修。是以命为性之母，故为主；性为命之子，故为客。日逐之间，借身为用，仙师所谓让他为主我为宾是也。既明主客，以铅汞而同炉，主客而同室，绵绵若存，于二六时中，回光返照，打成一片，道满太虚。若夫时至气化，机动籁鸣，火从脐下而发，水向顶中而生，其妙自有不期然而然者。孔子所谓：道也者，不可须臾离也，可离非道也。程子亦云：常心要在腔子里。虚靖天师曰：神一出便收来，神返身中氕自回，如此朝朝与暮暮，自然赤子产灵胎。此所以要聚会，莫间隔也。

沧溟识浮沈明主客诗曰：

鍊丹须要识浮沈，不识浮沈莫妄寻。

金水不调空著意，汞飞铅走谩劳心。

造化须明主共宾，主宾定位别疎亲。

后天造化无非客，认得先天是主人。

注曰：铅沈汞浮，故龙升虎降。旣识浮沈之理，必明主客之機。乃知先天为主，后天为客也。

故紫阳云：用将须分左右军。饶他为主我为宾。劝君临阵休轻敌。恐丧吾家无价珍。乃知修鍊不识浮沈，不明主客，则飞铅走汞，火燥水寒，乖异浸生。隆冬盛暑。长夏霜雪。风雨不节。水旱相仍。天见其怪。山崩地裂。嬰兒远窜于殊方。姹女逃亡于异域。欲求还返其可得乎。

要聚会莫间隔诗曰：

离坎精神南会北，虎龙魂魄合西东。

总归戊已常相会，尽在玄关一窍中。

水火差殊汞不乾，木金间隔岂成丹。

这些玄妙蒙师指，魂魄精神意一團。

注曰：金丹之道，不过会五行八卦造化而成也。东方青龙。西方白虎。南方朱雀，北方玄武。丙丁神火。壬癸神水。虽各处于一方，皆欲归于眞土。故常要聚会，而不使之间隔也。修炼之士，能使金木水火土，聚会一处。精神魂魄意，煉作一團。则自然金木混融，水火旣济而成功矣。

石杏林云：意马归神室。心猿守洞房。精神魂魄意。煉作紫金霜。而吕祖云，辨朔望，知水源清浊。木金间隔，不因师指，此事难知。方知神仙之言，不为妄也。

18. 采药时，调火功。受气吉，防成凶。

混然子曰，采药时者，乃身中一阳来复之时也。于斯时则当闭关。行火之功，妙在调燮停匀，从三关运转，一举三时，周流复位，万气凝真。当此之时，独受于我神之畅快，喜庆难言。故曰受炁吉也。行火退符之间，务在存诚一念，不可间断。设或纤毫差失，遂成凶矣。密意防护，不可不谨，是用野战防危。故曰防成凶也。《丹经》云：配合虎龙交姤处，此时如过小桥时。是也。或曰：性静无为，要坐便坐，要眠便眠，何必辨采药调火。盖不知有造化者耳，未足與议也。

沧溟採药时调火功诗曰：

三五中秋月正圆，便须急采癸生铅。

此时自有先天药，只要知他望后前。

采得眞铅入鼎炉，须调火候用功夫。

纵然有药而无火，怎得空悬一宝珠。

注曰：採药有时。不得其时，不可妄为也。试观天上之月，至中秋而极盛。大槩金旺在酉，而金能生水，故月圆而潮大也。此天地造化至妙之处。夫一身之中，眞气有盛大之时，與潮相似。自湧泉而升泥丸，周流六虚，盘旋上下，盎然如春，不可以象喻。人汩于事物之交接，溺于嗜欲之昏昧，不察至此，虽时至，亦不自知也。苟知此时，则玄关在此矣。火候在此矣。仍须用静定功夫，无中寻有，以意采取之，而入于黄房之中。既得眞铅，便须调停火候，依时煅煉，不差时刻，百日立基，十月圆满，而金液还丹成矣。但能观月晕黑白，测潮候消长，卽可会簇年月日时刻之妙也。此乃修丹大要，必假师传。倘或妄自揣量，肆出胸臆，则毫厘之差，谬以千里。

紫阳云: 八月十五玩蟾辉。正是金精壮盛时。若到一阳才起处。便宜进火莫延迟。

又云: 铅遇癸生须急採。金逢望远不堪尝。不知其时, 则皆妄为耳。

受气吉防成凶诗曰:

受气之初本一同, 无非元吉在其中。

但能顺受无从逆, 竝看丹砂满鼎红。

虎鬪龙争祸易生, 防危有甚若防城。

须严守备令全密, 主将无为寝五兵。

注曰: 受气, 即冬至下手採药时也。此言下手于一阳之时, 阳刚渐长, 元吉在其中矣。倘能顺受其正, 而无从逆之凶。若此则丹砂成就, 而可以无虞矣。

紫阳云: 穷取生身受气初, 是也。防成凶, 即夏至一阴生之时, 阴气渐长, 阳气渐消。然不可不谨慎, 以防丹砂有倾危之患。即夏至守城, 是也。故曰冬至野战, 夏至守城。

而紫阳云: 日月三旬一遇逢。以时易日法神功。守城野战知凶吉。增得灵砂满鼎红。

又云: 受气之初容易得。抽添运用却防危。大抵是防阴气太盛以伤丹也。虎鬪龙争, 危险莫大。若不严加守备, 则反掌之间, 祸起萧墙矣。主将, 修丹鍊已之士也。苟能掌握枢機, 则兵寝刑措, 而国富民安矣。

19. 火候足，莫伤丹。天地灵，造化悭。

混然子曰，炼得黄芽满鼎，白雪漫天，婴儿成象，故火候足也。火候既足，只宜沐浴温养。若不知止足，妄意行火，反伤丹矣。丹成之后，天地混合，神炁自灵，仙师所谓虚室生白，神明自来，故曰天地灵也。当此之时，宜加宝爱，调息务在微细，于静定之中，内不出，外不入，形忘物忘，心同太虚，一炁纯阳，故造化悭也。

一壑居士曰，炼得黄芽满鼎，白雪弥天，婴儿成象。火候足也。火候既足，只宜沐浴温养若不知，止足妄意行火，未免伤丹。修炼之士，既得丹，又不伤丹。由是吾身一天地，而天地无不灵矣。吾身一造化，而造化无不悭矣。悭者，吝也。造化在我，悭吝而不去也。

沧溟火候足莫伤丹诗曰：
周天火候起屯蒙，轮历周流既未终。
运用只消三百日，自然黍米产中宫。
功夫十月足周天，黍米县空一颗圆。
丹熟不须行火候，只宜默默养胎仙。

注曰：周天火候，十月功夫，既以数足，则大药成象，而不可再行符火。倘不知止火之法，则必至铅飞汞走，反伤丹体。

故紫阳云：未炼还，丹须速炼。炼了还须知止足。若也持盈未已心。不免一朝遭殆辱。

又云：丹熟不须行火候。更行火候必伤丹。以此见周天功夫，造化之理尽于斯矣。

274

天地灵造化悭诗曰:

金丹大药少人成, 天地须知此物灵。

纵使有缘能遇合, 奈何魔障半涂生。

学者纷纷满市尘, 欲求达者更无人。

若知造化无悭惜, 四海应多吕洞宾。

注曰: 金液还丹, 天地至灵之宝。故造化悭惜, 而不肯轻易与人。世上学仙之士, 纷纷如牛毛, 而达者如麟角, 未之见也。自非夙植善根, 三生缘幸。纵使得遇勤修, 而魔障中生, 鬼神不许。或有鼎器不完, 金液流荡之患, 反伤其生矣。当知天地至宝, 有缘之士, 须当露星盟天, 结岁寒福德之友, 以得其地。然后依有力之人, 而共成之其或轻易, 自取祸殃。

故紫阳云: 命宝不宜轻弄。

又云: 动有羣魔作障缘。其为警戒学者, 自当深切著明矣。

20. 初结胎, 看本命。终脱胎, 看四正。

混然子曰, 祖劫天根, 居混沌之中, 乃为结胎之所。下手之初, 炼精化为炁, 炼气化为神, 炼神化为虚, 炼虚合道, 结为圣胎。初结胎之时, 常于命蒂守之。故曰初结胎, 看本命也。十月胎圆, 移神上居泥丸, 调神出壳, 直待功成行满, 上帝诏临, 打破虚空, 真人上举, 驾红云, 跨白鹤, 东西南北无所往而不可。故曰终脱胎, 看四正。≪静中吟≫云: 一朝功满人不知, 四面皆成夜光阙。是也。

沧溟初结胎看本命曰:

採得先天一味铅，立基须要合黄玄。

聖胎结就无中有，却向蓬壶养一年。

修錬还丹始立基，先看本命后施为。

要知本命眞消息，只待阳生下手时。

注曰：採一点先天之炁，结九转金液之丹，準天地之阴阳，合人身之造化，无中生有，入圣超凡，岂易事哉。本命卽丹基也。丹基卽下手也。下手卽受气之初也。既知采取凝结金丹之妙，须当看丹基之初。苟不洞晓阴阳，深达造化，不知本命，妄自揣量，则皆盲修瞎煉，而入旁门曲迳。此中造化，极其深远，难以言之。當與得道之士，耳提面命，口传而心受也。

终脱胎看四正诗曰：

十月功夫养就兒，脱胎神化火龙飞。

顶门夜牛雷声响，有个眞人朝太微。

木龙金虎刚柔正，北坎南离造化微。

须看此中端的意，更无人敢泄天機。

注曰：海琼白先生云，此时丹熟，要须慈母惜婴兒。不日云飞，方见眞人朝上帝。此言养就胎仙脱胎神化之妙。金液还丹，功夫十月。按周天之火候。如子母之诞生。於虚无恍惚窈冥之中，产就婴兒，则与我一体。至此以待超凡入圣，蜕骨冲举。轰雷霆，开泥丸一窍之门。驾云雾，朝自然三清之境。必须看东西南北四正之宫，乃婴儿之神室也苟不先看四正，则亦无以见中宫之中也。造化玄微，天机深远。轻慢泄漏，殃及九祖。此蓝养素之所以养就婴儿，而犹待海蟾刘公一言之点化而后，始脱胎也。

276

21. 密密行，句句应。

混然子曰，此二句总结前八十句，言大道金丹，进火退符，夺造化之妙诀，行之一身，如空谷之应声，阳燧之取火，方诸之取水，神通气感，何其速之如是。故曰密密行，句句应。丹经云：视之不见听不闻，及至呼时又却应。是也。

一壑居士曰：此二句，总结前八十句。既恐学者之疎漏，而示以密密行之功。又恐学者之有疑，而示以句句应之效。仙翁度人之意，可谓深切而著明矣。

沧溟密密行句句应诗曰：
得道于身只自知，静中密密妙行持。
若教轻泄遭天谴，平叔三传祸卽随。
二百馀言简且明，明明如镜似水清。
若能依此行持法，句句心传谷里声。

注曰：崔公入药镜一书，首尾二百馀字，眞明镜也。谆谆所以教后学者，深切著明矣。如鉴形有镜，妍丑莫逃。此书自采药物于先天，入铅汞于神室，行周天之火候，成九转之金液，由初及终，包括悉备，而无馀蕴矣。修鍊之士，苟能依其法度，密密以行，句句皆应，如影随形于日中，如谷应声于耳内，皆不离一身之中。譬之梓人，执斤运斧，自合準绳。学者悟之，亦犹得之于心，而应之于手矣。

〈混然子挂金索〉

一更端坐，下手调元炁。混沌无言，绝念存真意。
呼吸绵绵，配合居中位。拨转些儿，黍米藏天地。

二更清净，心要常虚守。默默回光，照见无中有。
赶退群魔，振地金狮吼。顷刻功成，便与天齐寿。

三更鸡叫，冬至阳初动。取坎填离，直向泥丸送。
火运周天，炉内铅投汞。九转丹成，白雪飞仙洞。

四更安乐，万事都无想。水满华池，浇灌灵根长。
静里乾坤，仙乐频频响。道大冲虚，名挂黄金榜。

五更月落，渐觉东方晓。谷里真人，已见分明了。
玉户鸾骖，金顶龙蟠绕。打破虚空，万道金光皎。

〈百字令明三教之理〉

儒宗

聖人传道, 执其中, 妙在惟精惟一。放则周流弥六合, 卷则退藏于密。格物致知, 正心诚意, 静里包皇极。居仁由义, 应机不费毫力。四时天地同参, 火符合候, 默默存真意。三五归元至德纯, 保合太和冲溢。体用一源, 显微无间, 尽性穷端的。死生勘破, 到头还是空寂。

释宗

真宗顿悟, 理幽微, 了了无言可说。旷劫至今全体具, 湛寂元无生灭。拂麈拈花, 穿衣吃饭, 觌面分明泄。头头皆是, 何须特地差别。为言向上家风, 纤锋快利, 透石刚如铁。三界圆通无所住, 随处应机明彻。芥纳须彌, 珠含万象, 朗耀悬秋月。寸絲不挂, 卽同诸佛齐列。

道宗

修真立鼎, 炼金丹, 只用三般灵药冬至阳生忙下手, 采取也须斟酌。抽坎填离流精进火, 正轴旋匡郭。赤子乘龙, 一时骑上南嶽。乾坤交媾归来, 虎龙降伏, 夫妇同欢乐。巽户双开大火然, 九转丹凝磅礴。玄谷风生, 性天云散, 万道神光烁。功行完满, 他年同驾鸾鹤。

士人處世, 寧使人訝其不來, 毋使人厭其不去。

〈試金石〉

寂寞徐生

寂寞徐生入世三十年來。嘿覬人類心理。解剖滋難。以貌取人。失之子羽。蓋相人之術難也。然以經驗所得。請述數事。儻亦擇友指南鍼歟！夢中之言行。人類之心鏡也。樗蒲之場。人心之分析所也。詔爲人類之謎。雖英雄豪傑。不能解之。言語時目光他顧。其人胸中。必有城府。孟子所謂胸中不正則眸子眊焉, 是也。善言貧者。未必眞貧。卽眞貧矣。言之何益。故淸貧者。不言貧。喜時之言多非眞。失體猶其餘事。好裝飾者必好色。而喜飾寢衣之華麗者。其人必有外遇。喜閱言情小說者。必無遠大之志。忠於職務。勤於學問。必自重之人。乃始兼具之。處聲色貨利之場而不變其操者。必學養有求之人。利害關頭。爲吾人之試金石。

〈鄭碏 丹學指南〉

丹學指南
—— 閉息妙方 ——

北窓先生 鄭碏 著

上篇

修眞之道, 至簡至易而今其爲書, 汗牛馬充棟宇, 且其言大涉, 怳忽難了. 故古今學者不知下手之方, 欲得長生, 反致夭折者, 多矣. 至於參同契一編, 實丹學之鼻祖. 顧亦參天地, 比卦爻, 有非初學之所能蠡測. 今抄其切於入門而易知者, 若干章, 若能了悟則一言足矣.

蓋下手之方, 惟廢氣而已矣. 今欲廢氣者, 仙須靜心, 疊足端坐, 垂簾下視, 眼對鼻白, 鼻對臍輪, 工夫精神, 專在於此, 當是時夾脊如車輪. 入息綿綿, 出息微微, 常使神氣相注於臍下一寸三分丹田之中, 不須緊閉不出, 至於不可忍耐, 惟加意下送, 略如小便, 所謂吸噓賴巽風, 苟能靜心垂頭下視, 眼對鼻白, 鼻對臍輪則, 氣不得下下, 當其閉氣之初. 便覺胸次煩憹, 或有刺痛者, 或有雷鳴而下者, 皆喜兆也. 蓋上部風邪爲正氣所迫, 流入於空濶去處得其傳送之路. 然後氣自平安, 病自消散, 此乃初頭道路. 亦所謂片餉工夫. 證驗, 常患胸腹, 尤宜盡心, 其最妙也. 念念以爲常, 至於工夫稍熟, 得其所謂玄牝, 一竅則百竅, 皆通矣. 由是而胎息, 由是而行周天火候, 由是而結胎, 莫不權輿於此矣. 而或者以爲旁門小術, 莫肯行之, 惜哉! 變化飛昇之術, 非愚所敢言, 而至于養丹, 千方百藥莫之與比, 行之彌月, 百疾普消, 可不爲之盡心乎?

夫風邪之患, 伏藏血脈之中, 而瞑行暗走, 不知爲殺身之斧斤, 久而轉經, 深入膏肓, 然後問醫服藥, 亦已晚矣. 正氣與風邪, 如冰炭之不能相容, 正氣常留則風邪自走, 百脈自然流通. 三宮自然昇降, 疾病何由而作乎? 稍加精勤, 則必至於延命却期, 得其糟粕, 亦未有不安恬令終者也. 愛之欲其生, 以此贈言, 亦相愛之道道也.

中篇

閉精節食, 閒坐不動, 坐臥食息, 一任天然, 勿思平日恩仇榮辱得失悲歡, 勿念日後期望功名芬華福壽, 且除却胡思亂想, 前念已斷, 後念不動, 念若忽動, 抑之又抑, 久久純熟. 古人云, 順則人, 逆則仙, 一生兩, 兩生四, 四生八, 以至六十四卦, 而爲萬事者, 人道也. 疊足端坐, 垂簾塞兒, 收拾萬事紛擾, 歸一無之太極者, 仙道也. 契曰, 悉志歸虛無, 念念以爲常, 證驗自推移, 心專不縱橫, 此修仙之第一義也. 但立志貴早, 鼎器衰散之後, 雖百信其功, 難與語於上仙矣, 先閉氣. 閉氣者, 以眼爲旗幟, 氣之昇降左右前後, 莫不如意之所之, 欲氣之昇者, 上其視, 欲氣之下者, 下其視, 閉右眼開左眼以上其視, 則左氣先昇, 閉左眼開右眼以上其視, 則右氣亦昇. 下用任脈於前, 上用督脈於後, 而神行, 則氣行. 神住則氣住, 神之所之, 氣無所不之, 莫不如意. 以眼爲令, 如軍中之用旗幟也. 且欲上視者, 不須用眼只轉睛上視亦得. 世人皆上實下虛, 每患此氣之昇而上下不交, 故務要此氣之下降而守在其中宮戊己土, 使脾胃和暢, 血脈周流而已. 能使血氣周流在於任督. 任督皆通則延年却期, 豈不可必乎? 故修丹之道, 必以閉氣爲下手之方, 疊足端坐, 舒顏和氣, 垂簾下視, 必使神氣常住於臍, 下丹田中則上部風邪如雲委霧降, 滾滾瀉下, 先走於胸腹, 初則胸滿, 次則腹痛, 得其傳送之道, 然後身體和平, 汗氣蒸潤, 一身百脈, 周流大遍, 則一意冲融, 眼前白雪紛紛而下, 不知我之有形, 形之有我, 窈窈冥冥, 恍恍惚惚, 已在太極未判之前矣. 此所謂, 眞境界, 眞道路, 此外則皆邪說妄行耳.

下篇

其次胎息者, 閉氣稍熟, 神氣稍定, 然後稍稍推下, 至於腹下毛際, 而細心推究此氣所從出處, 隨處隨入, 使一呼一吸, 常在於其中, 此所謂玄牝一竅, 修丹之要, 在此而已. 不出於口鼻之間, 然常有餘氣在口鼻之間, 此所謂在母胎之息, 所以歸元復命之道也. 故能胎息然後, 此氣柔而和, 和而定, 至於無所呼吸之息. 經曰, 氣定則無呼吸, 其次周天火候, 火有內外遲速, 初則氣血俱虛, 故閉氣未久火氣易散, 血氣漸實, 則火氣亦遲, 又有文武進退之法, 不可不審也. 周天火候者, 不過曰熟氣遍身也. 神氣, 常住臍腹之間, 久而不散則必有溫溫之氣出於其間, 當此之時, 若加意吹噓, 膀胱如火, 兩腎如湯, 湯湯之氣從微至著, 自下達上, 如花之漸開, 所謂華池生蓮花, 致虛極, 守靜篤之時也, 此緊要處也. 保守稍久, 熱氣漸盛, 此所謂花漸開苞露華濃也. 此時逆水生甘津在口, 爲醴泉, 而所謂玉漿金液, 腹中大開, 如同無物須臾熱氣遍身, 此所謂周天火候也. 臍腹之下一寸三分, 卽所謂下丹田. 下丹田與上丹田, 泥丸宮, 相應如響, 所謂玉爐, 火溫溫, 頂上飛紫霞也. 上下灌注如環之無端, 苟能使此火候溫養不失則淸明之氣, 上結於泥丸宮, 仙家所謂玄珠, 佛家所謂舍利, 有必然之理, 至於成道與否? 只在當人誠不誠如何耳. 早達爲貴, 功畢抑又聞之, 所謂以火煉藥, 乃成丹道者, 不過以神御氣, 氣留形, 不須相離自長生術則易知道難遇. 縱然遇了不專行, 所以千人萬人學, 畢竟終無一二成. 故凡學道者, 以誠爲貴. 詩曰, 正氣當盈腔裏, 何妨燕居超然, 達磨得胎息法, 故能面壁觀心. 黃庭經曰, 人皆飽食五穀精, 獨我飽此陰陽氣, 以此二詩觀之, 辟穀專由於胎息, 苟能辟穀, 獨飽此陰陽之氣, 則地戶閉, 天門開, 豈不可平路登仙乎?

　右三條理, 各立名目, 非今日行一條, 明日行一條, 其工夫專在閉氣之中, 但工夫有淺深, 等級有高低, 雖變化飛昇之術, 皆不外此三者, 惟在其誠耳. 此養生指南, 陽井道人鄭磏北窓著.

〈鶴山居士 感想文〉

北窓先生, 嘗論三敎之下學上達處, 其言甚詳, 蓋以上智之姿歷覽無際, 然後敎訓家庭, 則必以小學近思錄爲主, 豈徒然哉! 實天地之間有此身, 必須有此道理爲大中至正也. 朱子論參同契云, 眼中見得了了, 但無下手處, 今見北窓先生指南一篇, 爲養生者襄野之指迷, 而言其下手處, 明白示人, 恨不與袁機仲蔡西山數君子, 幷世參, 論於晦菴席上矣. 大抵使此心廓然太公, 物來順應自寂自感致中和之極功, 豈易言哉? 心要在腔子裏, 爲操存涵養之工, 乃不遠復三字符也. 然則以是自勉, 非但却病之要, 實契存性之眞機矣. 噫, 萬化生於靜中, 故通書曰, 定之以中正仁義, 而主靜, 延年敎人靜坐覽是書, 而做是工者, 能囿一心於太和, 與萬物而同流則不害爲殊塗同歸之妙矣.

己亥陽月 鶴山居士題.

〈調息訣〉

心印經曰, 上藥三品, 神與氣精, 怳怳惚惚, 杳杳冥冥, 存無守有, 頃刻而成, 三品一理, 妙不可聽, 神依形生, 精依氣盈, 不彫不殘, 松柏青青, 七竅相通, 竅竅光明, 聖日聖月, 照曜金庭, 回風混合, 百日功靈, ── 黙朝上帝, 一氣飛昇, 知者易悟, 昧者難行.── 履踐天光, 呼吸育 -陽- 淸 -陰- 出入玄牝. 若亡若存, 綿綿不絶, 固蔕深根, 人各有精, 精合其神, 神合其氣, 氣合體眞, 不得其眞, 皆是強名.

道德經曰, 谷 -養也- 神不死, 是謂玄≡≡牝≡之門. 是謂天地≡≡≡根.

胎息經曰, 胎促伏 -巽- 氣中結. 氣從有胎中息, 氣入身來, 謂之生, 神去離形, 謂之死.

知神氣, 可以長生, 固守虛無以養神氣, 神行則氣行, 神住則氣住, 若欲養生, 神氣相注 -行也-, 心不動處, 無來無去, 不出不入, 自然相住, 勤而行之, 是眞道路. 有動之動, 出於不動, 有爲之爲, 出於無爲, 無爲則神歸, 神歸則萬物云寂, 不動則氣泯, 氣泯則萬物無生, 神神相守, 物物相資, 厥本其根, 黙而悟之, 我自識之, 入乎無間, 不死不生, 與天地爲一.

286

〈調息訣圖〉

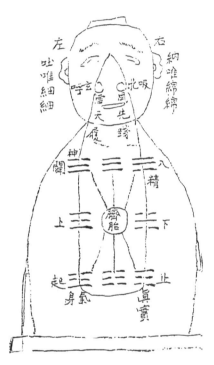

인체 관련 조식결 그림